Social Media Mastery: Guida completa per il successo e il guadagno su YouTube, Instagram, TikTok e molto altro

Strategie, trucchi e consigli da esperti per costruire la tua presenza online, monetizzare il tuo talento e rimanere sempre al passo con le ultime tendenze sui social media

Alessio Mandredi

Sezione 1: Introduzione
1. Panoramica dei Social Media
1.1 Introduzione ai Principali Social Media

- Fornire una panoramica dei social media più rilevanti, inclusi YouTube, Instagram, TikTok, Facebook e Twitter. **1.2 L'Importanza dei Social Media nella Società**

- Spiegare come i social media siano diventati una parte integrante della vita quotidiana e dell'economia. **1.3 Il Potenziale di Guadagno**

- Discutere del fatto che i social media offrono opportunità significative di guadagno per coloro che sanno come sfruttarli. **1.4 Il Pubblico di Ciascuna Piattaforma**

- Analizzare il tipo di pubblico presente su ciascuna piattaforma, fornendo informazioni demografiche. **1.5 La Diversificazione come Strategia**

- Suggerire l'importanza di considerare la presenza su più piattaforme per diversificare il proprio pubblico e le fonti di guadagno.

I social media rappresentano un'importante rivoluzione nella comunicazione e nell'interazione umana. Queste piattaforme online hanno trasformato il modo in cui le persone si connettono, comunicano, condividono esperienze e consumano contenuti. Ecco un'analisi dettagliata dei principali social media:

YouTube

YouTube è la piattaforma di condivisione video per eccellenza. Fondata nel 2005, è diventata un'importante fonte di intrattenimento, informazione e guadagno per milioni di utenti in tutto il mondo. Gli utenti possono creare canali e caricare video su una vasta gamma di argomenti, dalla musica alle istruzioni, alle recensioni dei prodotti. L'aspetto unico di YouTube è la sua capacità di generare entrate attraverso la pubblicità tramite il programma Google AdSense, sponsorizzazioni e la vendita di prodotti legati al proprio marchio.

Instagram

Instagram è un social media incentrato sulle immagini e sui video brevi. Lanciato nel 2010, è diventato popolare per la condivisione di foto e storie temporanee. Instagram è noto per il suo impatto nella promozione di stili di vita, moda e viaggi. Le opportunità di guadagno su Instagram includono la promozione di prodotti attraverso post sponsorizzati, partnership con marchi e la vendita di prodotti tramite il proprio profilo.

TikTok

TikTok è la piattaforma di condivisione video di crescita più rapida al mondo. È stata lanciata nel 2016 ed è diventata famosa per i suoi video brevi, spesso sincronizzati con musica. TikTok è particolarmente popolare tra i giovani e offre l'opportunità di diventare rapidamente virali. Gli utenti possono guadagnare attraverso sponsorizzazioni, partnership e anche la creazione di video virali che generano introiti tramite pubblicità.

Facebook

Facebook è stato uno dei primi social media, lanciato nel 2004. È una piattaforma di rete sociale che collega amici, familiari e colleghi. Oggi, oltre alla comunicazione personale, Facebook è un luogo per aziende e creatori di contenuti. Le opportunità di guadagno su Facebook includono la creazione di pagine aziendali, pubblicità mirate e vendita di prodotti attraverso il proprio negozio online.

Twitter

Twitter è una piattaforma di microblogging che permette agli utenti di condividere brevi messaggi, noti come "tweet". È ampiamente utilizzato per seguire le ultime notizie, interagire con celebrità e partecipare a conversazioni in tempo reale. Per guadagnare con Twitter, gli utenti possono promuovere prodotti e servizi tramite tweet sponsorizzati o sfruttare il loro seguito per creare opportunità di business. Questi sono solo alcuni esempi dei principali social media. Ogni piattaforma ha le proprie caratteristiche, pubblico di riferimento e opportunità di guadagno uniche. Nel corso di questo libro, esamineremo in dettaglio ciascuna di queste piattaforme e le strategie efficaci per sfruttarle al meglio per aumentare il proprio reddito attraverso YouTube, Instagram, TikTok, Facebook, Twitter e altri social media.

LinkedIn

LinkedIn è la piattaforma di rete professionale per eccellenza. È il luogo ideale per la connessione con colleghi, esperti di settore e per la ricerca di opportunità di carriera. Gli utenti possono condividere il proprio curriculum, scrivere articoli professionali e partecipare a discussioni di settore. Sebbene spesso trascurato per quanto riguarda il guadagno diretto, LinkedIn può essere utilizzato per creare opportunità di lavoro, partnership aziendali e per costruire un'immagine professionale online.

Pinterest

Pinterest è una piattaforma incentrata sulla condivisione di immagini e idee. Gli utenti "pinnano" immagini e link a bacheche virtuali per ispirazione. È particolarmente popolare tra coloro che cercano idee di progetti, ricette, idee di viaggio e di stile. Se si opera in settori come il design, la moda o il food, Pinterest può essere una piattaforma efficace per la promozione di prodotti e l'indirizzamento del traffico al proprio sito web.

Snapchat

Snapchat è noto per i messaggi effimeri e le storie temporanee. È particolarmente popolare tra i giovani. Gli utenti possono guadagnare attraverso partnership con marchi e la creazione di contenuti coinvolgenti e creativi. L'effimero naturale di Snapchat rende i contenuti autentici e in tempo reale molto preziosi.

Reddit

Reddit è una piattaforma di social news, discussione e aggregazione di contenuti. È composto da migliaia di comunità (noti come "subreddit") dedicate a interessi specifici. Gli utenti possono partecipare alle discussioni, condividere contenuti e costruire la propria reputazione online. Reddit può essere un posto utile per la promozione di prodotti o la condivisione di esperienze in modo genuino, ma richiede un approccio sottile e rispettoso della comunità.

Tumblr

Tumblr è una piattaforma di microblogging e condivisione di contenuti multimediali. Gli utenti possono pubblicare testi, immagini, video e molto altro. Tumblr è noto per la sua comunità creativa e offre opportunità di guadagno attraverso la promozione di contenuti sponsorizzati, vendita di prodotti artistici e coinvolgimento con una base di fan dedicata.

Clubhouse

Clubhouse è un'app di audio social networking, dove gli utenti possono partecipare a conversazioni in tempo reale su vari argomenti. La piattaforma è relativamente nuova ma sta guadagnando popolarità rapidamente. Gli utenti possono costruire la propria reputazione come esperti e partecipare a dibattiti di alto livello. Clubhouse offre opportunità di networking e collaborazioni.

Queste sono solo alcune delle molte piattaforme di social media disponibili. Ciascuna ha le proprie peculiarità e offre diverse strade per il guadagno. Nel prosieguo del libro, esploreremo come sfruttare al meglio le potenzialità di ciascuna di esse e creare un piano di guadagno efficace.

WhatsApp

WhatsApp è un'app di messaggistica istantanea ampiamente utilizzata in tutto il mondo. Anche se inizialmente non era considerata una piattaforma di social media, è diventata un mezzo importante per la comunicazione tra individui e gruppi. Le aziende utilizzano WhatsApp per fornire servizi al cliente e condividere aggiornamenti. Gli utenti possono monetizzare offrendo consulenza, servizi di traduzione o vendendo prodotti attraverso chat private.

Twitch

Twitch è una piattaforma di streaming live, inizialmente focalizzata sulle trasmissioni di videogiochi ma ora aperta a una vasta gamma di contenuti. Gli streamer su Twitch guadagnano principalmente attraverso donazioni dei loro spettatori, abbonamenti a canali premium, annunci pubblicitari e sponsorizzazioni.

Quora

Quora è una piattaforma di domande e risposte in cui gli utenti possono condividere le loro conoscenze e competenze rispondendo a domande su vari argomenti. Gli utenti possono guadagnare riconoscimento e costruire un profilo di esperti, che può poi essere utilizzato per opportunità di consulenza o scrittura freelance.

Discord

Discord è un'app di comunicazione vocale e testuale utilizzata per la chat in tempo reale. È ampiamente utilizzata da comunità di videogiocatori, ma anche da professionisti e appassionati di vari settori. Gli utenti possono guadagnare creando server premium, offrendo consulenza o vendendo prodotti o servizi all'interno della piattaforma.

WeChat

WeChat è una popolare piattaforma di messaggistica e social media in Cina. Oltre alle funzioni di messaggistica, offre pagamenti mobili, servizi di prenotazione e molto altro. Gli utenti possono monetizzare creando mini-programmi, offrendo servizi di pagamento e vendendo prodotti online.

Alignable

Alignable è una piattaforma di social media orientata alle imprese locali e alle piccole imprese. È un luogo in cui le aziende locali possono connettersi, collaborare e promuovere i loro servizi. Gli utenti possono guadagnare offrendo servizi alle aziende locali, come consulenza marketing o sviluppo web.

Questi sono solo alcuni esempi aggiuntivi di piattaforme di social media, ognuna con il proprio scopo e potenziale di guadagno. La diversità di queste piattaforme offre molteplici opportunità per chi desidera sfruttare i social media per generare reddito. Nel corso di questo libro, esploreremo come massimizzare le opportunità di guadagno su queste piattaforme, tenendo conto delle specificità di ciascuna.

SoundCloud

SoundCloud è una piattaforma di streaming audio che si concentra sulla condivisione di musica e podcast. Gli artisti e i creatori di contenuti possono caricare le proprie tracce e raggiungere un pubblico globale. SoundCloud offre opportunità di guadagno attraverso la vendita di brani, abbonamenti premium e sponsorizzazioni.

Vimeo

Vimeo è una piattaforma di condivisione video che si distingue per la sua enfasi sulla qualità e sulla creatività. Molti registi, artisti e aziende utilizzano Vimeo per condividere contenuti di alta qualità. Le opportunità di guadagno su Vimeo includono la vendita di video on-demand, abbonamenti premium e la promozione di servizi video.

Vero

Vero è un social media relativamente nuovo che si concentra sulla condivisione autentica e senza algoritmi invasivi. Gli utenti possono seguire i loro interessi e condividere contenuti senza preoccuparsi di pubblicità invasive. Il guadagno su Vero può derivare dalla promozione di servizi o prodotti in modo autentico e trasparente.

Nextdoor

Nextdoor è una piattaforma di social media dedicata alle comunità locali. Gli utenti si collegano con i loro vicini per discutere di questioni locali, vendere oggetti usati e condividere informazioni sulla zona. Le opportunità di guadagno su Nextdoor possono derivare dalla promozione di servizi locali o la vendita di beni all'interno della propria comunità.

Meetup

Meetup è una piattaforma per la creazione di gruppi di interesse locale. Gli utenti possono organizzare eventi e incontri su una vasta gamma di argomenti. Le opportunità di guadagno su Meetup possono derivare dalla gestione di gruppi di successo e dall'organizzazione di eventi a pagamento.

Mix

Mix, precedentemente noto come StumbleUpon, è una piattaforma di scoperta e condivisione di contenuti web. Gli utenti possono esplorare una varietà di siti web interessanti. Mentre Mix non offre molte opportunità dirette di guadagno, può essere utilizzato per aumentare la visibilità online e portare traffico al proprio sito web o blog. Questi sono ulteriori esempi di piattaforme di social media, ciascuna con il proprio scopo e la propria audience. Riconoscere l'unicità di ciascuna piattaforma è essenziale per sfruttare al meglio le opportunità di guadagno e il coinvolgimento del pubblico. Nel corso di questo libro, esploreremo le strategie specifiche per massimizzare il potenziale di ciascuna di queste piattaforme.

Diversificazione: La diversificazione è spesso un elemento chiave per il successo nel guadagno dai social media. Operare su più piattaforme consente di raggiungere una vasta audience e riduce il rischio di dipendere eccessivamente da una singola fonte di reddito.

1. **Contenuto di Qualità**: La creazione di contenuti di alta qualità è fondamentale. Su molte piattaforme, il contenuto di valore, ben curato e coinvolgente attirerà un pubblico fedele.

2. **Strategia di Monetizzazione**: Ogni piattaforma offre diverse opzioni di monetizzazione, dalle sponsorizzazioni e pubblicità alla vendita diretta di prodotti e

servizi. È importante comprendere le opzioni disponibili e scegliere quelle più adatte al proprio pubblico e obiettivi.

3. **Consistenza e Persistenza**: Costruire una presenza online di successo richiede tempo e impegno costante. La consistenza nella pubblicazione e l'interazione con il pubblico sono fondamentali per il successo a lungo termine.

4. **Conoscenza dell'Audience**: Capire il proprio pubblico è essenziale per adattare la strategia di contenuto e monetizzazione. Questo può includere l'analisi demografica, le preferenze e i comportamenti online del pubblico.

5. **Comunicazione e Networking**: La costruzione di relazioni, sia con il proprio pubblico che con altri utenti o aziende, è spesso cruciale per il successo. Questo può portare a partnership, collaborazioni e opportunità di sponsorizzazione.

6. **Reinvestimento dei Profitti**: Una volta iniziato a guadagnare, considerare il reinvestimento dei profitti per migliorare la qualità del contenuto, espandere la portata e diversificare ulteriormente le fonti di reddito. Infine, è importante notare che il successo nel guadagno dai social media richiede pazienza, apprendimento continuo e adattabilità. Le tendenze e le dinamiche delle piattaforme possono cambiare rapidamente, quindi essere

pronti a evolvere è cruciale per mantenere un flusso costante di reddito da queste fonti. Nel resto del libro, esamineremo approfonditamente ciascuna di queste piattaforme e le strategie specifiche per massimizzare il potenziale di guadagno su ognuna di esse.

2. Opportunità di Monetizzazione • Panoramica delle diverse modalità di guadagno disponibili

2. Opportunità di Monetizzazione Panoramica delle diverse modalità di guadagno disponibili

Il mondo dei social media offre una vasta gamma di opportunità di monetizzazione per coloro che sanno come sfruttarle. Di seguito, una panoramica delle principali modalità di guadagno disponibili:

1. Pubblicità e Monetizzazione delle Visualizzazioni: Questa è una delle fonti di guadagno più comuni su piattaforme come YouTube. Gli inserzionisti pagano per posizionare annunci nei tuoi video o sulla tua pagina, e tu guadagni una parte dei ricavi in base al numero di visualizzazioni, clic o impressioni pubblicitarie.

2. Sponsorizzazioni e Partnership: Collaborare con aziende o marchi per promuovere i loro prodotti o servizi è un modo efficace per guadagnare. Queste sponsorizzazioni possono includere post su Instagram, video sponsorizzati su YouTube o persino tweet sponsorizzati su Twitter.

3. Affiliate Marketing: Promuovere prodotti o servizi di terzi e guadagnare una commissione su ogni vendita o azione generata attraverso i tuoi link di affiliazione. Molte piattaforme di social media offrono programmi di affiliazione.

4. Vendita di Prodotti o Servizi: Se hai un'attività o un prodotto da vendere, puoi utilizzare i social media per promuoverli direttamente. Ad esempio, Instagram offre la possibilità di creare un negozio online per vendere prodotti.

5. Contenuti a Pagamento: Alcune piattaforme, come Patreon, permettono agli utenti di offrire contenuti esclusivi a pagamento. I tuoi sostenitori possono pagare una tariffa mensile per accedere a contenuti premium o vantaggi esclusivi.

6. Donazioni e Microtransazioni: Su piattaforme di streaming live come Twitch o YouTube, il tuo pubblico può inviarti donazioni o microtransazioni durante le trasmissioni in diretta. Questo è noto come "super chat" su YouTube e "bits" su Twitch.

7. Consulenza e Servizi Professionali: Se sei un esperto nel tuo campo, puoi offrire servizi di consulenza, coaching o formazione tramite i social media. Questo è particolarmente comune su piattaforme come LinkedIn.

8. Vendita di Contenuti Digitali: Puoi creare e vendere contenuti digitali come e-book, corsi online, modelli grafici o software. I social media possono essere utilizzati per promuovere e vendere questi prodotti.

9. Impostare Tariffe per Eventi e Partecipazione: Se organizzi eventi o webinar, puoi addebitare tariffe di partecipazione. Le piattaforme come Eventbrite possono essere integrate con i social media per la promozione e la gestione degli eventi.

10. Patreon e Membership Sites: Puoi creare un sito di adesione o un account Patreon in cui i tuoi fan pagano una tariffa mensile per accedere a contenuti premium e supportare il tuo lavoro. Ogni piattaforma di social media offre diverse opportunità di guadagno, quindi è importante comprendere le dinamiche specifiche di ciascuna e adattare la tua strategia di monetizzazione di conseguenza. Nel resto di questo libro, esamineremo in dettaglio ciascuna di queste modalità di guadagno e come sfruttarle al meglio.

11. Vendita di Merchandising: Molte piattaforme di social media, specialmente YouTube e Instagram, offrono la possibilità di vendere merchandising personalizzato. Questo può includere t-shirt, cappellini, adesivi e altri articoli con il tuo marchio o slogan.

12. Programmi di Affiliazione delle Piattaforme: Alcune piattaforme, come Amazon e eBay, offrono programmi di affiliazione che consentono di guadagnare una commissione promuovendo prodotti attraverso link di affiliazione. Se hai una presenza online influente, puoi promuovere prodotti pertinenti e guadagnare commissioni sulle vendite.

13. Sponsorizzazioni di Eventi e Apparizioni: Se sei un influencer o un esperto di settore riconosciuto, potresti essere invitato come ospite speciale o relatore in eventi o conferenze legate al tuo campo. Queste apparizioni possono essere sponsorizzate e remunerate.

14. Video Corsi e Webinar: La creazione e la vendita di corsi online, webinar o masterclass possono essere un'ottima fonte di guadagno. Puoi utilizzare YouTube o altre piattaforme per promuovere i tuoi corsi.

15. Licensing di Contenuti: Se hai creato contenuti unici come fotografie, video o musica, puoi licenziarli ad altri creatori o aziende che desiderano utilizzarli nei loro progetti.

16. Scrittura e Pubblicazione di Libri: Se sei un esperto nel tuo settore, considera la scrittura e la pubblicazione di libri. Puoi promuovere il tuo libro attraverso i social media e guadagnare dalle vendite.

17. Realizzazione di Recensioni e Testimonial: Alcune aziende pagano per recensioni di prodotti o servizi. Fornire testimonial o recensioni oneste può essere una fonte di guadagno.

18. Corso di Coaching e Consulenza Online: Se hai competenze o conoscenze specializzate, puoi offrire servizi di coaching o consulenza online. Questo può includere consulenza finanziaria, fitness coaching, consulenza di carriera e molto altro.

19. Crowdfunding: Alcune piattaforme di social media, come Kickstarter o Patreon, consentono ai tuoi sostenitori di finanziare il tuo lavoro o progetti in cambio di vantaggi esclusivi.

20. Programmi di Collaborazione di Piattaforme: Alcune piattaforme offrono programmi di collaborazione che consentono agli utenti di guadagnare in base all'interazione e all'impegno del loro pubblico.

Le opportunità di guadagno sui social media sono estremamente varie e continuano a evolversi. Scegliere le modalità di monetizzazione più adatte al tuo pubblico, alle tue competenze e agli obiettivi è fondamentale per il successo. Nel prosieguo di questo libro, esamineremo ogni modalità di guadagno in modo più dettagliato e forniremo consigli pratici su come sfruttarle al meglio.

21. Crowdsourcing di Progetti Creativi: Alcuni creatori utilizzano piattaforme di crowdfunding come Kickstarter o Indiegogo per finanziare progetti creativi come cortometraggi, album musicali o giochi. I sostenitori forniscono fondi per il progetto in cambio di ricompense, come copie del prodotto finito o riconoscimenti speciali.

22. Programmi di Rivenditori di Prodotti: Se gestisci un blog o un canale YouTube in un settore specifico, potresti diventare un rivenditore di prodotti correlati. Ad esempio, se hai un blog sulla tecnologia, potresti guadagnare vendendo gadget e accessori.

23. Vendita di Contenuti Esclusivi: Alcune piattaforme consentono di offrire contenuti esclusivi agli abbonati o ai sostenitori a pagamento. Puoi pubblicare materiale bonus, video o articoli che solo gli abbonati possono visualizzare.

24. Sponsorizzazione di Contenuti di Altro Genere: Anche se il tuo settore principale potrebbe essere diverso, potresti guadagnare sponsorizzando contenuti correlati. Ad esempio, un canale di cucina potrebbe promuovere strumenti da cucina o ingredienti specifici.

25. Vendita di Fotografie o Arte Digitale: Se sei un fotografo o un artista, puoi utilizzare i social media per promuovere e vendere le tue opere. Alcune piattaforme specializzate consentono la vendita di immagini stock o opere d'arte digitali.

26. Creazione di Applicazioni o Giochi: Se hai competenze di sviluppo software, puoi creare applicazioni o giochi e guadagnare attraverso il download o gli acquisti in-app.

27. Vendita di Abbonamenti a Contenuti Premium: Alcuni creatori offrono un'opzione di abbonamento premium che fornisce contenuti esclusivi o vantaggi speciali ai sostenitori. Questa è una strategia comune su piattaforme come OnlyFans o Patreon.

28. Programmi di Ricompense per Riferimenti: Alcune aziende offrono programmi di ricompense per il riferimento di nuovi clienti o utenti. Puoi guadagnare una commissione per ogni persona che porti alla piattaforma.

29. Sponsorizzazioni di Eventi o Conferenze: Se sei un esperto nel tuo settore, le aziende potrebbero sponsorizzare la tua partecipazione a eventi o conferenze in cambio di promozione e copertura sui social media.

30. Investimenti e Azioni: Se il tuo pubblico ti considera un esperto finanziario, potresti guadagnare promuovendo investimenti, azioni o strategie finanziarie. Assicurati di rispettare le leggi e i regolamenti relativi alla promozione finanziaria.

Ricorda che non tutte queste modalità di guadagno saranno appropriate o accessibili per tutti. La scelta delle opportunità di monetizzazione dipende dalle tue abilità, interessi, pubblico e obiettivi. Nel resto di questo libro, esploreremo ciascuna modalità di guadagno in dettaglio, offrendo suggerimenti pratici su come sfruttarle al meglio.

31. Programmi di Addestramento o Corsi Online: Se hai competenze uniche o conoscenze specializzate, puoi guadagnare offrendo programmi di addestramento online. Questi corsi possono coprire una vasta gamma di argomenti, dalla formazione professionale alla crescita personale.

32. Programmi di Affiliazione per Servizi Web: Molte aziende offrono programmi di affiliazione per i loro servizi web. Ad esempio, puoi guadagnare promuovendo servizi di web hosting, piattaforme di e-commerce o strumenti di marketing online.

33. Vendita di Abbigliamento o Merchandising Personalizzato: Creare il tuo marchio e vendere abbigliamento, cappellini, tazze e altri articoli personalizzati può essere un'ottima fonte di guadagno. Questi prodotti possono portare il tuo marchio ai tuoi sostenitori.

34. Creazione di Contenuti Ispirazionali o Motivazionali: Se sei in grado di creare contenuti ispirazionali, motivazionali o educativi, puoi guadagnare vendendo e-book, podcast o webinar su argomenti che ispirano il tuo pubblico.

35. Collaborazioni con Artisti o Creatori di Contenuti Simili: Collaborare con altri artisti o creatori di contenuti simili può ampliare la tua audience e fornire nuove opportunità di guadagno. Ad esempio, puoi collaborare su video, podcast o progetti condivisi.

36. Realizzazione di Abbonamenti a Newsletter: Alcuni creatori offrono abbonamenti a newsletter in cui condividono contenuti esclusivi o approfondimenti. Questi abbonamenti a pagamento possono fornire un flusso costante di reddito.

37. Rivendita di Prodotti Artigianali o Vintage: Se hai una passione per l'artigianato o la ricerca di oggetti vintage, puoi utilizzare i social media per vendere i tuoi prodotti o articoli trovati.

38. Tutoraggio o Lezioni Private: Se sei esperto in un argomento specifico, puoi offrire lezioni private o servizi di tutoraggio tramite videoconferenze o altre piattaforme.

39. Pubblicazione di Brani Musicali o Composizioni: Se sei un musicista o un compositore, puoi pubblicare brani musicali o composizioni su piattaforme come SoundCloud o Bandcamp e guadagnare dai download o streaming.

40. Donazioni di Follower: Alcune piattaforme offrono la possibilità per i tuoi sostenitori di effettuare donazioni dirette o regali virtuali durante le trasmissioni in diretta. Questo può rappresentare una fonte di guadagno aggiuntiva.

La chiave per il successo nella monetizzazione dei social media è la diversificazione e l'adattamento. Esplora diverse modalità di guadagno e sii disposto a modificare la tua strategia in base ai cambiamenti del mercato e alle esigenze del tuo pubblico. Nel corso di questo libro, esamineremo ciascuna modalità di guadagno in dettaglio e forniremo consigli pratici su come sfruttarle al meglio.

41. Comunicazione e Pubbliche Relazioni: Se sei esperto in comunicazione o relazioni pubbliche, puoi offrire servizi di consulenza alle aziende per migliorare la loro presenza online e la gestione delle crisi.

42. Cura del Giardino o Consulenza per la Casa: Se hai competenze in giardinaggio, fai da te o miglioramento della casa, puoi offrire servizi di consulenza e consulenza online.

43. Corsi di Fitness e Benessere: Se sei un personal trainer o un esperto di fitness, puoi offrire corsi online, programmi di allenamento personalizzati o consulenza per il benessere.

44. Vendita di Prodotti Artigianali Fatti a Mano: Se sei un artigiano, puoi utilizzare i social media per promuovere e vendere i tuoi prodotti artigianali, come gioielli fatti a mano, oggetti d'arte o oggetti di design.

45. Guadagno su Piattaforme di Streaming di Gioco: Se sei un appassionato di videogiochi, puoi guadagnare attraverso la trasmissione in diretta delle tue sessioni di gioco su piattaforme come Twitch. Gli spettatori possono donare o abbonarsi al tuo canale.

46. Apprendimento delle Lingue e Lezioni di Lingua: Se parli più lingue, puoi offrire lezioni di lingua online o creare programmi di apprendimento delle lingue per vendita.

47. Servizi di Social Media Management: Se sei un esperto di social media, puoi offrire servizi di gestione dei social media alle aziende che desiderano migliorare la loro presenza online.

48. Strategie di Investimento: Se hai competenze finanziarie o una buona comprensione degli investimenti, puoi guadagnare offrendo consulenza o strategie di investimento attraverso i social media.

49. Tecnologie Emergenti: Tieni d'occhio le tecnologie emergenti e sii pronto a sfruttarle. Ad esempio, la realtà virtuale (VR) e la realtà aumentata (AR) stanno aprendo nuove opportunità di guadagno in settori come l'educazione e l'intrattenimento.

50. Soluzioni Innovative: Crea soluzioni innovative per problemi reali. Se hai un'idea o un'invenzione unica, i social media possono aiutarti a promuoverla e cercare investitori o finanziamenti.

Ricorda che il successo nella monetizzazione dei social media richiede dedizione, pazienza e costante adattamento. Le opportunità possono variare in base alla tua nicchia, competenze e pubblico. Esplora diverse modalità di guadagno e cerca di costruire un mix diversificato di fonti di reddito per garantire la stabilità finanziaria. Nel resto di questo libro, esamineremo approfonditamente ciascuna di queste modalità di guadagno, fornendo consigli pratici su come avvicinarti a ciascuna di esse.

51. Recensioni di Prodotti e Servizi: Se hai una buona capacità di recensire prodotti o servizi in modo obiettivo e approfondito, molte aziende possono pagarti per recensire i loro prodotti sul tuo canale o blog.

52. Consulenza Fiscale e Finanziaria: Se sei un professionista finanziario o fiscale, puoi offrire servizi di consulenza online alle persone e alle aziende che necessitano di orientamento su questioni fiscali e finanziarie.

53. Sviluppo di Plugin o Estensioni: Se hai competenze di sviluppo software, puoi creare plugin o estensioni per piattaforme o software popolari. Questi prodotti possono essere venduti o offerti a pagamento.

54. Traduzioni e Servizi Linguistici: Se sei competente in diverse lingue, puoi offrire servizi di traduzione o interpretariato online. Le aziende spesso cercano traduttori per adattare il loro contenuto a mercati internazionali.

55. Corsi di Coaching sulla Vita e Crescita Personale: Se sei un coach professionale o un esperto in crescita personale, puoi offrire corsi online per aiutare le persone a raggiungere i loro obiettivi personali.

56. Creazione di Musica di Sottofondo: Se hai talento musicale, puoi creare musica di sottofondo per video, podcast o progetti creativi e venderla attraverso piattaforme di distribuzione musicale.

57. Grafica e Design: Se sei un designer grafico, puoi offrire servizi di design online per la creazione di loghi, grafiche o materiale promozionale per aziende e brand.

58. Revisione e Editing di Contenuti: Se hai competenze di scrittura e editing, puoi offrire servizi di revisione e correzione di testi online per aiutare autori o aziende a migliorare la qualità dei loro contenuti.

59. Sviluppo di App Mobile: Se hai competenze di sviluppo di app mobile, puoi creare app per dispositivi iOS o Android e guadagnare dalla vendita delle app o da acquisti in-app.

60. Sostenibilità e Consulenza Ambientale: Se sei esperto in questioni legate all'ambiente e alla sostenibilità, puoi offrire servizi di consulenza alle aziende che cercano di ridurre l'impatto ambientale delle loro operazioni.

L'importante è individuare un'area in cui hai competenze o interessi e trovare il modo di offrire valore al tuo pubblico attraverso i social media. Il successo richiede tempo, dedizione e coerenza. Nel prosieguo di questo libro, esamineremo ciascuna di queste modalità di guadagno in modo più dettagliato e forniremo consigli pratici su come avvicinarti a ciascuna di esse.

61. Workshop e Formazione su Abilità Pratiche: Se hai competenze pratiche come cucina, falegnameria, o sartoria, puoi offrire workshop o corsi di formazione online per insegnare agli altri le tue abilità.

62. Comunicazione e Media Training: Se hai esperienza in giornalismo, comunicazione o media training, puoi offrire consulenza e formazione a coloro che desiderano migliorare le loro abilità di comunicazione e gestione dei media.

63. Servizi di Organizzazione e Consulenza su Produttività: Se sei un esperto nell'organizzazione e nella gestione del tempo, puoi offrire servizi di consulenza su produttività alle persone e alle aziende che cercano di diventare più efficienti.

64. Coaching e Consulenza su Benessere Mentale: Se sei un terapeuta o un esperto in benessere mentale, puoi offrire servizi di consulenza e coaching online per aiutare le persone a gestire lo stress, l'ansia e altre sfide legate alla salute mentale.

65. Assistenza Tecnica e IT: Se hai competenze tecniche o informatiche, puoi offrire servizi di assistenza tecnica, risoluzione di problemi informatici o consulenza IT.

66. Servizi di Editing Video e Montaggio: Se hai esperienza nell'editing video e nella produzione video, puoi offrire servizi di editing per i creatori di contenuti che cercano di migliorare la qualità dei loro video.

67. Marketing Affiliate: Collabora con programmi di marketing affiliato e promuovi prodotti o servizi in cambio di commissioni su vendite generate attraverso i tuoi link di affiliazione.

68. Riqualificazione e Orientamento Professionale: Se hai esperienza nel campo delle risorse umane o della gestione del personale, puoi offrire servizi di riqualificazione e consulenza professionale a coloro che cercano una nuova direzione nella loro carriera.

69. Fornitura di Servizi Amministrativi: Offri servizi di assistenza virtuale, amministrazione, gestione appuntamenti e supporto aziendale online alle aziende che cercano di ottimizzare le loro operazioni.

70. Abilità Artistiche e Arti Plastiche: Se sei un artista visuale, puoi offrire lezioni online per insegnare tecniche artistiche, come pittura, disegno o scultura.

L'opportunità di guadagno attraverso i social media è davvero vasta. Importante è trovare la tua nicchia, le tue passioni e le tue competenze e poi individuare il modo migliore per condividere valore con il tuo pubblico. Nel corso di questo libro, esamineremo ciascuna di queste modalità di guadagno in modo più dettagliato e forniremo consigli pratici su come avvicinarti a ciascuna di esse.

1. **Scelta della Modalità di Guadagno**: È fondamentale selezionare un'opzione di guadagno che si adatti alle tue competenze, interessi e al tuo pubblico. Scegli qualcosa che ti appassiona e che puoi sviluppare con il tempo.
2. **Coerenza e Impegno**: La coerenza è essenziale. Mantieni una presenza costante sui social media, pubblicando contenuti di alta qualità in modo regolare. L'impegno con il tuo pubblico è altrettanto importante. Rispondi ai commenti, interagisci e crea relazioni con i tuoi seguaci.
3. **Diversificazione delle Fonti di Reddito**: Non puntare su una sola fonte di reddito. Diversifica le tue fonti di guadagno per ridurre il rischio e aumentare la stabilità finanziaria. Questo può includere pubblicità, sponsorizzazioni, vendita di prodotti o servizi, affiliazione e altro.
4. **Studio del Pubblico**: Comprendi il tuo pubblico. Analizza i dati demografici, i

comportamenti online e le preferenze per adattare la tua strategia di contenuto e monetizzazione.

5. **Apprendimento Continuo**: I social media sono in continua evoluzione. Mantieniti aggiornato sulle tendenze, le nuove funzionalità delle piattaforme e le best practice per avere successo.

6. **Etica e Trasparenza**: Mantieni un'etica solida e trasparenza nei confronti del tuo pubblico. Questo contribuirà a costruire la fiducia e a mantenere la tua reputazione.

7. **Leggi e Regolamenti**: Assicurati di rispettare le leggi e i regolamenti relativi alla monetizzazione dei social media nel tuo paese o nella tua giurisdizione.

8. **Pianificazione Finanziaria**: Gestisci con cura le tue entrate. Pianifica il tuo budget e considera l'importanza del risparmio e dell'investimento per garantire la stabilità finanziaria a lungo termine.

Le opportunità di guadagno con i social media sono accessibili a chiunque abbia una connessione Internet e una passione da condividere. Tuttavia, il successo richiede tempo, dedizione e impegno costante. Non aspettarti risultati immediati, ma sii aperto a sperimentare, adattarti e crescere nel tempo. Nel resto di questo libro, esploreremo ciascuna delle modalità di guadagno menzionate in modo più dettagliato, offrendo suggerimenti pratici e strategie per massimizzare il tuo potenziale di guadagno sui social media.

3. Definizione di Obiettivi • Stabilire obiettivi realistici e misurabili.

3. Definizione di Obiettivi

Una componente fondamentale per il successo nella monetizzazione dei social media è la definizione chiara degli obiettivi. Senza obiettivi specifici e misurabili, è facile perdersi nel mare dei social media senza una direzione chiara. Ecco come stabilire obiettivi realistici e misurabili:

1. Identificazione degli Obiettivi Principali: Inizia identificando gli obiettivi principali che desideri raggiungere con la tua presenza sui social media. Questi obiettivi possono includere l'aumento dei guadagni, l'espansione del tuo pubblico, la promozione di un prodotto o servizio specifico o l'incremento del traffico verso il tuo sito web.

2. Obiettivi Specifici e Misurabili: Assicurati che gli obiettivi siano specifici e misurabili. Ad esempio, invece di "aumentare i guadagni", potresti definire un obiettivo come "aumentare i guadagni del 20% entro sei mesi".

3. Tempistica: Stabilisci una tempistica chiara per gli obiettivi. Questo ti darà un quadro temporale entro cui lavorare e una scadenza per valutare i risultati.

4. Segmentazione del Pubblico: Considera il tuo pubblico target. Gli obiettivi possono variare in base al tuo pubblico. Ad esempio, se il tuo pubblico è principalmente composto da professionisti del settore, potresti avere obiettivi diversi rispetto a un pubblico più ampio.

5. Realismo: Gli obiettivi devono essere realistici. Non fissare obiettivi irraggiungibili, altrimenti potresti diventare frustrato. Esamina le risorse e le competenze a tua disposizione.

6. Coinvolgimento del Team: Se stai lavorando in un team o hai collaboratori, coinvolgi tutti nella definizione degli obiettivi. Questo garantisce una comprensione condivisa degli obiettivi e un maggiore impegno.

7. Monitoraggio e Misurazione: Implementa sistemi di monitoraggio e misurazione per valutare il progresso verso gli obiettivi. Utilizza metriche chiave come visualizzazioni, clic, conversioni, vendite e altro per valutare i risultati.

8. Adattamento e Regolazione: Sii flessibile. Se noti che gli obiettivi non sono stati raggiunti o che ci sono cambiamenti nelle condizioni, sii disposto a regolare gli obiettivi di conseguenza.

L'adattamento è una parte essenziale del processo.

9. Comunicazione e Condivisione: Comunica gli obiettivi al tuo pubblico, in modo che possano comprendere la tua visione e il motivo per cui segui una determinata strategia. Stabilire obiettivi chiari e misurabili è fondamentale per mantenere la tua strategia di monetizzazione dei social media focalizzata e orientata ai risultati. Inoltre, ti fornisce una base solida per valutare il successo e apportare eventuali modifiche lungo il percorso. Nel corso di questo libro, esamineremo come applicare questi obiettivi alla tua strategia di monetizzazione su piattaforme specifiche come YouTube, Instagram, Facebook e altre.

10. Segmentazione degli Obiettivi: In alcuni casi, potrebbe essere utile suddividere gli obiettivi in obiettivi primari e secondari. Ad esempio, il tuo obiettivo primario potrebbe essere aumentare le vendite di un prodotto specifico, mentre gli obiettivi secondari potrebbero riguardare l'ingaggio del pubblico o l'acquisizione di nuovi follower. Questa segmentazione consente di concentrare le risorse in modo più efficace.

11. Obiettivi a Breve e Lungo Termine: Gli obiettivi possono essere suddivisi in obiettivi a breve termine e obiettivi a lungo termine. Gli obiettivi a breve termine dovrebbero contribuire al raggiungimento degli obiettivi a lungo termine. Ad esempio, se il tuo obiettivo a lungo termine è aumentare il reddito annuale del tuo canale YouTube, gli obiettivi a breve termine potrebbero essere pubblicare video di alta qualità su base settimanale.

12. Coinvolgimento del Pubblico: Gli obiettivi non dovrebbero limitarsi solo ai risultati finanziari. Puoi stabilire obiettivi di coinvolgimento del pubblico, come ottenere un certo numero di commenti, condivisioni o mi piace sui tuoi contenuti. Un pubblico coinvolto tende a essere più fedele e può portare a maggiori opportunità di guadagno a lungo termine.

13. Branding e Consapevolezza del Marchio: Se il tuo obiettivo è costruire il tuo marchio personale o aziendale, considera obiettivi legati alla consapevolezza del marchio. Questi obiettivi potrebbero includere aumentare il riconoscimento del marchio, guadagnare una reputazione di esperto nel tuo settore o stabilire una posizione di leadership.

14. Riduzione dei Costi: Gli obiettivi non si limitano all'aumento dei guadagni. Potresti avere obiettivi legati alla riduzione dei costi operativi, migliorando l'efficienza o ottimizzando la gestione delle risorse.

15. Valutazione Periodica: Non limitarti a definire gli obiettivi una sola volta. Valuta periodicamente il tuo progresso, idealmente su base mensile o trimestrale, e fai le necessarie modifiche. Questo assicura che gli obiettivi siano sempre rilevanti e allineati con la tua strategia.

16. Flessibilità: Sii flessibile nel regolare gli obiettivi se le circostanze cambiano. L'ambiente dei social media è dinamico, quindi è importante adattarsi ai cambiamenti e alle nuove opportunità che si presentano.

17. Coinvolgimento del Team: Se stai lavorando con un team, coinvolgi i membri del team nella definizione degli obiettivi. Assicurati che tutti abbiano una comprensione chiara degli obiettivi e siano motivati a contribuire al loro raggiungimento.

Stabilire obiettivi realistici e misurabili è il primo passo verso il successo nella monetizzazione dei social media. Questi obiettivi fungono da bussola per guidarti nel tuo percorso e ti consentono di misurare il progresso. Nel prosieguo di questo libro, esploreremo come tradurre questi obiettivi in strategie concrete su piattaforme specifiche e come adattarli alle tue esigenze e obiettivi personali.

18. Obiettivi SMART: Utilizza l'acronimo SMART per creare obiettivi ben definiti:

- **Specific (Specifici)**: Gli obiettivi dovrebbero essere chiari e dettagliati. Evita dichiarazioni vaghe come "aumentare i follower" e piuttosto specifica "aumentare i follower del 20% entro sei mesi".
- **Measurable (Misurabili)**: Gli obiettivi devono essere quantificabili in modo che tu possa valutare il tuo progresso. Ad esempio, puoi misurare il numero di follower, le visualizzazioni o le conversioni.
- **Achievable (Raggiungibili)**: Assicurati che gli obiettivi siano realistici e raggiungibili date le tue risorse e competenze attuali.
- **Relevant (Rilevanti)**: Gli obiettivi dovrebbero essere rilevanti per la tua attività e allineati con la tua strategia generale. Evita di fissare obiettivi che non hanno un impatto significativo.
- **Time-Bound (Vincolati nel Tempo)**: Definisci una data di scadenza per gli obiettivi. Questo crea urgenza e ti dà un termine per valutare il raggiungimento degli obiettivi.

19. Obiettivi di Crescita Graduale: Se sei alle prime armi nella monetizzazione dei social media, potrebbe essere saggio iniziare con obiettivi di crescita graduale. Ad esempio, potresti fissare l'obiettivo di aumentare i follower di un certo numero ogni mese.

20. Obiettivi di Coinvolgimento del Pubblico: Gli obiettivi di coinvolgimento del pubblico, come ottenere più commenti, condivisioni o mi piace, possono contribuire al successo a lungo termine. Un pubblico coinvolto tende a essere più fedele e può portare a maggiori opportunità di guadagno.

21. Monitoraggio delle Metriche Chiave: Scegli le metriche chiave che sono più pertinenti per il raggiungimento dei tuoi obiettivi. Ad esempio, se il tuo obiettivo è aumentare le vendite di un prodotto, tieni d'occhio le metriche relative alle conversioni e alle vendite.

22. Coerenza nella Valutazione: Assicurati di valutare gli obiettivi in modo coerente. Ad esempio, se hai stabilito l'obiettivo di aumentare i follower mensilmente, mantieni questa periodicità per le valutazioni.

23. Benchmark e Confronto: Valuta i tuoi obiettivi in relazione a benchmark o confronti con il passato. Questo ti aiuterà a vedere i miglioramenti e le tendenze nel tempo.

24. Feedback e Apprendimento: Utilizza i risultati degli obiettivi per apprendere e migliorare la tua strategia. Se un obiettivo non è stato raggiunto, cerca di capire le ragioni e apporta le modifiche necessarie per il futuro.

25. Ricompense e Riconoscimenti: Considera l'uso di ricompense e riconoscimenti per motivare te stesso o il tuo team a raggiungere gli obiettivi. Ad esempio, puoi festeggiare il raggiungimento di un obiettivo con una piccola celebrazione.

Stabilire obiettivi è un passo cruciale verso il successo nella monetizzazione dei social media. Assicurati che gli obiettivi siano chiari, misurabili e allineati con la tua strategia complessiva. Nel corso di questo libro, esploreremo come trasformare questi obiettivi in azioni concrete e come adattarli alle specifiche sfide e opportunità delle diverse piattaforme social.

La definizione di obiettivi è un processo chiave per il successo nella monetizzazione dei social media. Ecco alcune considerazioni finali sulla definizione degli obiettivi:

26. Motivazione Personale: Gli obiettivi dovrebbero essere personalmente significativi. Quando hai una connessione emotiva con gli obiettivi, sei più motivato a lavorare duramente per raggiungerli.

27. Comunicazione degli Obiettivi: Condividi i tuoi obiettivi con il tuo pubblico o la tua comunità. Questa trasparenza può creare un maggiore coinvolgimento e il supporto del pubblico nel raggiungimento degli obiettivi.

28. Criteri di Valutazione: Definisci i criteri chiari per valutare se un obiettivo è stato raggiunto o meno. Ad esempio, se il tuo obiettivo è aumentare il traffico sul sito web, specifica il numero di visite mensili necessario per considerare l'obiettivo raggiunto.

29. Aggiornamento degli Obiettivi: Come la tua presenza sui social media evolve, gli obiettivi possono cambiare. Aggiorna periodicamente gli obiettivi in base alle nuove opportunità e alle sfide.

30. Passione e Dedizione: La passione e la dedizione sono fondamentali per mantenere la motivazione nel perseguire gli obiettivi. Se sei appassionato del tuo settore o del tuo pubblico, sarai più propenso a lavorare con costanza per raggiungere gli obiettivi.

31. Apprendimento Continuo: Sii disposto a imparare dai successi e dai fallimenti. Ogni obiettivo raggiunto o non raggiunto rappresenta un'opportunità di crescita e miglioramento.

32. Sostenibilità e Benessere: Mentre persegui gli obiettivi, ricorda di prenderti cura del tuo benessere fisico e mentale. Il successo sui social media può essere impegnativo, quindi è importante mantenere un equilibrio sano.

33. Comunità e Rete di Supporto: Crea o unisciti a una comunità o rete di supporto di persone che condividono i tuoi obiettivi o interessi. Questa rete può offrire consigli, motivazione e opportunità di collaborazione.

Gli obiettivi ben definiti svolgono un ruolo cruciale nel guidarti verso il successo sui social media. Quando hai obiettivi chiari, puoi creare una strategia mirata, monitorare il tuo progresso e adattare la tua strategia secondo necessità. Nel corso di questo libro, esamineremo come applicare questi principi agli obiettivi specifici di monetizzazione su diverse piattaforme social, consentendoti di massimizzare il tuo potenziale e raggiungere il successo.

4. Creazione di Contenuti • Consigli su come creare contenuti accattivanti e di qualità.

4. Creazione di Contenuti

La creazione di contenuti di alta qualità è fondamentale per attirare e coinvolgere il tuo pubblico sui social media. Contenuti accattivanti possono aumentare il tuo seguito, migliorare l'engagement e, alla fine, contribuire al tuo successo nella monetizzazione. Ecco alcuni consigli su come creare contenuti accattivanti e di qualità:

1. Conosci il Tuo Pubblico: Prima di iniziare a creare contenuti, devi avere una comprensione chiara del tuo pubblico. Quali sono i loro interessi, bisogni e desideri? Cosa cercano sui social media? Queste informazioni ti aiuteranno a creare contenuti rilevanti per loro.

2. Sii Autentico: La sincerità è un elemento chiave. Sii te stesso e autentico nei tuoi contenuti. Il pubblico apprezza la trasparenza e la coerenza.

3. Contenuti Educativi e Informativi: Offri contenuti che insegnino qualcosa al tuo pubblico o che lo informino. Ad esempio, puoi creare tutorial, guide, articoli informativi o video didattici.

4. Intrattenimento: L'intrattenimento è un modo efficace per coinvolgere il pubblico. Crea contenuti divertenti, storie coinvolgenti o sfide che intrattengano e coinvolgano il tuo pubblico.

5. Visivi di Qualità: Assicurati che i tuoi contenuti visivi siano di alta qualità. Utilizza foto e video ben realizzati, con buona illuminazione e audio chiaro.

6. Scrittura Efficace: Se stai creando contenuti scritti, lavora sulla tua scrittura. Assicurati che i tuoi testi siano chiari, ben strutturati e privi di errori grammaticali.

7. Variazione dei Contenuti: Non limitarti a un solo tipo di contenuto. Sperimenta con video, immagini, testi, infografiche, sondaggi e altro. La varietà mantiene il pubblico coinvolto.

8. Consistenza: Mantieni una frequenza costante nella pubblicazione dei contenuti. Questo aiuta il pubblico a sapere quando aspettarsi nuovi contenuti da te.

9. Racconta una Storia: Le storie possono connettere emotivamente il pubblico ai tuoi contenuti. Racconta storie personali o storie che siano rilevanti per il tuo messaggio.

10. Interazione con il Pubblico: Rispondi ai commenti e ai messaggi del tuo pubblico. L'interazione è essenziale per costruire relazioni e coinvolgere il pubblico.

11. SEO e Ottimizzazione: Se stai creando contenuti online, come blog o video, ottimizza il tuo contenuto per i motori di ricerca (SEO) in modo da renderlo più facilmente rintracciabile online.

12. Monitoraggio delle Performance: Utilizza strumenti analitici per monitorare le performance dei tuoi contenuti. Scopri quali contenuti funzionano meglio in termini di visualizzazioni, condivisioni e coinvolgimento.

13. Collaborazioni: Considera la possibilità di collaborare con altri creatori o influencer nel tuo settore. Queste collaborazioni possono portare a una maggiore esposizione e un nuovo pubblico.

14. CTA (Call to Action): Incoraggia il pubblico a compiere azioni specifiche, come cliccare su un link, condividere il contenuto o iscriversi al tuo canale. I CTA chiari e pertinenti possono aumentare il coinvolgimento.

15. Adattamento alle Piattaforme: Ogni piattaforma sociale ha le sue specifiche.

Assicurati di adattare i tuoi contenuti al formato e alle esigenze della piattaforma in cui stai pubblicando.

16. Test A/B: Sperimenta con diverse varianti di contenuti per vedere quali funzionano meglio. Ad esempio, puoi testare titoli diversi per gli stessi contenuti per vedere quale attira più click.

La creazione di contenuti di alta qualità richiede tempo, impegno e pratica. Non avere paura di sperimentare e adattare la tua strategia in base ai feedback del pubblico. Ricorda che la chiave è mantenere il pubblico coinvolto e soddisfatto, il che alla fine contribuirà al tuo successo nella monetizzazione dei social media. Nel prosieguo di questo libro, esploreremo come applicare questi principi di creazione di contenuti a piattaforme specifiche come YouTube, Instagram, Facebook e altre.

17. Branding Coerente: Se stai cercando di costruire un marchio personale o aziendale sui social media, assicurati di mantenere un branding coerente nei tuoi contenuti. Questo significa utilizzare colori, stili e toni riconoscibili e coerenti che riflettano la tua identità di marca.

18. Ricerca di Tendenze: Tieni d'occhio le tendenze attuali nei social media e nel tuo settore. La creazione di contenuti che rispondono alle tendenze può attirare l'attenzione e aumentare la risonanza con il pubblico.

19. Storytelling: Il potere delle storie è evidente in molti aspetti della vita. Raccontare storie coinvolgenti nei tuoi contenuti può creare un legame più forte tra te e il tuo pubblico. Le storie personali, esperienze o narrazioni coinvolgenti possono far sì che il pubblico si identifichi con te.

20. Pianificazione dei Contenuti: Crea un piano editoriale che ti aiuti a mantenere una coerenza nella pubblicazione di contenuti. Questo piano dovrebbe includere date di pubblicazione, argomenti dei contenuti e obiettivi specifici.

21. Segmentazione del Pubblico: Se hai un pubblico diversificato, considera di creare contenuti che rispondono alle esigenze e agli interessi di ciascun segmento. Questo può aumentare l'engagement e la fedeltà del pubblico.

22. Utilizzo di Piattaforme di Creazione di Contenuti: Esistono molte piattaforme e strumenti di creazione di contenuti che semplificano il processo di produzione di contenuti. Ad esempio, puoi utilizzare strumenti di progettazione grafica o di montaggio video per migliorare la qualità visiva dei tuoi contenuti.

23. Utilizzo di Analytics: Approfitta degli strumenti di analisi delle piattaforme social per comprendere meglio il comportamento del tuo pubblico. Questi dati possono guidarti nella creazione di contenuti futuri che rispondono alle preferenze del tuo pubblico.

24. Cura dei Dettagli: Presta attenzione ai dettagli. Un layout pulito, testi ben formattati, immagini di alta risoluzione e audio chiaro sono tutti elementi che contribuiscono alla percezione di professionalità dei tuoi contenuti.

25. Apprendimento Costante: Il mondo dei social media è in continua evoluzione. Mantieniti aggiornato sulle nuove tendenze, strumenti e tecniche di creazione di contenuti attraverso la formazione continua.

26. Valutazione Critica: Sii critico nei confronti del tuo stesso lavoro. Chiedi feedback a colleghi o amici di fiducia e cerca di migliorare costantemente.

27. Etica e Responsabilità: Mantieni sempre un alto standard di etica e responsabilità nella creazione di contenuti. Rispetta le leggi e le linee guida delle piattaforme social e promuovi contenuti responsabili.

28. Uso Creativo delle Call to Action (CTA): Le CTA possono essere utilizzate in modi creativi per coinvolgere il pubblico. Ad esempio, puoi chiedere al pubblico di partecipare a una sfida, di condividere una storia personale o di proporre idee per i prossimi contenuti.

29. Monitoraggio della Concorrenza:
Osserva cosa fanno i tuoi concorrenti di successo.
Questo può darti spunti per la creazione di
contenuti che rispondono alle esigenze del tuo
pubblico.

**30. Adattamento alla Feedback del
Pubblico**: Prendi in considerazione i
suggerimenti e il feedback del tuo pubblico.
Questi commenti possono rivelare opportunità
per migliorare e crescere.

La creazione di contenuti coinvolgenti e di alta
qualità richiede tempo, dedizione e un processo
di apprendimento continuo. Sperimenta, adatta e
affina costantemente la tua strategia di contenuti
per raggiungere il massimo impatto sul tuo
pubblico. Nel proseguo del libro, esploreremo
ulteriori dettagli su come applicare questi
concetti alla creazione di contenuti su specifiche
piattaforme social.

31. Utilizzo del Visual Storytelling: Il visual
storytelling combina l'arte della narrazione con
elementi visivi coinvolgenti. Puoi utilizzare
immagini, grafici, infografiche e video per
raccontare storie che catturino l'attenzione del
pubblico e trasmettano messaggi in modo
potente.

32. Contenuti Ispirati dai Follower: Prendi
ispirazione dai tuoi follower. Monitora ciò che

condividono, i loro commenti e le loro domande. Questo può aiutarti a creare contenuti che rispondono direttamente alle loro esigenze e interessi.

33. Contenuti Evergreen: Cerca di creare contenuti "evergreen" che mantengano la loro rilevanza nel tempo. Questi contenuti continuano a generare valore anche dopo mesi o anni dalla pubblicazione.

34. Uso Efficace degli Hashtag: Gli hashtag sono un modo per aumentare la visibilità dei tuoi contenuti. Utilizzali in modo efficace, scegliendo hashtag rilevanti e popolari nel tuo settore.

35. Narrazione Multipla: Non limitarti a una sola narrazione. Racconta storie da diverse prospettive e punti di vista per mantenere il tuo contenuto fresco e interessante.

36. Collaborazioni Creative: Collabora con altri creatori o aziende per creare contenuti unici. Le collaborazioni possono espandere il tuo pubblico e portare nuove idee alla tavola.

37. Uso della Psicologia dell'Uso dei Social Media: Comprendi come la psicologia influenzi il comportamento degli utenti sui social media. Ciò può guidarti nella creazione di contenuti che attirino l'attenzione, suscitino emozioni e incoraggino l'interazione.

38. Storie di Successo dei Clienti: Se stai promuovendo un prodotto o servizio, condividi storie di successo dei clienti. Queste testimonianze possono dimostrare il valore del tuo prodotto o servizio in modo convincente.

39. Contenuti Interattivi: Integra elementi interattivi nei tuoi contenuti. Ad esempio, puoi creare sondaggi, quiz o contenuti in cui il pubblico può fare scelte che influenzano la trama.

40. Mantenere l'Equilibrio tra Promozione e Contenuti Utili: Se utilizzi i social media per scopi di business, mantieni un equilibrio tra la promozione dei tuoi prodotti o servizi e la condivisione di contenuti informativi e utili. Un'eccessiva promozione può allontanare il pubblico.

41. Adattamento alle Preferenze del Pubblico: Monitora le metriche delle tue pubblicazioni per scoprire quali tipi di contenuti attirano più interazione e coinvolgimento. Adatta la tua strategia in base a queste preferenze.

42. Creazione di Contenuti a Tema: Creare contenuti legati a eventi o ricorrenze speciali può aumentare l'interesse del pubblico. Ad esempio, puoi creare contenuti tematici per le festività o eventi di attualità.

43. Unicità e Originalità: Cerca di distinguerti dalla concorrenza attraverso contenuti unici e originali. Evita di copiare contenuti altrui e cerca di creare un'identità distintiva.

44. Test di Contenuti: Sperimenta con contenuti diversi e osserva quali funzionano meglio. Questo processo di prova ed errore ti aiuterà a capire cosa il tuo pubblico trova più interessante.

45. Utilizzo di Elementi Visivi Coinvolgenti: Gli elementi visivi come grafici, immagini di alta qualità e animazioni possono rendere i tuoi contenuti più coinvolgenti e facilmente condivisibili.

La creazione di contenuti sui social media è una disciplina in costante evoluzione che richiede creatività, flessibilità e adattamento alle mutevoli esigenze del pubblico. Continua a esplorare nuove idee e a migliorare costantemente la qualità dei tuoi contenuti per mantenere il tuo pubblico coinvolto e soddisfatto.

46. Utilizzo di Storie: Molte piattaforme social, come Instagram e Facebook, offrono la possibilità di creare "storie" temporanee. Queste storie possono essere utilizzate per condividere contenuti più informali, dietro le quinte o per annunciare eventi imminenti.

47. Contenuti in Tempo Reale: La pubblicazione di contenuti in tempo reale, come trasmissioni live o aggiornamenti istantanei su eventi in corso, può aumentare l'interesse e l'engagement del pubblico.

48. Podcasting: I podcast stanno guadagnando sempre più popolarità come formato di contenuto. Se hai una buona voce o una conoscenza esperta in un certo argomento, considera la creazione di un podcast.

49. Contenuti a Lungo Termine: Mentre i contenuti brevi e immediati sono importanti, non dimenticare di creare anche contenuti a lungo termine. Ad esempio, articoli di blog informativi possono attirare traffico costante nel tempo.

50. Reperimento delle Fonti: Quando condividi dati o informazioni, assicurati di citare correttamente le fonti. Questo aumenta la tua credibilità e dimostra trasparenza.

51. Creazione di Contenuti Multilingue: Se il tuo pubblico è globale, considera la creazione di contenuti multilingue per raggiungere una più ampia gamma di persone.

52. Utilizzo di UGC (User-Generated Content): Incorpora contenuti generati dagli utenti nella tua strategia. Ad esempio, puoi condividere foto o testimonianze dei tuoi clienti.

53. Contenuti Educativi su Prodotti o Servizi: Se hai un'attività, crea contenuti educativi che spieghino come utilizzare i tuoi prodotti o servizi in modo efficace. Questo può aiutare a fidelizzare i clienti esistenti e attrarne di nuovi.

54. Feedback del Pubblico: Chiedi regolarmente il feedback del tuo pubblico. Cosa vogliono vedere di più? Cosa preferirebbero cambiare? Il coinvolgimento del pubblico può aiutarti a indirizzare la tua strategia di contenuti.

55. Creazione di Contenuti Divisivi: A volte, la creazione di contenuti che suscitano discussioni e opinioni contrastanti può essere efficace per generare coinvolgimento e condivisioni.

56. Utilizzo di Narrazioni di Tendenza: Segui le tendenze e gli argomenti di attualità nel tuo settore o nella cultura popolare. La creazione di contenuti in linea con le tendenze attuali può aumentare la tua visibilità.

57. Monitoraggio della Frequenza di Pubblicazione: Valuta con quale frequenza il tuo pubblico desidera vedere nuovi contenuti e cerca di adattare la tua frequenza di pubblicazione di conseguenza.

58. Focus su Obiettivi Specifici: Ogni pezzo di contenuto dovrebbe avere un obiettivo specifico. Ad esempio, potresti creare contenuti per generare consapevolezza, coinvolgere il pubblico o promuovere un prodotto specifico.

59. Contenuti Ispirati dalla Comunità: Coinvolgi il tuo pubblico nella creazione di contenuti. Ad esempio, puoi chiedere suggerimenti o partecipazione attiva alla generazione di idee.

60. Monitoraggio della Concorrenza: Osserva ciò che i tuoi concorrenti stanno facendo bene e cosa non funziona. Questo può darti ispirazione per migliorare la tua strategia di contenuti.

La creazione di contenuti efficaci sui social media è un processo articolato e in continua evoluzione. Sperimenta con diverse strategie e tieni conto dei feedback del tuo pubblico per ottimizzare costantemente la tua produzione di contenuti. Continua a esplorare nuovi modi per connetterti con il tuo pubblico e mantenere l'interesse alto.

61. Targeting dei Contenuti: Utilizza il targeting per assicurarti che i tuoi contenuti raggiungano il pubblico giusto. Molte piattaforme consentono di definire parametri demografici, interessi e comportamenti per indirizzare i tuoi contenuti.

62. Contenuti Evergreen con Aggiornamenti: Se hai contenuti "evergreen" che rimangono rilevanti nel tempo, considera di aggiornarli periodicamente con informazioni aggiornate. Questo può aumentare il loro valore continuo.

63. Esperimenti di Contenuto: Sperimenta con formati di contenuti diversi. Ad esempio, potresti testare video, podcast, articoli, webinar o newsletter per vedere quali formati funzionano meglio per il tuo pubblico.

64. Creazione di Contenuti di Istruzione: Offri contenuti educativi che insegnino al tuo pubblico qualcosa di nuovo. Questi contenuti possono aumentare la tua autorità nel settore e attirare un pubblico interessato all'apprendimento.

65. Reutilizzo dei Contenuti: Non è necessario creare costantemente nuovi contenuti. Puoi riutilizzare e riciclare i contenuti esistenti in nuovi formati o contesti. Ad esempio, un blog post può diventare un video o un podcast.

66. Contest e Sfide: Organizza contest o sfide per coinvolgere il tuo pubblico. Queste iniziative possono generare entusiasmo e partecipazione attiva.

67. Studio delle Parole Chiave: Se crei contenuti online, fai una ricerca delle parole chiave pertinenti per il tuo settore. Questo aiuta a rendere i tuoi contenuti più visibili nei motori di ricerca.

68. Contenuti in Stile "How-to": I tutorial o i contenuti "how-to" che insegnano agli utenti come fare qualcosa sono molto popolari. Questi contenuti possono dimostrare il tuo expertise e fornire valore al tuo pubblico.

69. Feedback in Tempo Reale: Se hai la possibilità di interagire con il pubblico in tempo reale, sfrutta questa opportunità per ottenere feedback immediato e rispondere alle domande in diretta.

70. Psicologia dei Colori: I colori influenzano le emozioni e le percezioni. Assicurati che la scelta dei colori nei tuoi contenuti sia in linea con il messaggio che desideri comunicare.

71. Narrazioni Personali: Racconta storie personali che permettano al pubblico di conoscerti meglio. La connessione emotiva con il pubblico può aumentare la fedeltà e l'interazione.

72. Contenuti di Diario: Condividi i tuoi pensieri, esperienze e riflessioni personali sotto forma di un diario digitale. Questo può far sentire il pubblico più vicino a te.

73. Contenuti sulla Cultura dell'Impresa: Se hai un'azienda, crea contenuti che riflettano la cultura dell'impresa. Mostra il tuo ambiente di lavoro, il tuo team e i valori aziendali.

74. Contenuti Storici: Includi contenuti sulla storia della tua azienda o del tuo settore. Questi contenuti possono aggiungere profondità e contesto alla tua narrazione.

75. Contenuti Interessanti per il Tuo Settore: Mantieniti informato sulle ultime novità e tendenze nel tuo settore. Condividi queste informazioni con il tuo pubblico per dimostrare la tua competenza.

76. Contenuti Generati dal Pubblico: Encoura i tuoi follower a condividere i propri contenuti legati al tuo marchio o alle tue iniziative. Questi contenuti generati dal pubblico possono aumentare l'engagement e la visibilità.

77. Utilizzo di Strumenti di Pianificazione dei Contenuti: Esistono strumenti di pianificazione dei contenuti che ti consentono di pianificare e programmare i tuoi post in anticipo. Questo può semplificare la gestione del tuo calendario editoriale.

78. Valutazione delle Performance Passate: Analizza i dati delle performance dei tuoi contenuti passati per identificare tendenze e approcci che hanno funzionato meglio.

Continua a esplorare queste diverse strategie di creazione di contenuti per mantenere il tuo pubblico coinvolto e attirare nuovi seguaci. La diversità nella creazione di contenuti può aiutarti a raggiungere un pubblico più ampio e adattarti alle mutevoli esigenze del tuo pubblico.

La creazione di contenuti di alta qualità è un processo continuo che richiede creatività, adattabilità e impegno costante. Ecco alcune considerazioni finali per aiutarti a perfezionare la tua strategia di creazione di contenuti:

79. Calendario Editoriale: Mantieni un calendario editoriale organizzato. Questo strumento ti aiuterà a pianificare i tuoi contenuti in anticipo, garantendo una pubblicazione coerente e ben pianificata.

80. Valore Aggiunto: Assicurati che ogni pezzo di contenuto che crei fornisca un valore aggiunto al tuo pubblico. Chiediti sempre quale beneficio il tuo pubblico trarrà dalla visualizzazione o dall'interazione con il tuo contenuto.

81. Adattamento alle Piattaforme: Ogni piattaforma sociale ha le sue peculiarità. Assicurati di adattare i tuoi contenuti per rispondere alle esigenze specifiche di ciascuna piattaforma. Ad esempio, su Instagram, immagini e storie brevi sono importanti, mentre su LinkedIn, contenuti professionali e informativi sono più adatti.

82. Ascolto del Pubblico: Monitora i commenti, le condivisioni e le reazioni del pubblico. Ascolta i feedback e adatta la tua strategia di conseguenza. Il coinvolgimento del pubblico è un indicatore prezioso del successo dei tuoi contenuti.

83. Creazione di Un Brand Riconoscibile: Se stai costruendo un brand personale o aziendale, cerca di creare un'identità riconoscibile. Utilizza colori, stili e toni coerenti che diventano distintivi per il tuo marchio.

84. Consapevolezza del Copyright: Rispetta il copyright e i diritti d'autore. Assicurati di avere il diritto di utilizzare immagini, musica o altro contenuto protetto nelle tue creazioni.

85. Test A/B: Continua a sperimentare con diverse strategie e formati di contenuto. I test A/B possono aiutarti a scoprire ciò che funziona meglio per il tuo pubblico.

86. Pianificazione a Lungo Termine: Non concentrarti solo sui risultati a breve termine. Pianifica la tua strategia di contenuti a lungo termine, mantenendo un equilibrio tra contenuti istantanei e contenuti di valore duraturo.

87. Monitoraggio delle Metriche Chiave: Utilizza strumenti analitici per monitorare metriche chiave come visualizzazioni, condivisioni, clic e interazione. Questi dati ti aiuteranno a misurare il successo dei tuoi contenuti.

88. Rispetto delle Linee Guida delle Piattaforme: Rispetta le linee guida delle piattaforme social su cui pubblichi. Violare le regole delle piattaforme può portare alla sospensione o alla cancellazione del tuo account.

89. Ricerca Continua: Il mondo dei social media è in costante evoluzione. Continua a leggere, a studiare e a seguire corsi per rimanere aggiornato sulle migliori pratiche e le nuove tendenze nella creazione di contenuti.

90. Feedback degli Esperti: Cerca consigli e feedback da parte di esperti o mentori nel campo della creazione di contenuti. Queste prospettive possono offrirti una guida preziosa per il miglioramento.

In conclusione, la creazione di contenuti efficaci è un'arte che richiede dedizione, creatività e apprendimento continuo. Non c'è una formula magica per il successo, ma seguendo questi principi e adattandoli alle esigenze del tuo pubblico, puoi aumentare la tua capacità di coinvolgere, affascinare e costruire un seguito fedele sui social media. Nel prosieguo di questo libro, esploreremo come applicare queste strategie di creazione di contenuti alle piattaforme social specifiche come YouTube, Instagram, Facebook e altre.

5. Ottimizzazione SEO • Uso di parole chiave, titoli, descrizioni e tag.

L'ottimizzazione SEO (Search Engine Optimization) è essenziale per garantire che i tuoi contenuti sui social media raggiungano il pubblico giusto e siano facilmente rintracciabili dai motori di ricerca. Ecco come puoi ottimizzare i tuoi contenuti:

91. Ricerca di Parole Chiave: Conduci una ricerca accurata delle parole chiave pertinenti per il tuo settore o argomento. Usa strumenti di ricerca delle parole chiave come Google Keyword Planner o SEMrush per identificare le parole chiave più rilevanti per il tuo contenuto.

92. Inclusione di Parole Chiave: Integra le parole chiave nei tuoi titoli, descrizioni e testi dei tuoi contenuti. Assicurati che le parole chiave siano pertinenti e si integrino in modo naturale nel testo.

93. Titoli Accattivanti: Crea titoli accattivanti che attirino l'attenzione e riflettano il contenuto del tuo post. Includi le parole chiave nei titoli, se possibile.

94. Descrizioni Dettagliate: Fornisci descrizioni dettagliate per i tuoi contenuti. Queste descrizioni dovrebbero essere informative e includere parole chiave. Non sottovalutare l'importanza di una buona descrizione.

95. Utilizzo di Tag Appropriati: Molte piattaforme social consentono l'uso di tag o hashtag. Utilizza tag pertinenti per identificare il tema o l'argomento del tuo contenuto. I tag aiutano il pubblico a trovare facilmente i tuoi contenuti.

96. Link Interni ed Esterni: Incorpora link interni ai tuoi contenuti per guidare il pubblico verso altre pagine o risorse pertinenti sul tuo sito o profilo. Includi anche link esterni a fonti affidabili quando necessario.

97. Test di Ottimizzazione: Sperimenta con diverse parole chiave, titoli e descrizioni per vedere quali funzionano meglio. Monitora le metriche per valutare le performance delle tue diverse strategie di ottimizzazione.

98. URL Leggibili: Assicurati che gli URL dei tuoi contenuti siano leggibili e includano parole chiave pertinenti. URL comprensibili possono migliorare l'esperienza dell'utente e l'indicizzazione da parte dei motori di ricerca.

99. Qualità del Contenuto: La qualità del tuo contenuto è fondamentale. Contenuti di alta qualità, informativi e utili sono più probabili di ottenere un buon posizionamento nei risultati di ricerca.

100. Monitoraggio delle Metriche SEO: Utilizza strumenti di analisi per monitorare le metriche SEO, come il posizionamento nelle ricerche, il traffico organico e la CTR (Click-Through Rate). Questi dati ti aiuteranno a valutare l'efficacia della tua strategia SEO e apportare miglioramenti.

101. Aggiornamenti Regolari: Mantieni i tuoi contenuti aggiornati. Aggiorna periodicamente i titoli, le descrizioni e le parole chiave per riflettere le tendenze e le nuove informazioni.

L'ottimizzazione SEO sui social media è un processo continuo. Assicurati di rimanere al passo con le migliori pratiche e di adattare costantemente la tua strategia per massimizzare la visibilità e l'engagement dei tuoi contenuti online. Una buona strategia SEO può aiutarti a raggiungere un pubblico più ampio e ad aumentare l'autorità del tuo profilo o del tuo brand online.

102. Link Building: Quando condividi contenuti, considera di sviluppare una strategia di link building. Questo coinvolge la creazione di contenuti che sono degni di essere collegati da altri siti web e l'acquisizione di backlink da fonti autorevoli. I backlink possono aumentare l'autorità del tuo sito o profilo sui motori di ricerca.

103. Struttura del Contenuto: Mantieni una struttura di contenuto ben organizzata. Utilizza paragrafi, elenchi puntati, titoli e sottotitoli per rendere il tuo contenuto più leggibile e facilmente scansibile.

104. Indicizzazione dei Social Media: Assicurati che i motori di ricerca indicizzino i tuoi profili o pagine social. Verifica le impostazioni di privacy e sicurezza per garantire che i motori di ricerca possano accedere al tuo contenuto.

105. Sitemaps XML: Se possiedi un sito web correlato ai tuoi social media, crea e sottometti un sitemap XML ai motori di ricerca. Questo fornisce loro un elenco strutturato dei tuoi contenuti.

106. Feedback Utente: Prendi in considerazione il feedback degli utenti. Gli utenti possono fornire segnalazioni su problemi tecnici o aspetti dell'esperienza utente che potrebbero influire sulla visibilità dei tuoi contenuti.

107. Integrazione con il Tuo Sito Web: Se hai un sito web, integra i tuoi social media con esso. Ciò può aumentare la visibilità reciproca e aiutare i visitatori a scoprire i tuoi profili social.

108. Rimozione di Contenuti Obsoleti: Periodicamente, esamina i tuoi contenuti e rimuovi o aggiorna quelli obsoleti. I motori di ricerca favoriscono i siti e i profili che mantengono contenuti freschi.

109. Creazione di Contenuti Basati su Domande: La creazione di contenuti che rispondono a domande comuni poste dai tuoi utenti può aumentare la tua visibilità. Le persone spesso usano i motori di ricerca per cercare risposte a domande specifiche.

110. Rispetto delle Regole delle Piattaforme: Assicurati di seguire le linee guida e le regole delle piattaforme social su cui pubblichi. La violazione delle regole potrebbe comportare penalizzazioni o la rimozione dei tuoi contenuti.

111. Ottimizzazione delle Immagini: Se utilizzi immagini nei tuoi contenuti, ottimizzale per la ricerca. Usa nomi di file descrittivi, tag alt e riduci le dimensioni delle immagini per migliorare il tempo di caricamento delle pagine.

112. Monitoraggio della Concorrenza: Osserva come i tuoi concorrenti ottimizzano i loro contenuti per la ricerca. Puoi imparare da loro e trovare opportunità per migliorare la tua strategia SEO.

113. SEO Locale: Se il tuo pubblico è locale, considera di ottimizzare i tuoi contenuti per la ricerca locale. Questo può includere l'uso di parole chiave geografiche e l'ottimizzazione del tuo profilo aziendale su Google My Business. L'ottimizzazione SEO sui social media richiede impegno e costanza. È un investimento importante per aumentare la visibilità online, attirare un pubblico più ampio e competere efficacemente sui motori di ricerca. Continua a esplorare e applicare le migliori pratiche SEO per ottenere risultati tangibili.

114. Geotagging: Se pubblichi contenuti legati a luoghi fisici, come ristoranti o negozi, utilizza il geotagging. Questo indica ai motori di ricerca la posizione dei tuoi contenuti, rendendo più probabile che vengano mostrati agli utenti nelle vicinanze.

115. Mobile Optimization: Assicurati che i tuoi contenuti siano ottimizzati per i dispositivi mobili. Con sempre più utenti che accedono ai social media tramite smartphone, un'esperienza utente mobile positiva è cruciale.

116. Contenuti Virali: Cerca di creare contenuti che abbiano il potenziale per diventare virali. Questi contenuti possono ricevere una vasta esposizione e generare backlink naturali da altri siti web.

117. Rispetto delle Leggi sulla Privacy: Rispetta le leggi sulla privacy e proteggi i dati personali. Questo è importante per garantire la conformità alle leggi sulla privacy, come il Regolamento Generale sulla Protezione dei Dati (GDPR).

118. Struttura URL Descriptiva: Assicurati che gli URL dei tuoi contenuti siano descrittivi. Gli URL chiari e informativi sono più facili da interpretare dai motori di ricerca e dagli utenti.

119. Tempo di Caricamento della Pagina: Il tempo di caricamento della pagina è un fattore critico per l'ottimizzazione SEO. Le pagine che si caricano velocemente offrono una migliore esperienza utente e possono ricevere un posizionamento più alto nei risultati di ricerca.

120. Monitoraggio e Analisi Costanti:
Utilizza strumenti di monitoraggio e analisi per
tenere traccia delle performance dei tuoi
contenuti e apportare correzioni quando
necessario. Google Analytics e strumenti simili
possono fornire dati preziosi sul traffico e sul
comportamento degli utenti.

121. Contenuti Locali: Se il tuo pubblico è
concentrato in una determinata area geografica,
crea contenuti locali. Ad esempio, condividi
informazioni su eventi locali o notizie pertinenti
alla tua zona.

122. Integrazione con Altri Strumenti:
Integra i tuoi social media con altri strumenti di
marketing, come email marketing o CRM
(Customer Relationship Management). Questa
integrazione può migliorare l'efficacia
complessiva delle tue strategie di marketing.

123. Rich Snippets: Sfrutta i "rich snippets"
per migliorare la visibilità nei risultati di ricerca.
Questi sono dati aggiuntivi che appaiono accanto
alle tue pagine nei risultati di ricerca, come
recensioni, orari di apertura o dati strutturati.

124. Utilizzo di Google Search Console:
Utilizza Google Search Console per monitorare
l'indicizzazione dei tuoi contenuti sui motori di
ricerca. Questo strumento fornisce informazioni
sulla visibilità del tuo sito web o dei tuoi profili
social sui motori di ricerca.

125. Etica nell'OTT: Quando utilizzi parole chiave o ottimizzi i tuoi contenuti, ricorda l'etica nell'OTT (Ottimizzazione per i Motori di Ricerca). Evita pratiche disoneste o manipolative che potrebbero danneggiare la tua reputazione online.

126. Consulenza di un Esperto: Se hai difficoltà a ottimizzare i tuoi contenuti, considera di consultare un esperto di SEO o un consulente. Possono offrirti una guida specifica per migliorare la tua visibilità online. L'ottimizzazione SEO è un processo in evoluzione che richiede impegno costante. Continua a educarti sulle nuove tendenze e le migliori pratiche di SEO per assicurarti di restare al passo con la concorrenza online e massimizzare la visibilità dei tuoi contenuti sui social media.

127. Link Interni Pertinenti: All'interno dei tuoi contenuti, crea collegamenti a contenuti correlati presenti sul tuo sito web o sui tuoi profili social. Questi link interni possono aiutare i motori di ricerca a comprendere la struttura e il tema del tuo sito web.

128. Uso di Sinonimi: Oltre alle parole chiave principali, utilizza sinonimi e variazioni linguistiche delle parole chiave. Questo può ampliare la portata del tuo contenuto e catturare una gamma più ampia di ricerche.

129. Contenuti Lunghi e Approfonditi: I contenuti lunghi e approfonditi, come guide o articoli di ricerca, spesso si posizionano meglio nei risultati di ricerca. Questi contenuti offrono un maggiore valore informativo e sono più probabili di ricevere backlink da altre fonti.

130. Navigazione Chiara: Assicurati che la tua struttura di navigazione sia chiara e logica. Ciò facilita la ricerca e l'indicizzazione dei tuoi contenuti da parte dei motori di ricerca.

131. Uso di Parole Chiave Long-Tail: Le parole chiave long-tail sono frasi più lunghe e specifiche. Sono spesso meno competitive e possono attirare un pubblico altamente mirato. Utilizza parole chiave long-tail pertinenti nei tuoi contenuti.

132. Creazione di Contenuti Evergreen: Oltre ai contenuti tempestivi, investi nella creazione di contenuti evergreen che rimangono rilevanti nel tempo. Questi contenuti possono continuare a generare traffico organico nel corso degli anni.

133. Mobile-First Indexing: Considera l'approccio "mobile-first indexing" di Google. Questo significa che Google utilizza la versione mobile di un sito web per classificarlo. Assicurati che il tuo sito o profilo social sia completamente ottimizzato per i dispositivi mobili.

134. Utilizzo delle Pagine di Ricerca:
Analizza le pagine di risultati dei motori di
ricerca (SERP) per comprendere cosa funziona
meglio per le parole chiave di tuo interesse. Puoi
ottenere spunti osservando come i tuoi
concorrenti si posizionano e strutturano i loro
contenuti.

135. Contenuti Video: I contenuti video sono
sempre più importanti per l'ottimizzazione SEO.
Carica video su piattaforme come YouTube e
incorporali nei tuoi contenuti sui social media.
Assicurati di ottimizzare anche i titoli e le
descrizioni dei video.

136. Creazione di Cluster di Contenuti:
Organizza i tuoi contenuti in cluster tematici.
Questo significa collegare contenuti correlati tra
loro attraverso link interni. Questa strategia può
migliorare la visibilità complessiva del tuo sito o
profilo.

**137. Assicurazione della Qualità dei
Backlink**: Se stai cercando di ottenere backlink
da altri siti web, assicurati che questi siano da
fonti autorevoli e affidabili. Backlink di bassa
qualità possono avere un impatto negativo sulla
tua SEO.

**138. Creazione di Contenuti per le
Ricerche Vocali**: Con l'aumento dell'uso di
assistenti vocali come Siri e Google Assistant,
crea contenuti che rispondano alle domande

comuni fatte vocalmente. Le query vocali sono spesso più conversazionali rispetto alle ricerche scritte.

139. Monitoraggio delle Parole Chiave in Tendenza: Monitora le parole chiave in tendenza nel tuo settore o argomento. La creazione di contenuti attorno a queste parole chiave può aiutarti a rimanere rilevante.

140. Link a Contenuti Esterni Autorevoli: Quando appropriato, crea link a fonti esterne autorevoli per supportare le tue affermazioni o fornire ulteriori informazioni. Questa pratica è apprezzata dai motori di ricerca.

L'ottimizzazione SEO richiede un approccio olistico e costante. Assicurati di adottare queste pratiche e di monitorare costantemente le metriche per valutare l'efficacia delle tue strategie di ottimizzazione.

L'ottimizzazione SEO sui social media è un aspetto cruciale per migliorare la visibilità dei tuoi contenuti e raggiungere il tuo pubblico target. Ecco alcune considerazioni finali per assicurarti di massimizzare l'efficacia della tua strategia di ottimizzazione SEO:

141. Costanza: L'ottimizzazione SEO è un impegno continuo. Non ci sono soluzioni rapide, ma il mantenimento di un approccio costante nel tempo porterà a risultati migliori.

142. Valore e Rilevanza: Assicurati che i tuoi contenuti siano di alta qualità, informativi e pertinenti all'argomento o all'industria di riferimento. Questo è essenziale per attirare l'attenzione dei motori di ricerca e del pubblico.

143. Monitoraggio delle Metriche: Utilizza strumenti analitici per monitorare il traffico, il comportamento degli utenti e altre metriche. Questi dati ti aiuteranno a capire quali aspetti della tua strategia funzionano e dove è necessario apportare miglioramenti.

144. Adattabilità: Il mondo dell'ottimizzazione SEO è in costante evoluzione. Gli algoritmi dei motori di ricerca cambiano, e nuove tendenze emergono. Sii pronto ad adattarti e a modificare la tua strategia di conseguenza.

145. User Experience (UX): Offri un'esperienza utente di alta qualità. I siti web e i profili social con un design intuitivo, una navigazione chiara e tempi di caricamento veloci sono favoriti dai motori di ricerca.

146. Contenuto Condivisibile: Crea contenuti che siano facilmente condivisibili sui social media. Il content sharing può aumentare la visibilità dei tuoi contenuti.

147. Controllo dei Dati Strutturati: Utilizza dati strutturati (Schema Markup) per aiutare i motori di ricerca a comprendere meglio il contenuto del tuo sito web o dei tuoi social media. Questo può influire sui risultati di ricerca ricchi di informazioni aggiuntive.

148. Link Naturali: Cerca di ottenere backlink in modo naturale da fonti autorevoli. Gli "acquisti" di backlink non sono ben visti e possono danneggiare la tua SEO.

149. Comunicazione con il Pubblico: Interagisci con il tuo pubblico attraverso i social media e rispondi ai commenti e alle domande. Questa interazione può aumentare l'engagement e la fiducia del pubblico.

150. Educazione Continua: L'ottimizzazione SEO è un campo complesso e in continua evoluzione. Investi tempo nell'educazione continua, leggendo risorse aggiornate, partecipando a corsi e seguendo le novità nel settore.

Nel complesso, l'ottimizzazione SEO sui social media è un pilastro fondamentale per la tua presenza online. Implementa queste strategie e segui da vicino le metriche per valutare il successo della tua strategia. Con il tempo e l'attenzione costante, puoi migliorare la visibilità dei tuoi contenuti e raggiungere il tuo pubblico in modo più efficace.

7. Collaborazioni e Sponsorizzazioni • Come trovare e collaborare con sponsor.

La collaborazione e la sponsorizzazione sono strategie potenti per ampliare la tua presenza sui social media e monetizzare la tua presenza online. Ecco come puoi trovare e collaborare con sponsor:

151. Identifica il Tuo Valore: Prima di cercare sponsorizzazioni, capisci quale valore puoi offrire ai potenziali sponsor. Questo può includere il tuo pubblico di riferimento, l'engagement medio sui tuoi contenuti e la tua autenticità come influencer.

152. Crea un Media Kit: Un media kit è un documento che riepiloga chi sei, il tuo pubblico e i servizi che offri ai potenziali sponsor. Includi statistiche sui tuoi follower, le tue tariffe di sponsorizzazione e esempi di collaborazioni passate.

153. Ricerca Attiva: Cerca proattivamente marchi o aziende che potrebbero essere interessate a sponsorizzare i tuoi contenuti. Puoi farlo attraverso ricerche online, social media o contatti diretti.

154. Partecipazione a Mercati Online: Esistono piattaforme online come GrapeVine, AspireIQ e Influence.co, dove influencer e marchi possono connettersi per collaborazioni. Registrati su queste piattaforme per aumentare le tue possibilità di trovare sponsorizzazioni.

155. Contatta Direttamente i Marchi: Se hai marchi specifici in mente con cui desideri collaborare, contattali direttamente. Prepara un'e-mail o un messaggio di presentazione convincente che spieghi come la tua partnership potrebbe essere vantaggiosa per entrambe le parti.

156. Partecipazione a Eventi e Conferenze: Partecipare a eventi del settore, conferenze o fiere può darti l'opportunità di stabilire connessioni con rappresentanti di marchi interessati a collaborazioni.

157. Network con Altri Influencer: Costruisci relazioni con altri influencer che potrebbero avere consigli o collegamenti con sponsor potenziali. Le collaborazioni tra influencer sono comuni e possono portare a opportunità di sponsorizzazione.

158. Fornisci Contenuti di Qualità: La qualità dei tuoi contenuti è essenziale per attirare sponsor. Assicurati che i tuoi post siano ben curati, professionali e rispecchino l'immagine del marchio.

159. Sii Autentico: Mantieni l'autenticità nella tua presenza online. I marchi cercano spesso influencer che possono rappresentare il loro prodotto o servizio in modo autentico e credibile.

160. Dimostra i Risultati Passati: Se hai avuto collaborazioni di successo in passato, evidenzia i risultati positivi che hai ottenuto per i tuoi sponsor. Questi risultati possono convincere altri marchi a collaborare con te.

161. Collaborazioni a Lungo Termine: Le collaborazioni a lungo termine con un marchio possono essere più redditizie. Proponi piani di collaborazione a lungo termine che includano più post o attività per un periodo prolungato.

162. Negoziazione di Tariffe: Non essere timido nella negoziazione delle tariffe di sponsorizzazione. Confronta le tue tariffe con il valore che offri e cerca un accordo equo per entrambe le parti.

163. Trasparenza: Sii trasparente con il tuo pubblico riguardo alle sponsorizzazioni. Rispetta le normative e i requisiti pubblicitari per evitare problemi legali o la perdita di fiducia da parte del tuo pubblico.

164. Contratti Scritti: Quando stipuli accordi di sponsorizzazione, assicurati di avere un contratto scritto che definisca chiaramente i dettagli dell'accordo, inclusi compiti, scadenze e compensazione.

165. Misura i Risultati: Valuta l'efficacia delle tue collaborazioni. Usa metriche come il coinvolgimento del pubblico, le conversioni o l'aumento dei follower per dimostrare il valore delle tue sponsorizzazioni.

Le sponsorizzazioni possono essere una fonte significativa di reddito per influencer e creatori di contenuti sui social media. Tuttavia, è importante approcciare queste collaborazioni in modo professionale, etico e trasparente per costruire relazioni durature con i marchi e mantenere la fiducia del tuo pubblico.

166. Identifica il Tuo Nicho: Se hai una nicchia specifica su cui ti concentri, potresti essere più attraente per i marchi che cercano un pubblico altamente mirato. Dimostra la tua esperienza nella tua nicchia e sottolinea come puoi raggiungere un pubblico altamente interessato.

167. Comprendi le Esigenze dei Marchi: Quando ti rivolgi a un marchio, fai un sforzo per comprendere le loro esigenze e obiettivi. Le sponsorizzazioni dovrebbero essere una collaborazione in cui entrambe le parti traggono beneficio.

168. Negoziazione Aggiuntiva: Oltre alla compensazione monetaria, considera altre forme di negoziazione, come prodotti gratuiti, eventi esclusivi o esigenze specifiche che possono migliorare la partnership.

169. Creazione di Contenuti Integrati: Per le sponsorizzazioni di successo, crea contenuti integrati in modo naturale con il tuo flusso di contenuti regolare. Il contenuto dovrebbe essere rilevante per il tuo pubblico e allineato con l'immagine del marchio.

170. Monitoraggio dell'Efficienza: Misura l'efficacia delle tue sponsorizzazioni attraverso metriche come le conversioni, l'incremento di follower, i clic o l'engagement. Condividi questi dati con i tuoi sponsor per dimostrare il valore della partnership.

171. Cura la Reputazione del Marchio: Prima di accettare una sponsorizzazione, esamina attentamente la reputazione del marchio. Garantisci che il marchio sia in linea con i valori e l'etica che vuoi promuovere sul tuo canale.

172. Informati sulle Normative: Familiarizza con le leggi e i requisiti relativi alla pubblicità e alle sponsorizzazioni sui social media nel tuo paese. Rispetta le leggi in vigore per evitare problemi legali.

173. Comunicazione Chiara: Comunica chiaramente con il tuo sponsor riguardo ai tuoi piani di contenuto, date di pubblicazione e aspettative. Una comunicazione aperta è fondamentale per una collaborazione di successo.

174. Flessibilità: Sii disposto a adattarti alle esigenze dei tuoi sponsor, purché sia coerente con il tuo brand e i tuoi valori. La flessibilità può favorire relazioni di lunga durata con i marchi.

175. Onestà con il Pubblico: Quando pubblichi contenuti sponsorizzati, assicurati di essere onesto con il tuo pubblico. Evidenzia che il contenuto è sponsorizzato in modo trasparente.

176. Collaborazioni Multiple: Non limitarti a una singola sponsorizzazione. Cerca di stabilire collaborazioni multiple con marchi diversi, in modo da diversificare le tue fonti di reddito e ridurre il rischio di dipendenza da un unico sponsor.

177. Valore Aggiunto: Cerca di offrire un valore aggiunto ai tuoi sponsor. Ciò potrebbe includere la creazione di contenuti extra, la promozione su altre piattaforme o l'organizzazione di eventi speciali.

178. Mantieni l'Integrità: Non accettare sponsorizzazioni che potrebbero danneggiare la tua integrità o andare contro i valori che rappresenti. La tua credibilità è preziosa.

179. Resta Aggiornato: Rimani informato sulle tendenze e le best practices nel mondo delle sponsorizzazioni sui social media. Le strategie e le aspettative cambiano, quindi è importante mantenerti aggiornato.

180. Trasparenza con i Follower: Educare i tuoi follower riguardo alle sponsorizzazioni può aumentare la loro comprensione e accettazione. Spiega loro come funzionano le partnership sponsorizzate e perché sono vantaggiose per te e per loro.

La collaborazione e la sponsorizzazione sui social media richiedono una pianificazione attenta, la gestione delle relazioni e una valutazione costante dell'efficacia. Segui queste linee guida per stabilire relazioni di successo con i marchi e massimizzare il tuo potenziale di guadagno.

181. Portfolio di Collaborazioni: Mantieni un portfolio di tutte le tue collaborazioni passate. Questo portfolio può fungere da prova della tua esperienza e della tua capacità di collaborare con i marchi.

182. Personal Branding: Costruisci un personal branding forte e riconoscibile. Avere un brand personale ben definito ti rende più attraente per i marchi che cercano collaborazioni.

183. Contratto Chiari: Assicurati che il contratto di sponsorizzazione sia chiaro e dettagliato, includendo aspetti come i diritti d'uso dell'immagine, la durata dell'accordo e le modalità di pagamento.

184. Scalabilità: Pianifica in modo da poter aumentare il numero di collaborazioni e sponsorizzazioni man mano che cresce la tua presenza online.

185. Consulenza Legale: Includi un avvocato o un esperto legale nella revisione dei contratti di sponsorizzazione per garantire che siano in linea con le leggi locali e che proteggano i tuoi interessi.

186. Monitoraggio della Concorrenza: Osserva come altri influencer nella tua nicchia gestiscono le sponsorizzazioni e trai spunti da loro. Puoi imparare dalle loro esperienze.

187. Diversificazione dei Contenuti: Varietà è la chiave. Proponi diversi tipi di contenuti sponsorizzati, come post, storie, video, giveaway, webinar, ecc.

188. Esclusività: In alcuni casi, un marchio potrebbe richiedere l'esclusività, il che significa che non puoi promuovere prodotti o servizi concorrenti. Valuta attentamente gli accordi di esclusività.

189. Presenza Globale: Se il tuo pubblico è globale, cerca sponsorizzazioni con marchi che possono avere un pubblico internazionale. Questo può ampliare le tue opportunità di sponsorizzazione.

190. Proattività: Non aspettare che i marchi vengano da te. Inizia proattivamente a cercare opportunità di sponsorizzazione e fai proposte ai marchi che ritieni siano un'ottima corrispondenza.

191. Gestione del Tempo: La gestione delle sponsorizzazioni richiede tempo ed energie. Assicurati di avere il tempo necessario per soddisfare gli obblighi dei contratti e creare contenuti di alta qualità.

192. Monitoraggio delle Performance Post-Collaborazione: Dopo una collaborazione, osserva attentamente come i tuoi follower reagiscono. Le sponsorizzazioni dovrebbero portare a un aumento dell'engagement e dell'interazione.

193. Gestione delle Tasse: Ricordati di considerare l'aspetto fiscale delle sponsorizzazioni. Le entrate da sponsorizzazioni possono essere soggette a imposte, quindi tieni tutto sotto controllo.

194. Rispetto dei Termini e Condizioni delle Piattaforme: Assicurati di rispettare i termini e le condizioni delle piattaforme social su cui operi. Alcune piattaforme potrebbero avere regole specifiche riguardo alla pubblicità.

195. Gestione delle Aspettative: Sia tu che il marchio dovete avere aspettative realistiche riguardo ai risultati delle sponsorizzazioni. Nessuna collaborazione garantirà automaticamente il successo.

196. Creazione di Case Study: Dopo una collaborazione di successo, puoi creare un case study che dimostri i risultati ottenuti per il marchio. Questo può essere utile per ottenere ulteriori sponsorizzazioni.

197. Feedback Costruttivo: Chiedi feedback ai marchi con cui collabori e sii aperto a ricevere critiche costruttive per migliorare le tue future sponsorizzazioni.

198. Continua a Crescere: La tua presenza online è in continua evoluzione. Continua a imparare, migliorare e crescere per rimanere rilevante per i marchi e il tuo pubblico.

199. Riservatezza: Rispetta la riservatezza nei contratti di sponsorizzazione. Alcuni dettagli, come i prezzi o le condizioni esclusive, potrebbero richiedere segretezza.

200. Rendicontazione Trasparente: Sii trasparente con i marchi riguardo a come utilizzi i fondi delle sponsorizzazioni. Una rendicontazione accurata e trasparente costruisce fiducia con i tuoi sponsor.

Le sponsorizzazioni sono una componente vitale del modello di business per molti influencer sui social media. Continua a costruire relazioni con i marchi e a offrire valore al tuo pubblico attraverso collaborazioni autentiche e mirate.

In conclusione, le collaborazioni e le sponsorizzazioni sono una parte significativa della strategia di monetizzazione su piattaforme come YouTube, Instagram e altri social media. Tuttavia, per avere successo in questo campo, è essenziale seguire queste linee guida:

201. Valore e Autenticità: Il valore che offri e la tua autenticità sono fondamentali per attrarre sponsor. Sii chiaro sul tuo valore e mantieni la tua autenticità per costruire relazioni di successo.

202. Progettazione e Pianificazione: Pianifica attentamente le tue collaborazioni e sponsorizzazioni. Crea un portfolio di collaborazioni passate, prepara un media kit e imposta i tuoi obiettivi e le aspettative prima di iniziare.

203. Ricerca Attiva e Proattività: Non limitarti a aspettare che i marchi si rivolgano a te. Cerca proattivamente opportunità di sponsorizzazione e fai proposte ai marchi che ritieni siano adatti al tuo pubblico.

204. Trasparenza e Onestà: La trasparenza è fondamentale. Sii onesto con il tuo pubblico riguardo alle sponsorizzazioni e rispetta le leggi relative alla pubblicità sui social media nel tuo paese.

205. Valuta Ogni Aspetto: Esamina attentamente i contratti di sponsorizzazione, inclusi termini, condizioni e clausole. Assicurati di comprendere ogni aspetto prima di firmare.

206. Monitoraggio delle Performance: Monitora costantemente l'efficacia delle sponsorizzazioni. Misura metriche chiave come l'engagement, le conversioni e l'aumento dei follower.

207. Crescita Costante: Continua a imparare e crescere nella tua presenza online. Rimani aggiornato sulle tendenze e le best practices nel settore delle sponsorizzazioni.

208. Relazioni a Lungo Termine: Cerca di costruire relazioni a lungo termine con i marchi. Le collaborazioni a lungo termine possono essere più redditizie e costruire fiducia.

209. Rispetto delle Regole delle Piattaforme: Rispetta le regole e i termini delle piattaforme social su cui operi. Ogni piattaforma ha linee guida specifiche riguardo alla pubblicità.

210. Comunicazione Efficace: Comunica in modo chiaro con i marchi riguardo alle tue aspettative e ai dettagli delle sponsorizzazioni. La comunicazione aperta è essenziale per evitare malintesi.

Le sponsorizzazioni possono essere una fonte significativa di reddito per influencer e creatori di contenuti sui social media. Seguendo queste linee guida e lavorando in modo etico e professionale, puoi massimizzare il tuo potenziale di guadagno e costruire relazioni durature con i marchi e il tuo pubblico.

8. Super Chat e Donazioni • Guadagnare durante le trasmissioni in diretta.

Guadagnare durante le trasmissioni in diretta è una pratica comune per molte piattaforme di streaming e social media. Una delle modalità più efficaci per farlo è attraverso Super Chat e donazioni. Ecco come funziona:

211. Super Chat su YouTube: Super Chat è una funzione di YouTube che permette ai tuoi spettatori di pagare per evidenziare i propri messaggi durante una trasmissione in diretta. I messaggi evidenziati rimangono in cima alla chat per un certo periodo di tempo, in modo che tu possa notarli facilmente. Gli spettatori possono pagare di più per messaggi più grandi o colorati.

212. Donazioni e Tipping: Molte piattaforme di streaming, come Twitch, Mixer (ora integrata con Facebook Gaming) e altre, offrono la possibilità agli spettatori di fare donazioni dirette ai creatori di contenuti. Queste donazioni sono spesso chiamate "tips" e possono essere effettuate in tempo reale durante una trasmissione in diretta.

213. Integrazioni di Terze Parti: Alcune piattaforme consentono l'integrazione con servizi di terze parti, come Streamlabs o Patreon, per agevolare le donazioni. Questi servizi offrono strumenti avanzati per la raccolta di donazioni, l'organizzazione delle trasmissioni e la gestione del tuo pubblico.

214. Coinvolgi il Tuo Pubblico: Durante le trasmissioni in diretta, incoraggia il tuo pubblico a partecipare a Super Chat o a fare donazioni. Spiega loro come funziona e quali vantaggi possono ottenere, come l'evidenziazione dei loro messaggi o contenuti esclusivi.

215. Offri Incentivi: Puoi offrire incentivi per le donazioni, come ringraziamenti speciali, saluti personalizzati, accesso anticipato ai contenuti o oggetti virtuali personalizzati. Questi incentivi possono motivare il tuo pubblico a fare donazioni più generose.

216. Trasparenza: Sii trasparente con il tuo pubblico riguardo a come saranno utilizzate le donazioni. Gli spettatori sono più propensi a fare donazioni se sanno che il denaro contribuirà a migliorare la qualità del tuo contenuto o ad avviare nuovi progetti.

217. Riconoscimento e Ringraziamenti: Mostra riconoscenza e ringraziamenti sinceri per le donazioni durante le tue trasmissioni. Questo può incoraggiare gli spettatori a continuare a sostenerti.

218. Costanza e Regolarità: Programma trasmissioni in diretta in modo regolare in modo che il tuo pubblico sappia quando aspettarsi il tuo contenuto. Questo può aumentare le opportunità di ottenere Super Chat e donazioni.

219. Feedback Interattivo: Coinvolgi il tuo pubblico nella creazione di contenuti durante le trasmissioni in diretta. Chiedi loro suggerimenti, opinioni e input. Questo coinvolgimento può aumentare la probabilità di ricevere supporto finanziario.

220. Diversifica le Fonti di Reddito: Non fare affidamento esclusivamente su Super Chat e donazioni. Esplora altre opportunità di monetizzazione, come sponsorizzazioni, affiliati o la vendita di merchandise.

Le Super Chat e le donazioni possono rappresentare una parte significativa del tuo reddito da streaming e creazione di contenuti in diretta. Tuttavia, è importante mantenere un rapporto di fiducia con il tuo pubblico e assicurarti che il supporto finanziario sia un complemento alle altre fonti di reddito e non il tuo unico punto di sostenibilità.

221. Configurazione Tecnica: Prima di iniziare a utilizzare Super Chat e accettare donazioni, assicurati di configurare correttamente la tua piattaforma di streaming.

Verifica che i metodi di pagamento e le funzionalità di Super Chat siano attivati.

222. Valuta le Piattaforme: Esamina le diverse piattaforme di streaming per capire quale è la più adatta alle tue esigenze. Ogni piattaforma può avere politiche e requisiti diversi per le donazioni, quindi prendi in considerazione queste differenze.

223. Gestione delle Donazioni: Tieni traccia delle donazioni durante le trasmissioni e assicurati di ringraziare i donatori in tempo reale. Questa interazione può incoraggiare altre persone a partecipare.

224. Crea Livestream di Qualità: La qualità delle tue trasmissioni è cruciale per mantenere e attrarre spettatori. Investi in attrezzature audio e video di alta qualità per offrire un'esperienza di streaming migliore.

225. Rispetta la Privacy: Rispetta la privacy dei donatori. Alcune persone preferiscono rimanere anonime quando fanno donazioni. Non svelare informazioni personali senza il loro consenso.

226. Promuovi le Donazioni: Non temere di promuovere le donazioni. Parlane regolarmente durante le trasmissioni, in modo che i tuoi spettatori siano sempre consapevoli dell'opportunità di supportarti.

227. Ricerca e Formazione: Ricerca costantemente nuovi metodi e strategie per aumentare le donazioni. Ci sono molte risorse online, forum e gruppi in cui puoi apprendere dalle esperienze di altri creatori.

228. Gruppi di Sostenitori: Alcune piattaforme consentono di creare gruppi di sostenitori che ricevono benefici esclusivi in cambio di una donazione ricorrente. Questo può fornire un flusso costante di reddito.

229. Obiettivi di Donazione: Stabilisci obiettivi di donazione o obiettivi di raccolta fondi durante le trasmissioni. Gli spettatori spesso si sentono motivati a donare per raggiungere un obiettivo comune.

230. Interazione con il Pubblico: Mostra interesse e gratitudine verso il tuo pubblico. Interagisci con loro, rispondi alle domande e coinvolgi i donatori nelle discussioni durante le trasmissioni.

231. Feedback e Sondaggi: Chiedi il feedback del pubblico riguardo ai premi o agli incentivi che vorrebbero ricevere in cambio di donazioni. Questo può aiutarti a migliorare le offerte per i donatori.

232. Rendicontazione Trasparente: Comunica come utilizzerai le donazioni. Se hai promesso di utilizzare i fondi per migliorare il tuo setup di streaming o per sostenere un progetto specifico, mostra al tuo pubblico come stai mantenendo la tua parola.

233. Imprevisti: Sii preparato a situazioni impreviste, come donazioni offensive o spam. Le piattaforme di streaming offrono strumenti per gestire questi casi, quindi familiarizzati con essi.

234. Compatibilità con i Follower: Assicurati che le tue iniziative di donazione siano accessibili ai tuoi follower. Non tutti possono permettersi donazioni di grandi cifre, quindi offri opzioni adatte a tutti.

235. Ringraziamenti Speciali: Offri riconoscimenti speciali ai donatori più generosi. Questi possono includere nomi nei crediti, spazi pubblicitari o persino la possibilità di collaborare con te in futuro.

236. Mantieni l'Entusiasmo: Mostra entusiasmo per le donazioni e le interazioni con il pubblico. La tua energia positiva può influenzare l'entusiasmo del tuo pubblico.

Usare Super Chat e accettare donazioni può essere un modo gratificante per monetizzare il tuo streaming in diretta e coinvolgere il tuo pubblico. Mantieni una mentalità aperta, sperimenta diverse strategie e fai del coinvolgimento del pubblico una priorità per massimizzare le opportunità di guadagno.

237. Donazioni Ricorrenti: Molte piattaforme consentono ora donazioni ricorrenti, il che significa che i tuoi sostenitori possono impegnarsi a donare una somma regolare ogni mese. Questo offre una fonte di reddito stabile.

238. Monetizzazione della Chat: Alcune piattaforme consentono agli spettatori di guadagnare valuta virtuale partecipando attivamente alla chat durante le trasmissioni. Puoi poi convertire questa valuta in denaro reale.

239. Creazione di Incentivi a Lungo Termine: Oltre agli incentivi a breve termine, come ringraziamenti speciali, crea incentivi a lungo termine. Ad esempio, potresti creare un club esclusivo per donatori che ricevono vantaggi continuativi.

240. Contenuti Esclusivi: Offri ai donatori accesso a contenuti esclusivi o anticipati. Questo può essere una leva potente per ottenere donazioni e mantenere il pubblico interessato.

241. Donazioni a Causa: Organizza eventi di beneficenza o raccolte fondi durante le trasmissioni in diretta. Coinvolgi il tuo pubblico nella raccolta fondi per cause che possono essere importanti per te o per loro.

242. Promozione su Social Media: Utilizza i tuoi profili social media per promuovere le donazioni durante le trasmissioni. Puoi informare i tuoi follower sulle trasmissioni in diretta e sull'opportunità di fare donazioni.

243. Coinvolgi Esperti di Monetizzazione: Considera la possibilità di coinvolgere esperti di monetizzazione o consulenti che possono aiutarti a ottimizzare le strategie di guadagno attraverso Super Chat e donazioni.

244. Segmenta il Contenuto: Se il tuo pubblico è composto da persone con interessi diversi, considera la possibilità di segmentare il tuo contenuto. Ad esempio, puoi fare sessioni di Q&A su temi specifici per gruppi di sostenitori.

245. Giornate Speciali per le Donazioni: Dedica occasionalmente giornate speciali o eventi live specificamente incentrati sulle donazioni. Puoi offrire vantaggi esclusivi a coloro che partecipano.

246. Follow-up con i Donatori: Dopo le trasmissioni, invia un follow-up ai donatori per ringraziarli nuovamente e condividere come sono stati utilizzati i fondi raccolti.

247. Integrazione con Piattaforme di E-commerce: Se hai una linea di merchandising o prodotti da vendere, integra questa opportunità nelle trasmissioni in diretta. Puoi offrire prodotti ai tuoi spettatori durante le trasmissioni.

248. Monitoraggio delle Performance: Analizza le performance delle donazioni nel tempo. Quali tipi di contenuti o eventi generano più donazioni? Utilizza questi dati per adattare la tua strategia.

249. Promozione Incrociata: Collabora con altri creatori di contenuti o streamer per promuovere le donazioni incrociate. Questo può espandere il tuo pubblico e le opportunità di guadagno.

250. Creatività e Innovazione: Sii creativo e innovativo nel trovare modi unici per coinvolgere il tuo pubblico nelle donazioni. Crea sfide, giochi o eventi speciali che incoraggiano il supporto finanziario.

Usare Super Chat e accettare donazioni durante le trasmissioni in diretta richiede una pianificazione strategica e una costante interazione con il tuo pubblico. Mantieni il tuo approccio flessibile e sperimenta diverse tattiche per vedere cosa funziona meglio per te e per i tuoi sostenitori.

251. Protezione dallo Spam: Mentre incoraggi le donazioni, dovresti anche essere consapevole dello spam. Alcuni spettatori potrebbero abusare della funzione di donazione per inviare messaggi offensivi o indesiderati. Assicurati di avere moderatori o strumenti di moderazione efficaci per gestire questa situazione.

252. Personalizzazione delle Ricompense: Quando offri ricompense ai donatori, cerca di personalizzarle per renderle più significative. Ad esempio, se un donatore ha supportato costantemente il tuo canale, potresti inviare loro una nota di ringraziamento personalizzata o un regalo unico.

253. Trasparenza sui Costi: Assicurati di informare il tuo pubblico riguardo a eventuali commissioni o costi associati alle donazioni. Questo aiuta a evitare fraintendimenti e a garantire che i donatori sappiano esattamente quanto del loro contributo raggiungerà te.

254. Impatto Sociale: Comunica come le donazioni contribuiranno a migliorare la tua attività e come influenzeranno il tuo pubblico. Questo può dare un senso di scopo ai tuoi donatori, sapendo che stanno contribuendo a qualcosa di significativo.

255. Organizzazione di Eventi Benefici: Organizza eventi benefici speciali in cui tutto il ricavato sarà destinato a cause benefiche o a progetti specifici. Questo può ispirare gli spettatori a fare donazioni più generose.

256. Coinvolgimento in Conversazioni: Durante le trasmissioni, coinvolgi il tuo pubblico in conversazioni sulle donazioni e il loro impatto. Fai domande, ascolta i feedback e crea un dialogo aperto con i donatori.

257. Utilizzo delle Donazioni: Mostra come utilizzerai le donazioni per migliorare il tuo canale o raggiungere i tuoi obiettivi. Ad esempio, potresti investire in nuove attrezzature, migliorare la qualità delle trasmissioni o espandere i contenuti.

258. Obiettivi di Donazione a Lungo Termine: Stabilisci obiettivi a lungo termine per le donazioni. Ad esempio, potresti fissare un obiettivo annuale per raccogliere fondi per un progetto importante.

259. Feedback dei Donatori: Chiedi feedback direttamente ai tuoi donatori su come potresti migliorare l'esperienza di donazione e i vantaggi associati. Questo dimostra che ti preoccupi delle loro opinioni.

260. Partecipazione del Pubblico: Coinvolgi il tuo pubblico nel processo decisionale riguardo alle donazioni. Chiedi loro quali cause benefiche o iniziative dovresti sostenere o su quali miglioramenti dovresti concentrarti.

261. Documentazione delle Donazioni: Tieni traccia accurata di tutte le donazioni, inclusi i dettagli dei donatori e delle somme. Questo è importante per la rendicontazione e la trasparenza.

262. Gratitudine Sincera: Mostra gratitudine sincera verso i tuoi donatori, sia durante le trasmissioni che attraverso messaggi personalizzati. Il riconoscimento genuino può aumentare la fiducia e l'attenzione dei tuoi sostenitori.

263. Miglioramento Continuo: Cerca costantemente modi per migliorare le tue strategie di guadagno attraverso Super Chat e donazioni. Testa nuove tattiche e adatta la tua approccio in base ai risultati ottenuti.

264. Rispetto delle Leggi Locali: Assicurati di rispettare le leggi locali in materia di raccolta fondi e donazioni. Alcune giurisdizioni possono avere regolamenti specifici a cui devi aderire. Usare Super Chat e donazioni durante le trasmissioni in diretta richiede una gestione attenta e una costante interazione con il tuo pubblico. Mantieni l'etica, la trasparenza e la gratitudine al centro della tua strategia di guadagno per costruire relazioni durature con i tuoi sostenitori.

In conclusione, l'uso di Super Chat e donazioni durante le trasmissioni in diretta può essere un'importante fonte di reddito per i creatori di contenuti e gli streamer. Ecco alcune raccomandazioni chiave per massimizzare il successo in questo settore:

1. **Trasparenza e Gratitudine**: Mostra sempre trasparenza riguardo a come saranno utilizzate le donazioni e dimostra gratitudine sincera verso i

tuoi donatori. Questo contribuisce a costruire fiducia e a incoraggiare il supporto continuo.

2. **Diversificazione delle Tattiche**: Sperimenta diverse tattiche per coinvolgere il tuo pubblico nelle donazioni, inclusi incentivi a breve e lungo termine, eventi benefici, interazione durante le trasmissioni e contenuti esclusivi.

3. **Protezione dallo Spam**: Preparati a gestire lo spam e gli abusi da parte di spettatori. Assicurati di avere moderatori o strumenti di moderazione per mantenere un ambiente di trasmissione positivo.

4. **Coinvolgimento Attivo**: Coinvolgi attivamente il tuo pubblico nelle conversazioni sulle donazioni, ascolta i feedback e fai domande. Questo crea un senso di comunità e coinvolgimento.

5. **Obiettivi e Rendicontazione**: Stabilisci obiettivi di donazione a breve e lungo termine e comunica regolarmente i progressi e l'uso dei fondi raccolti. Questo rende chiari gli obiettivi e l'effetto delle donazioni.

6. **Promozione Incrociata e Social Media**: Utilizza i tuoi profili social media per promuovere le trasmissioni in diretta e le opportunità di donazione. Collabora con altri creatori di contenuti per espandere il tuo pubblico.

7. **Costante Miglioramento**: Cerca costantemente modi per migliorare le tue strategie di guadagno attraverso Super Chat e donazioni. Sperimenta, raccogli dati e adatta il tuo approccio in base ai risultati.

8. **Rispetto delle Leggi Locali**: Rispetta le leggi locali relative alla raccolta fondi e alle donazioni. Assicurati di essere in regola con le normative del tuo paese o della tua giurisdizione.

9. **Documentazione e Rendicontazione**: Tieni traccia accurata delle donazioni e documenta i dettagli dei donatori e delle somme. Questo è fondamentale per la rendicontazione e la trasparenza.

10. **Comunicazione Efficace**: Comunica chiaramente con il tuo pubblico riguardo alle donazioni e ai vantaggi che offri. La comunicazione aperta e trasparente è essenziale. Sfruttare al massimo le opportunità di guadagno attraverso Super Chat e donazioni richiede un impegno costante e un approccio etico. Quando gestisci queste strategie con cura e attenzione, puoi sviluppare un pubblico fedele e costruire un reddito sostenibile dai tuoi contenuti in diretta.

9. Vendita di Merchandising • Creazione e vendita di prodotti personalizzati.

La vendita di merchandise personalizzato è un'ottima strategia per monetizzare il tuo pubblico sui social media. Ecco come puoi creare e vendere prodotti personalizzati:

265. Identifica la Tua Nicchia: Prima di iniziare, identifica la tua nicchia o il tuo pubblico target. Cosa interessa di più ai tuoi seguaci? Questo ti aiuterà a creare prodotti che risuonano con loro.

266. Creazione del Design: Progetta i tuoi prodotti in base al tuo stile e alla tua personalità. Puoi creare design per abbigliamento, accessori, poster, oggetti d'arte o qualsiasi cosa sia rilevante per il tuo pubblico.

267. Qualità dei Prodotti: Assicurati che i prodotti siano di alta qualità. La qualità riflette sulla tua marca e sulla tua reputazione, quindi scegli attentamente fornitori o produttori.

268. Scegli una Piattaforma di E-commerce: Seleziona una piattaforma di e-commerce per vendere i tuoi prodotti. Popolari opzioni includono Shopify, Etsy, WooCommerce (per WordPress), o l'integrazione diretta con le piattaforme social come Facebook e Instagram.

269. Strumenti di Creazione: Usa strumenti di progettazione grafica o software di personalizzazione per creare i tuoi design. Puoi farlo da solo se hai le competenze, o puoi assumere un designer grafico.

270. Stock e Magazzino: Decidi se vuoi mantenere un inventario fisico dei tuoi prodotti o se preferisci l'opzione di "stamp-on-demand", in cui i prodotti vengono creati e spediti solo quando vengono acquistati.

271. Pricing Strategico: Imposta prezzi competitivi. Considera i costi di produzione, inclusi materiali, stampa e spedizione, e determina un margine di profitto che ti permetta di guadagnare mentre offri un buon rapporto qualità-prezzo ai clienti.

272. Creazione di un Sito Web: Se hai il tuo sito web, crea una sezione dedicata per la vendita di merchandise. Questo ti dà un maggiore controllo sulle tue operazioni e sulla tua brand identity.

273. Immagini e Descrizioni Chiare: Fornisci immagini di alta qualità dei tuoi prodotti da diverse angolazioni e scrivi descrizioni dettagliate. Questo aiuta i clienti a capire meglio cosa stanno acquistando.

274. Promozione Attraverso i Social Media: Utilizza i tuoi account social media per promuovere i tuoi prodotti. Condividi foto, storie dietro le quinte e offerte speciali per attirare l'attenzione del tuo pubblico.

275. Collaborazioni: Considera collaborazioni con altri creatori di contenuti o influencer nel tuo settore. Questo può aiutarti a raggiungere un pubblico più ampio.

276. Gestione delle Spedizioni: Assicurati di avere una strategia efficace per la gestione delle spedizioni. Garantisci tempi di consegna ragionevoli e opzioni di spedizione convenienti.

277. Servizio Clienti: Offri un servizio clienti di alta qualità. Rispondi alle domande dei clienti in modo tempestivo e risolvi eventuali problemi in modo professionale.

278. Feedback e Valutazioni: Chiedi ai clienti di lasciare feedback e valutazioni sui tuoi prodotti. Le recensioni positive possono influenzare l'acquisto di nuovi clienti.

279. Diversificazione dei Prodotti: Nel tempo, considera di diversificare la tua gamma di prodotti. Puoi aggiungere nuovi design, oggetti o categorie per aumentare le opportunità di vendita.

280. Monitoraggio delle Performance: Monitora le performance delle vendite e adatta la tua strategia in base ai dati raccolti. Cosa funziona meglio? Cosa può essere migliorato? La vendita di merchandise personalizzato è una strategia di monetizzazione efficace per creatori di contenuti e influencer. La chiave del successo sta nell'offrire prodotti di alta qualità che riflettano la tua personalità e il tuo brand, oltre a promuoverli in modo efficace e fornire un servizio clienti eccellente.

281. Studio di Mercato: Prima di lanciarti nella creazione di merchandise, fai uno studio di mercato approfondito. Comprendi la domanda esistente e le preferenze del tuo pubblico. Questo ti aiuterà a identificare i prodotti più popolari.

282. Esclusività: Considera di creare prodotti esclusivi per i tuoi sostenitori più fedeli. Questi possono essere prodotti con edizioni limitate o design speciali disponibili solo per un periodo limitato.

283. Abbinamento al Contenuto: Assicurati che il tuo merchandise sia in linea con il tuo contenuto. Ad esempio, se crei contenuti su videogiochi, il tuo merchandise dovrebbe essere correlato a quei giochi o alla cultura dei videogiochi.

284. Personalizzazione: Offri opzioni di personalizzazione. Ad esempio, consenti ai clienti di aggiungere i loro nomi o di scegliere varianti di colore o design per i prodotti.

285. Sponsorizzazioni e Collaborazioni: Collabora con marchi o aziende affiliate per creare merchandise congiunto. Questo può aiutarti a espandere il tuo pubblico e a ottenere un supporto finanziario aggiuntivo.

286. Pianificazione delle Collezioni:
Organizza le tue creazioni in collezioni o linee di
prodotti tematici. Ad esempio, potresti avere una
collezione estiva, una collezione invernale e così
via.

287. Packaging Attraente: Presta attenzione
al packaging. Un packaging attraente e di alta
qualità può migliorare l'esperienza
dell'acquirente e rendere il tuo merchandise più
accattivante.

288. Promozione attraverso Video: Utilizza
video sui social media o sulle piattaforme di
streaming per mostrare i tuoi prodotti in azione.
Questo può aiutare i tuoi follower a visualizzare
meglio il merchandise.

289. Gestione dell'Inventario: Se hai un
inventario fisico, tieni traccia accurata delle
quantità disponibili e riordina in anticipo per
evitare problemi di approvvigionamento.

290. Contabilità e Tasse: Tieni una
registrazione accurata delle entrate e delle spese
correlate alla vendita di merchandise. Assicurati
di comprendere le implicazioni fiscali della tua
attività.

291. Recensioni dei Clienti: Utilizza le
recensioni dei clienti per migliorare i tuoi
prodotti e i processi. Le opinioni dei clienti
possono rivelare aree di miglioramento.

292. Applicazione delle Leggi sui Marchi:
Rispetta le leggi sui marchi e i diritti d'autore
quando crei merchandise. Assicurati che i tuoi
design non violino le leggi esistenti.

293. Monitoraggio delle Performance:
Valuta costantemente le performance delle
vendite. Quali prodotti stanno vendendo di più?
Quali design sono meno popolari? Questi dati ti
aiuteranno a prendere decisioni informate.

294. Cura del Cliente a Lungo Termine:
Non tratta i clienti come transazioni uniche, ma
come parte di una comunità a lungo termine.
Fornisci servizio clienti eccellente e costruisci
relazioni durature.

295. Espansione Globale: Se hai un pubblico
globale, considera di offrire spedizioni
internazionali. Questo può aumentare il tuo
potenziale di vendita.

La creazione e la vendita di merchandise
personalizzato possono essere un'opportunità di
guadagno significativa per i creatori di contenuti
e gli influencer. Con una pianificazione attenta,
una buona comprensione del tuo pubblico e la
qualità dei prodotti, puoi sviluppare con successo
questa fonte di reddito.

296. Sviluppo di una Campagna di Lancio:
Quando sei pronto a lanciare nuovi prodotti o
una nuova collezione, considera di sviluppare
una campagna di lancio. Questo può includere
video teaser, anteprime sui social media, e-mail
ai sostenitori e altro ancora per creare eccitazione
intorno ai nuovi articoli.

297. Responsabilità Sociale Aziendale: La
responsabilità sociale aziendale (CSR) è un
aspetto importante. Considera di destinare una
parte dei profitti delle vendite di merchandise a
cause benefiche o progetti sostenibili. Questo può
attrarre consumatori che apprezzano marchi che
contribuiscono al bene comune.

**298. Creazione di Merchandise Esclusivo
per Abbonati**: Se hai un servizio di
abbonamento, come Patreon, considera di offrire
merchandise esclusivo per i tuoi abbonati.
Questo può essere un incentivo aggiuntivo per le
persone a sostegno continuo.

299. Gestione delle Restituzioni e dei Resi:
Prepara una politica chiara per le restituzioni e i
resi dei prodotti. Comprendi come gestire le
situazioni in cui i clienti non sono soddisfatti o
vogliono restituire un articolo.

300. Testimonianze da Parte dei Follower:
Chiedi ai tuoi sostenitori di inviarti foto o
testimonianze che mostrino come indossano o
utilizzano i tuoi prodotti. Questo ti consente di

condividere l'esperienza positiva dei clienti con il tuo pubblico.

301. Merchandise Collegato agli Eventi: Se partecipi a eventi o conferenze, crea merchandise specifico per quegli eventi. Questi prodotti possono funzionare come ricordi per i partecipanti e come opportunità di vendita.

302. Ciclo di Sviluppo del Prodotto: Comprendi il ciclo di sviluppo del prodotto. Ciò significa che dovresti essere consapevole di quanto tempo impiega per creare nuovi prodotti e metterli sul mercato. Pianifica di conseguenza per evitare ritardi.

303. Marketing Continuo: Il marketing del tuo merchandise dovrebbe essere un'attività continua. Promuovi i tuoi prodotti attraverso post sui social media, collaborazioni con altri creatori di contenuti e annunci a pagamento, se appropriato.

304. Packaging Sostenibile: Se possibile, considera di utilizzare materiali di packaging sostenibili. Questo può risuonare con un pubblico sensibile all'ambiente.

305. Lezioni dagli Errori: Non aver paura di imparare dalle tue esperienze passate. Se un prodotto o una collezione non ha avuto successo, analizza le ragioni e adatta la tua strategia in futuro.

306. Sviluppo di Partnership con Fornitori: Coltiva relazioni solide con i tuoi fornitori o produttori di merchandise. Una relazione di lavoro positiva può semplificare il processo di creazione e di consegna dei prodotti.

307. Incentivi per i Clienti Fedeli: Crea programmi di fedeltà o offri sconti speciali ai clienti che tornano a fare acquisti nel tuo negozio online.

308. Considera Eventuali Regolamentazioni: A seconda del tipo di prodotti che vendi, potrebbero esserci regolamentazioni specifiche da considerare, ad esempio per prodotti alimentari, prodotti per la salute, ecc.

309. Gestione delle Scorte: Mantieni un controllo costante sulle scorte. Il sovraffollamento di prodotti non venduti può essere costoso, quindi pianifica di conseguenza.

310. Espansione del Negozio: Se le vendite del tuo merchandise stanno andando bene, considera di espandere il tuo negozio online aggiungendo nuovi prodotti o categorie.

La vendita di merchandise personalizzato può diventare una fonte di reddito significativa e un modo per coinvolgere ulteriormente il tuo pubblico. Tuttavia, richiede una pianificazione attenta, una gestione diligente e l'attenzione costante alle esigenze e ai feedback dei clienti.

In conclusione, la creazione e la vendita di merchandise personalizzato rappresentano un'opportunità di monetizzazione significativa per i creatori di contenuti e gli influencer sui social media. Tuttavia, per avere successo in questo settore, è necessario prestare attenzione a diversi aspetti chiave:

1. **Comprendere il Pubblico**: La comprensione del tuo pubblico è fondamentale per creare prodotti che risuonino con loro. Tieni presente le preferenze e gli interessi dei tuoi seguaci nella progettazione dei tuoi prodotti.
2. **Qualità e Design**: La qualità dei prodotti e il design svolgono un ruolo cruciale. Assicurati che i tuoi prodotti siano attraenti, di alta qualità e riflettano il tuo stile o brand.
3. **Pianificazione Efficace**: Pianifica attentamente ogni aspetto del processo, dall'ideazione alla progettazione, dalla produzione alla distribuzione. Mantieni un inventario accurato se gestisci prodotti fisici.
4. **Promozione Costante**: La promozione costante è essenziale per attirare l'attenzione sui tuoi prodotti. Utilizza i social media, le e-mail e altre piattaforme per promuovere il tuo merchandise in modo efficace.
5. **Feedback dei Clienti**: Ascolta attentamente il feedback dei clienti e utilizzalo per migliorare i

prodotti e l'esperienza complessiva dell'acquirente.

6. **Sostenibilità e Responsabilità Sociale**: Considera l'aspetto della sostenibilità e la responsabilità sociale aziendale. Questi elementi possono contribuire a creare un marchio con una reputazione positiva.

7. **Gestione Professionale**: Mantieni una gestione professionale delle vendite, inclusa una politica chiara per le restituzioni e la tenuta di registri accurati delle entrate e delle spese.

8. **Innovazione e Adattamento**: L'innovazione e la capacità di adattamento sono fondamentali nel mercato del merchandise. Sii aperto a nuove idee e modi per migliorare la tua offerta.

9. **Collaborazioni e Partnership**: Esplora collaborazioni e partnership con altri creatori di contenuti, influencer o marchi correlati per ampliare il tuo pubblico e aumentare le opportunità di vendita.

10. **Monitoraggio delle Performance**: Monitora costantemente le performance delle vendite e prendi decisioni informate basate sui dati raccolti.

La vendita di merchandise personalizzato può offrire un modo significativo per diversificare le tue fonti di reddito, costruire un marchio solido e coinvolgere il tuo pubblico in modo più profondo. Tuttavia, richiede un impegno costante e un'attenzione diligente per garantire il successo continuo.

311. Comprendi il Tuo Pubblico: Prima di tutto, comprendi il tuo pubblico target su Instagram. Quali sono i loro interessi? Cosa cercano? Questo ti aiuterà a creare contenuti che risuonino con loro.

312. Consistenza nell'Estetica: Mantieni una coerenza nell'estetica delle tue foto. Utilizza un filtro o uno stile riconoscibile per creare un'identità visiva coerente.

313. L'Importanza della Luce: La luce è fondamentale per ottenere foto di alta qualità. Sfrutta la luce naturale il più possibile e sperimenta con l'illuminazione per ottenere effetti desiderati.

314. Utilizza lo Spazio Negativo: Lo spazio negativo può aiutare a mettere in risalto il soggetto della foto. Non riempi sempre l'intero frame con oggetti o persone.

315. Regola dei Terzi: Applica la regola dei terzi, che prevede di suddividere l'immagine in terzi orizzontali e verticali e posizionare il soggetto o gli elementi chiave lungo queste linee per creare una composizione equilibrata.

316. Prospettiva e Angolazione: Sperimenta con diverse prospettive e angolazioni. Scattare da un'angolazione insolita può dare un tocco unico alle tue foto.

317. Storytelling Visuale: Usa le tue foto per raccontare una storia. Le persone amano le narrazioni visive che possono connettersi con un messaggio o un'emozione.

318. La Potenza delle Didascalie: Non trascurare le didascalie. Possono fornire contesto, umorismo, informazioni aggiuntive o coinvolgere il pubblico in una conversazione.

319. Hashtag Appropriati: Utilizza hashtag rilevanti e popolari per aumentare la visibilità delle tue foto. Ma non esagerare; cerca di mantenere un equilibrio.

320. Coinvolgi il Pubblico: Fomenta l'interazione coinvolgendo il pubblico. Fai domande nelle didascalie, lancia sondaggi o chiedi ai tuoi follower di condividere le loro opinioni.

321. Esperimento e Innovazione: Non avere paura di sperimentare con nuovi tipi di contenuti e idee creative. Instagram è una piattaforma in continua evoluzione, quindi l'innovazione è essenziale.

322. Ascolta il Feedback: Ascolta il feedback dei tuoi follower. Cosa amano di più dei tuoi contenuti? Cosa vorrebbero vedere di più? Adatta la tua strategia in base a questo feedback.

323. Costruzione del Brand: Costruisci un brand riconoscibile su Instagram. Questo può includere un logo, colori specifici o uno stile fotografico distintivo.

324. Storie e Live: Utilizza le storie di Instagram e le trasmissioni in diretta per connetterti in modo più immediato con il tuo pubblico. Puoi condividere momenti dietro le quinte, rispondere alle domande o creare anticipazioni.

325. Collaborazioni e Feature: Considera collaborazioni con altri utenti di Instagram o fai feature reciproche per raggiungere nuovi pubblici.

326. Misura le Performance: Utilizza le analitiche di Instagram per valutare le performance dei tuoi contenuti. Cosa funziona meglio in termini di coinvolgimento e interazioni?

327. App Planificazione Contenuti: Utilizza app di pianificazione dei contenuti per programmare le tue pubblicazioni in anticipo. Questo può aiutarti a mantenere una presenza costante su Instagram.

328. Gestione del Tempo: Gestisci il tempo che trascorri su Instagram in modo efficiente. La piattaforma può essere coinvolgente, ma è importante bilanciare il tempo trascorso online con altre attività.

329. Brand Persona: Crea una "persona" o una voce unica per il tuo brand su Instagram. Questo può aiutare a creare una connessione più profonda con il pubblico.

330. Autenticità: Sii autentico. Gli utenti di Instagram apprezzano la genuinità e la trasparenza. Non cercare di essere qualcuno che non sei.

La fotografia di alta qualità e la costruzione di un brand solido sono elementi chiave per il successo su Instagram. Mantenendo una strategia coesa e adattando costantemente la tua presenza in base al feedback e alle tendenze, puoi costruire una base di seguaci fedeli e coinvolgere il tuo pubblico in modo significativo.

331. La Scelta della Fotocamera: Mentre molti utenti utilizzano telefoni cellulari per scattare foto su Instagram, se hai accesso a una fotocamera DSLR o mirrorless, potresti ottenere immagini di qualità superiore. Tali fotocamere consentono un maggiore controllo sulla profondità di campo, la messa a fuoco e altre impostazioni.

332. Utilizzo di App di Fotoritocco: Le app di fotoritocco possono migliorare notevolmente la qualità delle tue foto. Strumenti come Adobe

Lightroom, Snapseed o VSCO offrono funzionalità avanzate per regolare l'esposizione, la saturazione, il bilanciamento del bianco e molto altro.

333. Pianificazione dei Contenuti: La pianificazione dei contenuti è fondamentale per mantenere una presenza costante su Instagram. Utilizza strumenti di pianificazione per programmare post futuri, in modo da non dover pensare a cosa pubblicare ogni giorno.

334. Fornisci Valore: Assicurati che ogni post fornisca valore al tuo pubblico. Può essere ispirazione, educazione, intrattenimento o semplicemente una connessione emotiva. Pensa a cosa gli utenti trarranno dal tuo post.

335. Tematiche Ricorrenti: L'adozione di temi ricorrenti nei tuoi post può contribuire a costruire un'identità coesa su Instagram. Ad esempio, potresti pubblicare una "Foto del giorno" o dedicare un giorno alla condivisione di storie dietro le quinte.

336. Utilizzo di Instagram Insights: Sfrutta Instagram Insights per comprendere meglio il comportamento del tuo pubblico. Questo strumento fornisce dati demografici, statistiche sull'interazione e altro ancora per migliorare la tua strategia.

337. Monitoraggio dei Trend: Resta aggiornato sui trend e sugli hashtag popolari su

Instagram. Partecipare a trend rilevanti può aumentare la visibilità delle tue foto.

338. Storie in Evidenza: Utilizza le "Storie in Evidenza" per organizzare e salvare le tue storie migliori. Questo è un modo efficace per presentare contenuti più importanti o categorie specifiche per i tuoi follower.

339. Monitoraggio delle Parole Chiave: Oltre ai hashtag, monitora le parole chiave rilevanti per il tuo settore o nicchia. Queste parole chiave possono aiutare le persone a trovare il tuo profilo.

340. Coinvolgimento con il Pubblico: Rispondi ai commenti e ai messaggi diretti. Il coinvolgimento attivo con il tuo pubblico mostra che ti interessi davvero dei tuoi follower.

341. Utilizzo dei Caroselli: I caroselli consentono di condividere più immagini in un unico post. Questo può essere utile per raccontare una storia più ampia o condividere una sequenza di immagini correlate.

342. Riproduzione delle Storie: Le Storie di Instagram possono essere riprodotte per mostrare una sequenza di contenuti. Usa questa funzione per creare narrazioni più lunghe o tutorial passo-passo.

343. Studio dei Concorrenti: Analizza i profili dei tuoi concorrenti o di altri creatori di contenuti di successo. Cosa fanno bene? Cosa puoi imparare da loro?

344. Creazione di Video di Qualità: I video stanno diventando sempre più importanti su Instagram. Assicurati di creare video di alta qualità con un audio chiaro e contenuti interessanti.

345. Mantenere la Tua Voce: Mantieni la tua voce unica e autentica. Non cercare di copiare gli altri o di essere qualcun altro. La tua autenticità ti distinguerà.

346. Creare Collaborazioni Significative: Quando collabori con altri utenti o marchi su Instagram, cerca collaborazioni che siano autentiche e significative. Questo può contribuire a costruire rapporti a lungo termine e ad aumentare la tua credibilità.

347. Mantenere un Piano Editoriale: Crea un piano editoriale che delinei i tipi di contenuti che pubblicherai, i giorni e gli orari di pubblicazione e i temi ricorrenti. Questo ti aiuta a rimanere organizzato e coerente.

348. Corsi e Risorse: Se vuoi migliorare le tue abilità fotografiche e di branding, considera di frequentare corsi o di utilizzare risorse online. L'apprendimento continuo è essenziale per restare al passo con le tendenze.

Instagram è una piattaforma dinamica che richiede un costante adattamento e apprendimento. Sperimenta con diverse strategie, segui le metriche e ascolta il feedback del tuo pubblico per migliorare costantemente la tua presenza e costruire il tuo brand su Instagram.

349. Studio della Composizione Fotografica: Approfondisci la comprensione della composizione fotografica. Conoscere i principi come la regola dei terzi, la simmetria, il bilanciamento e il punto focale può migliorare notevolmente la qualità delle tue foto.

350. Gestione del Colore: La gestione del colore è essenziale per ottenere foto accattivanti. Impara a utilizzare il colore in modo efficace, sia attraverso l'uso di filtri che nella scelta degli oggetti e dell'abbigliamento presenti nella foto.

351. Stili di Fotografia: Esplora vari stili di fotografia, come il minimalismo, il vintage, il chiaro-scuro, il ritratto e altro ancora. Ogni stile può creare un'atmosfera diversa nelle tue foto.

352. Creazione di Immagini Virali: Studia le immagini che sono diventate virali su Instagram e cerca di capire quali elementi hanno contribuito al loro successo. Puoi trarre ispirazione da queste immagini per creare contenuti che possano raggiungere un vasto pubblico.

353. Utilizzo del Layout Grid: Il layout grid di Instagram è un'ottima risorsa per pianificare come i tuoi post si uniranno visivamente quando qualcuno scorre il tuo profilo. Puoi usarlo per creare sequenze coerenti o storie visive.

354. Focus su Dettagli Interessanti: Spesso, sono i dettagli che rendono una foto affascinante. Cerca dettagli unici o insoliti nei tuoi soggetti e concentra la tua attenzione su di essi.

355. Coinvolgimento Emotivo: Crea foto che suscitino emozioni. Le emozioni possono essere un potente driver dell'interazione e della condivisione.

356. Imitare e Innovare: Mentre è importante sviluppare il tuo stile unico, puoi anche trarre ispirazione da altri fotografi o creatori di contenuti. Imita e innova per creare qualcosa di originale.

357. Uso dei Follower Generati Contenuti (UGC): Chiedi ai tuoi follower di condividere le loro foto o storie che includono il tuo brand o i tuoi prodotti. Questo può aumentare l'interazione e ampliare la portata del tuo profilo.

358. Stile di Vita e Storytelling: Racconta una storia attraverso le tue foto. Il tuo profilo può riflettere uno stile di vita o una narrazione che attira il tuo pubblico target.

359. Branding Personale: Se stai cercando di costruire un brand personale, assicurati che il tuo profilo sia una rappresentazione autentica di te stesso. La coerenza nel tuo stile e contenuto può aiutare a creare un brand forte.

360. Uso Creativo di Spazi: Sfrutta gli spazi vuoti nelle tue foto in modo creativo. Lasciare spazi vuoti può far risaltare il soggetto principale o creare un senso di apertura.

361. Strumenti di Pianificazione dei Contenuti: Utilizza strumenti di pianificazione dei contenuti per mantenere una costante presenza su Instagram. Questi strumenti ti permettono di pianificare e programmare i post in anticipo, risparmiando tempo.

362. Studio di Fotografi di Riferimento: Studia il lavoro di fotografi di riferimento. Ispeziona le tecniche e gli stili dei fotografi di fama mondiale per trarre ispirazione.

363. Immagini di Dietro le Quinte: Le immagini dietro le quinte mostrano un aspetto autentico e umano del tuo lavoro. Condividere queste foto può aiutare il tuo pubblico a connettersi su un livello più personale.

364. Scelta dei Colori: La psicologia dei colori è un argomento importante. I colori possono evocare emozioni diverse. Ad esempio, il blu può rappresentare calma e fiducia, mentre il rosso può evocare passione ed eccitazione. Scegli i colori in base all'emozione che desideri trasmettere.

365. Ricerca e Tendenze di Hashtag: Oltre ai soliti hashtag che usi, cerca nuove tendenze di hashtag. Questi possono variare con le stagioni, gli eventi o le notizie del momento. L'uso di hashtag rilevanti può aumentare la visibilità delle tue foto.

366. Narrazione Sequenziale: Raccontare una storia attraverso più foto è una tecnica potente. Puoi utilizzare le Storie di Instagram per farlo o semplicemente condividere una sequenza di foto in un unico post.

367. Partecipazione a Sfide Fotografiche: Partecipa a sfide fotografiche online o crea le tue sfide per coinvolgere il tuo pubblico e aumentare la partecipazione.

368. Condivisione di Consigli e Tutorial: Se hai abilità fotografiche o di editing, condividi consigli o tutorial con il tuo pubblico. Questo può essere un modo utile per costruire autorità nel tuo settore.

369. Sperimentazione con Prospettiva: Gioca con la prospettiva. Scatta da angolazioni insolite o usa tecniche di fotografia come il "punto di vista del soggetto" per ottenere risultati sorprendenti.

370. Rimuovere Distrazioni: Assicurati di eliminare eventuali distrazioni nelle tue foto. Oggetti estranei o dettagli non necessari possono distrarre dall'elemento principale della foto.

371. Collage Fotografici: Crea collage di foto per condividere più momenti o aspetti di un argomento in un unico post. Ciò può essere utile per raccontare una storia più ampia.

372. Consapevolezza di Copyright: Rispetta il copyright e i diritti d'autore. Assicurati di avere il diritto di condividere le immagini che pubblichi e dà credito quando necessario.

373. Studio dell'Algoritmo di Instagram: Instagram utilizza algoritmi per mostrare i contenuti agli utenti. Studia come funziona l'algoritmo per massimizzare la visibilità delle tue foto.

374. Comunicazione Efficace: La didattica visiva è importante. Assicurati che le tue foto comunicino chiaramente il messaggio o l'emozione che intendi trasmettere.

375. Crescita Organica del Follower: Concentrati sulla crescita organica del tuo numero di follower. La costruzione di un pubblico autentico e coinvolto richiede tempo, ma è spesso più duratura.

Sviluppando competenze fotografiche avanzate e affinando il tuo stile personale, puoi creare contenuti visivi di alta qualità che attirano un pubblico sempre più ampio su Instagram. Continua a esplorare nuove idee e a sperimentare con diverse tecniche per rimanere al passo con questa piattaforma in costante evoluzione.

376. Uso di Filtri in Modo Moderato: I filtri possono migliorare le tue foto, ma usa questo strumento con moderazione. Un'applicazione eccessiva di filtri può rendere le foto artificiali e meno autentiche.

377. Focus sull'Innovazione Tecnologica: Mantieniti aggiornato sulle innovazioni tecnologiche nel campo della fotografia e dell'editing. Nuove apparecchiature, app e software possono offrire nuove opportunità creative.

378. Creazione di Immagini Iconiche: Cerca di creare almeno una o due immagini iconiche che siano strettamente associate al tuo profilo. Queste immagini possono diventare simboli del tuo brand.

379. Cattura di Momenti Unici: Spesso, i momenti unici e spontanei sono quelli che catturano l'attenzione del pubblico. Tieni la fotocamera pronta per catturare questi momenti speciali.

380. Esplorazione di Diverse Prospettive: Sperimenta con diverse prospettive, come fotografare da un punto alto o in basso, o scattare da un angolo insolito. Questa varietà può rendere il tuo feed più interessante.

381. Fotografia di Street Style: La fotografia di "street style" può essere una fonte infinita di ispirazionc. Cattura la moda e lo stile delle persone per aggiungere un tocco unico al tuo feed.

382. Creazione di Storie Visive con Contenuti Storici: Se il tuo settore lo permette, crea storie visive che connettano il presente con il passato. Questo può suscitare un senso di continuità e tradizione.

383. Fotografia in Bianco e Nero: Le foto in bianco e nero possono creare un'atmosfera mozzafiato. Sperimenta con questa tecnica per dare ai tuoi contenuti un tocco di eleganza.

384. Utilizzo di Riflessi: Riflessi in superfici come l'acqua o i vetri possono aggiungere un elemento interessante alle tue foto. Cerca riflessi per aggiungere profondità e fascino visivo.

385. Rispettare le Regole di Composizione: Mentre è importante conoscere le regole di composizione, è altrettanto importante sapere quando infrangerle per ottenere un effetto particolare. L'arte della fotografia può essere sperimentale.

386. Creazione di Serie Fotografiche: Crea serie di foto correlate che raccontano una storia più ampia. Questo può incoraggiare i tuoi follower a tornare per vedere come si sviluppa la narrazione.

387. Eventi e Manifestazioni: Se partecipi a eventi o manifestazioni, scatta foto per documentare l'esperienza. Queste foto possono catturare l'energia e l'atmosfera unica di tali occasioni.

388. Fotografia di Paesaggi: Se hai l'opportunità di viaggiare o di esplorare paesaggi, cattura la bellezza della natura. Le foto di paesaggi possono attirare una vasta gamma di pubblico.

389. Studio dell'Uso della Prospettiva: Impara a usare la prospettiva in modo efficace. Puoi creare il senso di profondità e dimensione regolando la prospettiva e il punto focale.

390. Tempo e Lunga Esposizione: Sperimenta con la fotografia a lunga esposizione e il controllo del tempo. Questa tecnica può catturare il movimento, l'effetto vorticoso dell'acqua o le stelle nel cielo notturno.

391. Fotografia Macro: La fotografia macro ti consente di catturare dettagli incredibili. Utilizza una lente macro per esplorare il mondo dei dettagli minuscoli.

392. L'Uso di Contrasti: I contrasti in una foto possono aggiungere drammatismo. Cerca contrasti tra luci e ombre, colori o elementi nella tua composizione.

393. Fotografia d'Arte Urbana: Le città sono piene di arte urbana e murales. Usa questi come sfondo o come soggetto principale per le tue foto.

394. Effetti Speciali in Post-Produzione: Sperimenta con effetti speciali durante la fase di post-produzione. Questi effetti possono aggiungere un tocco unico alle tue foto.

395. L'Uso di Attrezzature Aggiuntive: Considera l'uso di attrezzature aggiuntive come obiettivi speciali, filtri o luci per migliorare la qualità e la creatività delle tue foto.

396. La Forza dell'Empatia: Cattura momenti che evocano empatia nel tuo pubblico. Questi momenti di connessione umana possono creare una forte reazione emotiva.

397. Fotografia Still Life: Crea composizioni still life con oggetti che rappresentano il tuo marchio o il tuo stile. Questo può contribuire a costruire un'identità visiva unica.

398. Pianificazione degli Scatti Esterni: Se stai programmando sessioni fotografiche all'aperto, fai attenzione alle condizioni meteorologiche e alle ore d'oro (quando la luce è più morbida e dorata) per ottenere scatti migliori.

399. Fotografia Subacquea: Se hai l'opportunità di fare foto subacquee, esplora questa forma unica di fotografia. Le immagini sommerse possono essere sorprendenti.

400. Focus su Un Genere Specifico: Concentrati su un genere specifico di fotografia, come il ritratto, la fotografia di cibo, il paesaggio urbano o la moda. Questo ti aiuta a diventare esperto in un'area specifica.

401. Raccolta di Ispirazione: Crea una raccolta di ispirazione con foto, immagini e colori che ti ispirano. Questo può servire come punto di riferimento per la creazione dei tuoi contenuti.

402. Pianificazione di Sessioni Fotografiche: Pianifica sessioni fotografiche in anticipo. Ciò ti dà il tempo di prepararti e di scegliere i migliori luoghi, orari e condizioni per le tue foto.

403. Fotografia Astronomica: Se sei interessato all'astronomia, esplora la fotografia astrale. Cattura la bellezza del cielo stellato e delle costellazioni.

404. Fotografia d'Interni: La fotografia d'interni richiede una buona gestione della luce e un occhio per i dettagli. Sperimenta con questa forma di fotografia se hai accesso a interni interessanti.

405. Fotografia di Sport: La fotografia di eventi sportivi richiede reattività e capacità di catturare momenti chiave. Se hai l'opportunità, prova la fotografia sportiva.

La fotografia su Instagram è un'arte in continua evoluzione. Sperimenta con le tecniche sopra menzionate e cerca di sviluppare il tuo stile unico per catturare l'attenzione del tuo pubblico.

Migliorare le tue abilità fotografiche su Instagram è un processo continuo e affascinante. La fotografia è un'arte che richiede pratica, sperimentazione e dedizione. Concludiamo questo punto sottolineando alcuni aspetti chiave:

1. **Pratica Costante**: La pratica è fondamentale per diventare un fotografo migliore. Scatta regolarmente e cerca di migliorarti ad ogni scatto. Anche i professionisti continuano a imparare e a evolversi.

2. **Sperimentazione**: Non avere paura di sperimentare. Prova nuove tecniche, stili e prospettive. Spesso, le foto più interessanti emergono da momenti di sperimentazione.

3. **Feedback e Apprendimento**: Cerca feedback sul tuo lavoro. Chiedi a colleghi fotografi, amici o follower su Instagram cosa pensano delle tue foto. Questo può darti punti di vista diversi e aiutarti a crescere.

4. **Studio e Ricerca**: Continua a studiare e a cercare ispirazione da fonti diverse. Guarda il lavoro di fotografi famosi, segui tutorial online e cerca di comprendere le tendenze attuali nella fotografia.

5. **Sviluppo di Stile Personale**: Mentre è importante apprendere dalle fonti esterne, cerca di sviluppare un tuo stile unico. Questo ti distinguerà dagli altri creatori di contenuti e renderà il tuo lavoro facilmente riconoscibile.

6. **Attrezzature Adeguata**: Investi in attrezzature di qualità, se possibile. Una buona fotocamera, obiettivi adatti e strumenti di editing di alta qualità possono fare una differenza significativa nella qualità delle tue foto.
7. **Rispetto per l'Etica**: Rispetta sempre l'etica nella fotografia. Chiedi il permesso se stai fotografando persone e rispetta i diritti d'autore se stai utilizzando opere d'arte o immagini di altri.
8. **Coerenza**: Mantieni una certa coerenza nel tuo feed. Questo non significa che ogni foto debba assomigliare alle altre, ma dovrebbe esserci un'identità visiva che unifica il tuo profilo.
9. **Apprezzamento dell'Arte**: Sii aperto all'arte e alla bellezza che ti circondano. La fotografia è una forma d'arte, e l'arte può essere una fonte infinita di ispirazione.
10. **Passione**: La passione è ciò che alimenta la tua crescita come fotografo. Sii appassionato, curioso e desideroso di esplorare il mondo attraverso il tuo obiettivo.

Ricorda che il percorso per diventare un fotografo di successo su Instagram richiede tempo. Non scoraggiarti dalle sfide lungo la strada. Ogni foto che scatti è un'opportunità di apprendimento, e ogni passo avanti ti porterà più vicino al raggiungimento dei tuoi obiettivi

fotografici su questa popolare piattaforma di
condivisione di immagini.

11. Utilizzo degli Hashtag • Strategie per
aumentare la visibilità.

L'uso efficace degli hashtag su Instagram è
essenziale per aumentare la visibilità dei tuoi
contenuti. Gli hashtag consentono agli utenti di
scoprire le tue foto e i tuoi video quando cercano
contenuti correlati. Ecco alcune strategie per
massimizzare l'impatto degli hashtag:

1. **Ricerca degli Hashtag Giusti**: La scelta degli
   hashtag giusti è fondamentale. Cerca hashtag
   correlati al tuo contenuto e alla tua nicchia di
   settore. Puoi utilizzare strumenti come
   Instagram's Search o applicazioni di terze parti
   per identificare gli hashtag più popolari e
   rilevanti.

2. **Utilizzo di Hashtag Specifici del Brand**:
   Crea e promuovi gli hashtag specifici del tuo
   brand. Questi dovrebbero essere unici e
   direttamente associati al tuo marchio. Ad
   esempio, se hai un negozio di abbigliamento
   chiamato "FashionFiesta," potresti utilizzare
   l'hashtag #FashionFiestaStyle.

3. **Variazione degli Hashtag**: Non utilizzare
   sempre gli stessi hashtag. Cambia
   periodicamente la tua selezione di hashtag per

raggiungere una varietà di pubblico. Instagram potrebbe penalizzare l'uso eccessivo degli stessi hashtag.

4. **Hashtag di Tendenza**: Monitora i trending hashtag del momento e, se possibile, utilizzali nei tuoi post. Questo ti esporrà a un pubblico più ampio, poiché molte persone esplorano i contenuti correlati agli hashtag in tendenza.

5. **Hashtag Locali**: Se il tuo pubblico o il tuo business è legato a una posizione geografica, utilizza hashtag locali. Ad esempio, se possiedi un ristorante a Roma, potresti utilizzare #RomaEats o #TrattoriaRoma.

6. **Hashtag Relativi all'Evento**: Se partecipi a eventi o a fiere, utilizza hashtag correlati all'evento. Questo ti aiuterà a connetterti con altri partecipanti e a raggiungere un pubblico interessato.

7. **Hashtag di Contenuti Popolari**: Identifica i contenuti più popolari nella tua nicchia e scopri quali hashtag utilizzano. Utilizza questi hashtag per aumentare la visibilità del tuo contenuto tra il pubblico interessato.

8. **Hashtag in Didascalia e Commenti**: Gli hashtag possono essere inseriti sia nelle didascalie dei post che nei commenti. Alcuni utenti preferiscono nascondere gli hashtag nei commenti per mantenere le didascalie più pulite. Scegli l'opzione che meglio si adatta al tuo stile.

9. **Quantità Adeguata di Hashtag**: Non esagerare con gli hashtag. Instagram permette di utilizzare fino a 30 hashtag per post, ma è meglio concentrarsi su circa 5-15 hashtag rilevanti e di alta qualità. L'uso eccessivo di hashtag può apparire spammy.

10. **Monitoraggio delle Prestazioni**: Tieni traccia delle prestazioni dei tuoi hashtag. Puoi vedere quanti utenti hanno scoperto il tuo contenuto tramite un particolare hashtag nelle statistiche del post. Questo ti aiuterà a capire quali hashtag funzionano meglio per il tuo pubblico.

11. **Interazione con Altri Contenuti**: Non limitarti a usare solo gli hashtag nei tuoi post. Interagisci con altri post e contenuti correlati utilizzando gli stessi hashtag. Questo può aumentare la visibilità del tuo profilo.

12. **Hashtag Personalizzati per Campagne**: Se stai eseguendo una campagna promozionale o un concorso, crea hashtag personalizzati dedicati a quella campagna. Questo incoraggerà i tuoi follower a partecipare e a condividere contenuti correlati.

13. **Evitare Hashtag Baniti**: Instagram proibisce alcuni hashtag per contenuti inappropriati o vietati. Assicurati di evitare di utilizzare hashtag che potrebbero danneggiare la tua reputazione.

14. **Interagisci con l'Hashtag Community**: Partecipa attivamente alle conversazioni legate agli hashtag che utilizzi. Commenta e metti "mi piace" alle foto di altri utenti che condividono contenuti simili. Questa interazione può aiutarti a costruire relazioni e a far crescere il tuo pubblico.

15. **Pianificazione degli Hashtag**: Prepara una lista di hashtag da utilizzare in anticipo e pianifica il loro utilizzo nei tuoi post. Questo ti aiuterà a essere più strategico e a risparmiare tempo.

Gli hashtag sono un potente strumento per aumentare la visibilità su Instagram, ma la chiave è utilizzarli in modo mirato e in linea con il tuo pubblico e il tuo obiettivo. Sperimenta diverse strategie di hashtag per vedere quali funzionano meglio per il tuo account e la tua nicchia.

16. **Utilizzo di Hashtag in Storie**: Gli hashtag possono essere utilizzati anche nelle Storie di Instagram. Se stai pubblicando Storie, includi hashtag rilevanti. Questo ti aiuterà a raggiungere un pubblico più ampio, poiché le Storie con hashtag possono essere scoperte tramite la funzione "Esplora" di Instagram.

17. **Hashtag nei Commenti**: Puoi anche aggiungere hashtag nei commenti dei tuoi post, oltre che nelle didascalie. Questo è utile se

desideri mantenere le didascalie più pulite, ma vuoi comunque sfruttare gli hashtag.

18.   **Hashtag Ispirazionali**: Cerca hashtag che ispirano e incoraggiano il coinvolgimento del pubblico. Ad esempio, hashtag come #MotivationMonday o #PhotoOfTheDay possono attirare l'attenzione degli utenti.

19. **Monitoraggio della Concorrenza**: Dai un'occhiata ai tuoi concorrenti o a influencer nella tua nicchia per vedere quali hashtag utilizzano. Questo può darti idee su quali hashtag potrebbero funzionare bene per te.

20.   **Hashtag Tematici**: Utilizza hashtag tematici legati a eventi o festività. Ad esempio, se si avvicina il Natale, potresti utilizzare hashtag come #Natale2019 o #RegaliDiNatale.

21. **Hashtag Generici e Specifici**: Utilizza una combinazione di hashtag generici e specifici. Gli hashtag generici come #Amore o #Viaggio possono raggiungere un pubblico più ampio, mentre gli hashtag specifici come #ViaggioInItalia o #AmoreACinquanta possono attirare un pubblico più mirato.

22.   **Utilizzo di Acronimi**: In alcuni casi, puoi utilizzare acronimi o abbreviazioni popolari come hashtag. Ad esempio, #TBT (Throwback Thursday) è un acronimo comunemente utilizzato per condividere ricordi del passato il giovedì.

23. **Combinazione di Hashtag Popolari e di Nicchia**: Equilibra l'uso di hashtag popolari con quelli di nicchia. Gli hashtag popolari possono darti visibilità, mentre quelli di nicchia ti aiuteranno a raggiungere un pubblico più interessato.

24. **Aggiornamento Costante degli Hashtag**: Tieni aggiornata la tua lista di hashtag in base alle tendenze e agli interessi del tuo pubblico. Gli hashtag che funzionavano bene in passato potrebbero non essere più efficaci oggi.

25. **Segui gli Hashtag**: Puoi seguire gli hashtag che ti interessano su Instagram. Questo ti consente di vedere i post correlati e di interagire con altri utenti che utilizzano gli stessi hashtag.

26. **Hashtag Geografici**: Se la tua attività o i tuoi contenuti sono legati a una posizione specifica, utilizza hashtag geografici. Questi possono aiutarti a raggiungere un pubblico locale.

27. **Coerenza nell'Utilizzo**: Cerca di utilizzare gli stessi hashtag in modo coerente per creare una sorta di "marchio" visivo per il tuo profilo.

28. **Hashtag Generati dall'Utente**: Coinvolgi il tuo pubblico chiedendo loro di utilizzare un hashtag specifico nei loro post. Ad

esempio, potresti organizzare un concorso che incoraggia l'uso di un hashtag personalizzato.

29. **Hashtag Tematici Mensili**: Crea hashtag tematici mensili che coinvolgono il tuo pubblico. Ad esempio, un hashtag come #MaggioInFiore potrebbe ispirare i tuoi follower a condividere contenuti legati alla primavera.

30. **Condivisione su Altre Piattaforme**: Se condividi le tue foto di Instagram su altre piattaforme social, come Facebook o Twitter, considera l'uso degli stessi hashtag anche su quelle piattaforme per aumentare la visibilità. Gli hashtag sono uno strumento potente per aumentare la visibilità e l'engagement su Instagram. Tuttavia, è importante utilizzarli in modo strategico e rilevante per il tuo pubblico. Sperimenta con diverse strategie di hashtag e osserva quali generano i risultati migliori per il tuo profilo.

31. **Ricerca di Hashtag Unici**: Cerca hashtag che siano unici e che si distinguano dalla concorrenza. Questo può aiutarti a risaltare e a catturare l'attenzione del pubblico.

32. **Hashtag di Contenuti Ricorrenti**: Se condividi regolarmente tipi di contenuto specifici, crea hashtag dedicati a questi contenuti ricorrenti. Ad esempio, se sei uno chef, potresti

utilizzare l'hashtag #RicettaDelGiorno per le tue pubblicazioni quotidiane.

33. **Strategie di Collaborazione**: Collabora con altri utenti o influencer nella tua nicchia per promuovere hashtag condivisi. Questo può aiutarti a raggiungere un pubblico più ampio e a costruire relazioni nel settore.

34. **Hashtag Ironici o Umoristici**: In alcuni casi, l'uso di hashtag ironici o umoristici può attirare l'attenzione. Tuttavia, fai attenzione a non utilizzare hashtag che potrebbero risultare offensivi o fuorvianti.

35. **Utilizzo di Sottotitoli nei Video**: Se condividi video su Instagram, considera l'uso di sottotitoli testuali con hashtag. Questo consente agli utenti di leggere e interagire con gli hashtag durante la visione del video.

36. **Segmentazione degli Hashtag**: Raggruppa gli hashtag in categorie o temi. Ad esempio, potresti avere una lista di hashtag per i tuoi post di viaggio e un'altra lista per i tuoi post di cibo. Questo rende più facile la selezione degli hashtag appropriati per ogni post.

37. **Hashtag per Tutorial e Guide**: Se condividi tutorial o guide su Instagram, utilizza hashtag che riflettano il tema del tutorial. Ad esempio, se stai condividendo una guida per il trucco, potresti utilizzare #TruccoFacile o #GuidaTrucco.

38. **Evita Hashtag Irrelevanti**: Non utilizzare hashtag completamente non correlati al tuo contenuto solo per ottenere più visibilità. Ciò potrebbe danneggiare la tua credibilità e la tua relazione con il pubblico.

39. **Hashtag per Storie a Lungo Termine**: Se stai condividendo una storia a lungo termine su Instagram, crea un hashtag dedicato a quella storia. Ad esempio, se stai raccontando un viaggio epico, potresti utilizzare #AvventuraInAsia.

40. **Utilizzo di Hashtag Nei Commenti**: Invece di inserire tutti gli hashtag nella didascalia, puoi aggiungerli nei commenti subito dopo aver pubblicato il post. Questo mantiene la didascalia pulita ma sfrutta comunque il potere degli hashtag.

41. **Hashtag in Didascalie Bilingui**: Se il tuo pubblico è multilingue, considera l'uso di hashtag in più lingue nelle tue didascalie per raggiungere utenti di diverse lingue.

42. **Esperimenti A/B**: Fai esperimenti con diversi set di hashtag per capire quali funzionano meglio. Puoi testare diversi gruppi di hashtag e monitorare le prestazioni di ciascun gruppo.

43. **Hashtag Legati a Tendenze Culturali**: Se il tuo contenuto è legato a tendenze culturali o eventi attuali, utilizza hashtag pertinenti per

allineare il tuo contenuto con ciò che è rilevante per il tuo pubblico.

44.   **Hashtag di Sensibilizzazione Sociale**: Se il tuo obiettivo è promuovere la sensibilizzazione su questioni sociali o ambientali, utilizza hashtag che riflettano tali temi. Ad esempio, #AmbienteSostenibile o #DirittiUmani.

45.   **Ricerca Competitiva di Hashtag**: Analizza i profili dei tuoi concorrenti o influencer nella tua nicchia e osserva quali hashtag utilizzano con successo. Questo può ispirarti nella selezione degli hashtag.

Ogni profilo Instagram è unico, quindi è importante adattare le strategie di hashtag alle esigenze del tuo pubblico e del tuo settore. Continua a sperimentare, monitorare le prestazioni e adattare le tue strategie di hashtag per ottenere i migliori risultati possibili.

Concludiamo il punto sull'uso efficace degli hashtag su Instagram enfatizzando che gli hashtag sono una parte essenziale della strategia di marketing e visibilità su questa piattaforma. Utilizzare gli hashtag in modo strategico può aumentare il coinvolgimento del pubblico, ampliare la portata dei tuoi contenuti e farti emergere in mezzo alla concorrenza. Ecco alcuni punti chiave da tenere a mente:

46. **Monitoraggio delle Prestazioni**: Periodicamente, esamina le statistiche dei tuoi post per valutare quali hashtag hanno funzionato meglio. Questo ti aiuterà a comprendere meglio quali hashtag generano maggiore coinvolgimento e visibilità.

47. **Adattamento Costante**: Le tendenze e gli interessi del pubblico possono cambiare nel tempo. Mantieni i tuoi hashtag aggiornati in base a ciò che funziona meglio per il tuo pubblico al momento.

48. **Uso degli Strumenti di Analisi**: Esistono strumenti di analisi di terze parti che possono aiutarti a identificare i migliori hashtag per il tuo settore. Questi strumenti possono offrire suggerimenti su hashtag rilevanti e tendenze.

49. **Hashtag nei Profili e nelle Bio**: Considera l'uso di hashtag rilevanti nella tua bio e nel tuo profilo. Questo può aiutarti a essere scoperto da utenti che visitano il tuo profilo.

50. **Hashtag Locali**: Se il tuo business è basato su una posizione fisica, utilizza hashtag locali per raggiungere utenti nella tua area. Questo può essere particolarmente utile per attività locali come ristoranti, negozi e eventi.

51. **Test A/B con le Didascalie**: Fai esperimenti anche con le didascalie dei tuoi post. In alcuni casi, può essere efficace includere gli hashtag

all'inizio della didascalia, mentre in altri casi può funzionare meglio inserirli alla fine.

52.   **Evita Hashtag Vietnamiti**: Alcuni utenti cercano di aumentare la visibilità utilizzando hashtag vietnamiti o non correlati. Questo può danneggiare la tua reputazione e portare a una perdita di follower genuini.

53.   **Ricerca di Nuovi Hashtag**: Continua a cercare nuovi hashtag rilevanti per la tua nicchia e il tuo pubblico. Questo può espandere ulteriormente la tua presenza online.

54.   **Hashtag di Supporto**: Se supporti una causa o un movimento, utilizza gli hashtag associati a essi. Questo può aiutarti a connetterti con altri sostenitori e ad aumentare la consapevolezza sulla questione.

55.   **Osservazione degli Hashtag in Tendenza**: Periodicamente, verifica gli hashtag in tendenza su Instagram. Se riesci a connettere il tuo contenuto a una tendenza rilevante, potresti ottenere una maggiore esposizione.

56.   **Hashtag Ibridi**: Crea hashtag ibridi che siano una combinazione di parole chiave rilevanti per il tuo contenuto. Questi possono aiutare a identificare il tuo marchio e il tuo stile.

57.   **Utilizzo nei Contest**: Se organizzi concorsi o giveaway, utilizza hashtag specifici per le partecipazioni. Ad esempio,

#ConcorsoEstivo2023 può essere utilizzato per un concorso estivo.

Ricorda che l'obiettivo principale degli hashtag è migliorare la visibilità e l'engagement del tuo contenuto. Utilizzali in modo ponderato e in linea con il tuo messaggio e la tua strategia di marketing su Instagram. Mentre sperimenti con diverse strategie di hashtag, osserva attentamente quali ti portano i migliori risultati e adatta di conseguenza la tua strategia.

12. Collaborazioni e Influencer Marketing • Lavorare con altri utenti e aziende.

Le collaborazioni e l'influencer marketing sono due strategie fondamentali per espandere la tua presenza e aumentare la visibilità su piattaforme come YouTube, Instagram e altri social media. Ecco come puoi sfruttare queste opportunità per ottenere successo:

58. **Identifica i Partner Giusti**: La scelta dei partner di collaborazione è fondamentale. Cerca utenti o aziende che abbiano un pubblico simile o complementare al tuo. Questo garantirà che la tua collaborazione raggiunga le persone interessate al tuo contenuto o prodotto.

59. **Comprendi i Tuoi Obiettivi**: Prima di iniziare una collaborazione, stabilisci chiaramente i tuoi obiettivi. Vuoi aumentare il

numero di follower? Vuoi promuovere un prodotto o un servizio? Stabilire gli obiettivi ti aiuterà a misurare il successo della collaborazione.

60.	**Negozia i Termini**: Quando lavori con altri utenti o aziende, è importante definire chiaramente i termini della collaborazione. Questi termini includono la durata, i compiti specifici, la compensazione (se prevista), i diritti d'uso del contenuto e molto altro. Assicurati di avere accordi scritti per evitare malintesi.

61. **Crea Contenuti di Qualità**: Assicurati di mantenere la qualità dei tuoi contenuti durante le collaborazioni. Non compromettere la tua autenticità o la tua voce per adattarti al partner.

62.	**Sii Trasparente**: La trasparenza è fondamentale nel marketing di influencer. Fai sapere al tuo pubblico quando stai lavorando con un partner. Questo costruirà fiducia con i tuoi follower.

63.	**Cerca Relazioni a Lungo Termine**: Le collaborazioni a lungo termine con partner affidabili possono essere più vantaggiose delle singole collaborazioni. Costruire relazioni solide può portare a future opportunità e allargare il tuo network.

64.	**Misura i Risultati**: Usa strumenti analitici per valutare l'impatto delle tue collaborazioni. Monitora l'aumento di follower, l'engagement, le conversioni o altri obiettivi che hai stabilito.

65.	**Influenza Reciproca**: Non dimenticare che la collaborazione è un'opportunità reciproca. Cerca di offrire valore ai tuoi partner tanto quanto ne ricevi. Questo costruirà relazioni di lunga durata e reciproco beneficio.

66.	**Sfrutta Diverse Piattaforme**: Esplora collaborazioni su diverse piattaforme social. YouTube potrebbe essere ideale per contenuti video, mentre Instagram è noto per le immagini e le storie.

67.	**Promozione Incrociata**: Promuovi attivamente il contenuto del tuo partner e chiedi loro di fare lo stesso. Questa promozione incrociata può amplificare la visibilità del contenuto.

68.	**Sii Creativo**: Non limitarti alle collaborazioni tradizionali. Sii creativo nelle tue strategie di collaborazione. Ad esempio, puoi organizzare giveaway con partner o co-creare contenuti unici insieme.

69.	**Networking**: Partecipa a eventi, conferenze o gruppi di settore per connetterti con potenziali partner di collaborazione. Il networking è una parte essenziale del marketing di influencer.

70.	**Ascolta il Feedback**: Ascolta il feedback dei tuoi follower e dei tuoi partner di collaborazione. Questo ti aiuterà a migliorare le tue future collaborazioni e ad adattarti alle esigenze del tuo pubblico.

71. **Rispetta i Diversi Pubblici**: Considera che il pubblico del tuo partner potrebbe essere diverso dal tuo. Adatta il tuo messaggio e il tuo approccio in base a chi stai cercando di raggiungere.

72. **Valutazione Continua**: Periodicamente, rivedi le tue collaborazioni e valuta se stanno ancora contribuendo al raggiungimento dei tuoi obiettivi. Potresti dover apportare modifiche o cercare nuovi partner.

73. **Ricerca e Diligenza**: Prima di impegnarti in una collaborazione, effettua una ricerca accurata sui potenziali partner. Assicurati che siano affidabili e allineati ai tuoi valori e obiettivi.

74. **Rispetta la Creatività**: Quando lavori con creativi, rispetta la loro visione e il loro stile. La collaborazione dovrebbe essere un'opportunità per entrambe le parti di esprimere la propria creatività.

Le collaborazioni e l'influencer marketing possono essere un mezzo potente per raggiungere nuovi pubblici e promuovere il tuo marchio o i tuoi prodotti. Quando gestiti con attenzione e trasparenza, possono essere un asset prezioso per la tua strategia di social media.

75.   **Microinfluencer**: Oltre ai macroinfluencer con un grande seguito, considera anche il coinvolgimento di microinfluencer. Questi sono utenti con un pubblico più limitato ma altamente coinvolto. Lavorando con microinfluencer, puoi raggiungere nicchie specifiche di pubblico che potrebbero essere più interessate al tuo contenuto o prodotto.

76.   **Contratti dettagliati**: Quando lavori con influencer, è importante avere contratti dettagliati che delineino gli obblighi di entrambe le parti. Questi contratti dovrebbero includere termini relativi a pagamenti, diritti d'uso del contenuto, scadenze e altre condizioni specifiche.

77. **Valore a Lungo Termine**: Le collaborazioni a lungo termine con influencer possono essere estremamente vantaggiose. Non solo costruiranno una relazione più solida, ma potrebbero anche essere più disposti a promuovere i tuoi contenuti o prodotti nel tempo.

78.   **Affidabilità**: Cerca influencer affidabili e autentici. L'onestà e l'affidabilità degli influencer sono cruciali per il mantenimento della fiducia del tuo pubblico.

79.   **Assicurazioni**: Se stai promuovendo prodotti o servizi in collaborazione con un influencer, assicurati di rispettare le normative

relative alle pubblicità e ai post sponsorizzati. In alcuni casi, potrebbe essere necessario aggiungere una dichiarazione di divulgazione o etichettare il contenuto come "pubblicitario".

80. **Segmentazione del Pubblico**: Considera la segmentazione del pubblico quando scegli influencer. Ad esempio, se il tuo prodotto si rivolge principalmente a un pubblico giovane, cerca influencer con un seguito giovane e affini.

81. **Esclusività**: Puoi stipulare accordi di esclusività con influencer per garantire che non promuovano concorrenti diretti o prodotti simili per un certo periodo.

82. **Collaborazioni Benefiche**: Oltre al vantaggio diretto della promozione, cerca collaborazioni che possano portare a benefici aggiuntivi. Ad esempio, potresti collaborare con un influencer che condivide una parte dei profitti delle vendite generate dalla sua promozione.

83. **Follow-Up**: Dopo il termine della collaborazione, effettua il follow-up con l'influencer. Chiedi il loro feedback e discuti di come migliorare le collaborazioni future.

84. **Monitoraggio delle Prestazioni**: Usa strumenti di analisi per monitorare le prestazioni delle collaborazioni. Questo ti aiuterà a valutare l'ROI e a ottimizzare le future partnership.

85. **Rispetto della Marca**: Assicurati che l'influencer rispetti i valori e la reputazione della

tua marca. Qualsiasi azione o dichiarazione controversa da parte dell'influencer potrebbe riflettersi negativamente sulla tua marca.

86. **Testimonianze Autentiche**: Cerca testimonianze autentiche da parte degli influencer. I follower risponderanno meglio alle recensioni oneste e sincere.

87. **Pianificazione Strategica**: Quando lanci una campagna di influencer marketing, pianifica in anticipo il calendario, le date di pubblicazione e le attività correlate. Questo ti aiuterà a gestire in modo più efficace la collaborazione.

88. **Monitoraggio Costante**: Mantieni un monitoraggio costante delle collaborazioni in corso. Se noti che una collaborazione non sta raggiungendo gli obiettivi previsti, potresti dover apportare correzioni o concludere la collaborazione in anticipo.

89. **Diversificazione degli Influencer**: Collabora con una varietà di influencer invece di concentrarti solo su uno o due. Questo può espandere la tua portata e raggiungere diverse fette di pubblico.

90. **Valutazione dei Rischi**: Prima di iniziare una collaborazione, valuta attentamente i potenziali rischi associati all'influencer, come scandali passati o comportamenti controversi.

91. **Soddisfazione dell'Influencer**: Assicurati che l'influencer sia soddisfatto della collaborazione.

Un influencer felice è più propenso a promuovere il tuo marchio in modo positivo.

Il marketing di influencer è un campo in costante evoluzione, e le strategie efficaci possono variare in base al settore, alla piattaforma e al pubblico di riferimento. Continua a imparare, sperimentare e adattare le tue tattiche di collaborazione per ottenere i migliori risultati possibili.

92.   **Assistenza Tecnica**: Nel caso in cui tu stia lavorando con influencer per promuovere prodotti o servizi specifici, fornisci un supporto tecnico adeguato. Gli influencer potrebbero dover rispondere alle domande dei follower o risolvere eventuali problemi relativi al prodotto.

93.   **Creazione Condivisa di Contenuti**: In alcune collaborazioni, potresti coinvolgere gli influencer nella creazione di contenuti. Questo può dare loro una maggiore autonomia creativa e consentire loro di mettere il loro tocco personale nelle promozioni.

94.   **Esclusività Limitata**: Mentre esclusività è un termine comune nelle collaborazioni di marketing influencer, potresti considerare limitazioni. Ad esempio, potresti consentire all'influencer di promuovere solo su alcune piattaforme o in alcune regioni specifiche.

95.   **Crescita Organica del Seguito**: Gli influencer dovrebbero cercare di crescere

organicamente il loro seguito. L'acquisto di follower o l'uso di tattiche non etiche potrebbero danneggiare la loro credibilità e la tua reputazione.

96. **Sinergia di Valori**: Cerca influencer che condividano valori simili o complementari con la tua marca. Questo renderà la collaborazione più autentica e convincente.

97. **Comunicazione Chiara**: Mantieni una comunicazione chiara e aperta con gli influencer. Assicurati che comprendano le tue aspettative e i tuoi obiettivi.

98. **Uso di Metriche Chiave di Rendimento (KPI)**: Stabilisci metriche chiave di rendimento chiare e misurabili per valutare il successo della collaborazione. Questi KPI possono includere aumenti di follower, coinvolgimento, conversioni, vendite o altre metriche specifiche.

99. **Aderenza alle Linee Guida della Piattaforma**: Assicurati che gli influencer rispettino le linee guida e le politiche delle piattaforme social su cui lavori. Violazioni delle norme possono portare a sanzioni o alla rimozione del contenuto.

100. **Valutazione delle Prestazioni a Lungo Termine**: Non limitarti a valutare il successo di una collaborazione solo a breve termine.

Considera come la collaborazione ha influenzato la crescita a lungo termine del tuo marchio.

101. **Formazione e Supporto**: Offri formazione e supporto se necessario. Gli influencer potrebbero non essere esperti di marketing o di certi strumenti tecnici, quindi un supporto adeguato può migliorare la qualità della collaborazione.

102. **Distribuzione Equa del Lavoro**: Nelle collaborazioni in cui più parti sono coinvolte, assicurati che il lavoro sia distribuito equamente e che tutti i partecipanti siano trattati con rispetto ed equità.

103. **Etica del Lavoro**: Sottolinea l'importanza dell'etica del lavoro e del rispetto dei termini contrattuali. Questo è fondamentale per costruire relazioni di collaborazione durature.

104. **Comunicazione Responsabile**: In caso di controversie o problemi, cerca una comunicazione responsabile e rispettosa. Risolvere i conflitti in modo professionale può preservare le relazioni di collaborazione.

105. **Valutazione dell'Autenticità dell'Influencer**: Prima di impegnarti in una collaborazione, valuta attentamente l'autenticità dell'influencer. Il loro seguito e l'engagement dei follower dovrebbero essere genuini e non basati su pratiche fuorvianti.

106. **Gestione delle Aspettative**: Prima di avviare una collaborazione, assicurati che entrambe le parti abbiano chiare aspettative riguardo a ciò che ci si aspetta e a cosa si otterrà dalla collaborazione.

107. **Legalità e Normative Locali**: Assicurati che le collaborazioni rispettino le leggi locali e le normative relative al marketing e alla pubblicità. Questo è particolarmente importante quando si lavora su piattaforme internazionali.

108. **Consapevolezza del Pubblico**: Gli influencer dovrebbero essere consapevoli del loro impatto sul pubblico e dovrebbero fare tutto il possibile per promuovere messaggi responsabili. Lavorare con influencer richiede pianificazione, attenzione ai dettagli e una gestione oculata delle relazioni. Queste considerazioni aggiuntive possono aiutarti a sfruttare appieno il potenziale del marketing influencer per la tua strategia di social media.

109. **Collaborazioni di Long-Form**: Oltre alle pubblicazioni sui social media, considera collaborazioni di long-form come la creazione di video o articoli approfonditi in collaborazione con influencer. Questo tipo di contenuto può essere più coinvolgente e informativo.

110. **Ricerca Attiva di Influencer**: Non limitarti a lavorare solo con influencer noti. Cerca anche influencer emergenti o meno

conosciuti che potrebbero avere un seguito altamente coinvolto. Questo può essere una strategia più economica ed efficace.

111. **Strumenti di Gestione delle Collaborazioni**: Utilizza strumenti di gestione delle collaborazioni che semplificano la comunicazione e la collaborazione con gli influencer. Questi strumenti possono aiutarti a tenere traccia delle scadenze, dei contenuti e dei pagamenti.

112. **Educazione Continua**: Mantieni l'educazione continua sia da parte tua che da parte degli influencer. Le tendenze e le migliori pratiche nel marketing influencer cambiano nel tempo, quindi è importante rimanere aggiornati.

113. **Considerazione delle Restrizioni di Età**: Se il tuo prodotto o servizio ha restrizioni di età, assicurati che gli influencer promuovano solo a un pubblico appropriato in termini di età. Questo è particolarmente importante per prodotti legati all'alcol, al tabacco o ad altri beni regolamentati.

114. **Approccio al Contenuto Generale**: Lavorare con influencer non dovrebbe essere limitato alle promozioni di prodotti o servizi. Puoi anche collaborare su contenuti educativi, informativi o divertenti che siano rilevanti per il tuo pubblico.

115. **Promozione Etica e Sociale**: Assicurati che gli influencer rispettino principi etici e sociali. Ad esempio, dovrebbero evitare di promuovere discriminazione, odio o contenuti dannosi.

116. **Collaborazioni con Cause Sociali**: Puoi considerare collaborazioni con influencer che sostengono cause sociali o ambientali. Questo può contribuire a migliorare la tua immagine di marca e la tua responsabilità sociale.

117. **Feedback del Pubblico**: Prendi in considerazione il feedback del pubblico nelle tue collaborazioni. I commenti e le opinioni dei follower possono offrire preziose informazioni sul successo e l'efficacia delle tue campagne.

118. **Valutazione dei Risultati a Lungo Termine**: Oltre alle metriche immediate, valuta anche come le collaborazioni influenzano il tuo marchio a lungo termine. Ci potrebbe essere un aumento sostenuto del riconoscimento del marchio e della reputazione.

119. **Valutazione del Coinvolgimento Reale**: Non concentrarti solo sul numero di follower dell'influencer, ma valuta anche il coinvolgimento reale. Un influencer con un seguito più piccolo ma altamente coinvolto può essere più efficace.

120. **Diversificazione delle Piattaforme**: Considera la diversificazione delle piattaforme

social su cui lavori con influencer. Ogni piattaforma ha il suo pubblico e le sue caratteristiche, quindi sfruttale al massimo.

121. **Adattamento alle Tendenze**: Fai attenzione alle tendenze emergenti nel marketing influencer. Le piattaforme social e le strategie cambiano costantemente, quindi essere flessibili e adattabili è essenziale.

122. **Collaborazioni di Beneficenza**: Puoi collaborare con influencer per scopi di beneficenza o raccolta fondi. Questo può essere un modo nobile per utilizzare la tua presenza sui social media.

123. **Collaborazioni Globali**: Se il tuo marchio è globale, cerca influencer con un seguito internazionale. Questo ti aiuterà a raggiungere un pubblico più ampio.

124. **Ricerca della Giusta Corrispondenza**: Non forzare collaborazioni che non sono una buona corrispondenza. Deve esserci un allineamento naturale tra l'influencer, il tuo marchio e il tuo messaggio.

125. **Consulenza Legale**: In situazioni complesse o in collaborazioni internazionali, potresti considerare di coinvolgere consulenza legale per garantire che tutti gli aspetti contrattuali siano ben definiti e protetti.

Il marketing influencer è un campo in continua evoluzione, e il successo delle collaborazioni dipende da una pianificazione oculata, da relazioni di lunga durata e da un approccio etico. Continua a sperimentare, apprendere e adattare le tue strategie per ottenere i massimi benefici.

In conclusione, il marketing di influencer è una strategia potente per promuovere il tuo marchio o i tuoi prodotti sui social media. Per ottenere successo, è essenziale pianificare attentamente, stabilire collaborazioni autentiche e gestire le relazioni in modo responsabile. Qui ci sono alcune considerazioni chiave:

126.   **Autenticità**: Mantieni l'autenticità sia come marchio che come influencer. Il pubblico apprezza contenuti genuini e trasparenti.

127.   **Rispetto delle Normative**: Assicurati che le collaborazioni rispettino le normative relative al marketing e alla pubblicità, compresi i requisiti di divulgazione.

128.   **Valutazione delle Prestazioni**: Misura e valuta costantemente le prestazioni delle collaborazioni per ottimizzare le tue strategie future.

129.   **Relazioni a Lungo Termine**: Le collaborazioni a lungo termine possono offrire benefici maggiori rispetto a singole promozioni. Costruisci relazioni di lunga durata basate sulla fiducia reciproca.

130. **Educazione Continua**: Sia gli influencer che le aziende devono rimanere aggiornati sulle migliori pratiche e le tendenze del marketing influencer.

131. **Monitoraggio Etico**: Assicurati che gli influencer promuovano messaggi etici e socialmente responsabili.

132. **Valutazione dei Rischi**: Prima di iniziare una collaborazione, valuta attentamente i potenziali rischi, come controversie passate o problemi di reputazione dell'influencer.

133. **Versatilità**: Sii flessibile e adattabile alle mutevoli esigenze del marketing influencer. Le strategie di successo possono variare in base alla piattaforma e al pubblico.

134. **Educazione del Pubblico**: Incentiva il tuo pubblico a essere consapevole del marketing influencer e a comprendere quando un contenuto è sponsorizzato.

135. **Valore a Lungo Termine**: Valuta come le collaborazioni influenzano il tuo marchio a lungo termine, non solo a breve termine.

136. **Diversificazione**: Diversifica le tue collaborazioni per raggiungere un pubblico più ampio e sfrutta al massimo le diverse piattaforme social.

137. **Etica e Beneficenza**: Considera collaborazioni etiche e finalizzate a scopi di

beneficenza come parte della tua strategia di marketing influencer.

138.   **Ricerca e Corrispondenza**: Non forzare collaborazioni che non abbiano una corrispondenza naturale tra l'influencer, il tuo marchio e il tuo messaggio.

139.   **Assistenza Legale**: Coinvolgere consulenza legale in situazioni complesse può essere cruciale per proteggere entrambe le parti. Il marketing di influencer richiede pianificazione, lavoro di squadra e gestione oculata delle relazioni. Utilizzando queste considerazioni chiave, puoi massimizzare l'efficacia delle tue collaborazioni di influencer e creare una strategia di social media di successo.

13. Vendita di Prodotti e Servizi • Strategie per vendere direttamente sulla piattaforma.

Vendere direttamente su piattaforme di social media come Instagram e Facebook è diventato sempre più popolare. Ecco alcune strategie per vendere prodotti e servizi efficacemente:

140.   **Creazione di un Negozio Online**: Prima di iniziare a vendere su social media, è necessario avere un negozio online ben strutturato e funzionale. Utilizza piattaforme di e-commerce come Shopify o WooCommerce per creare il tuo negozio.

141. **Integrazione dei Prodotti**: Assicurati che i tuoi prodotti o servizi siano perfettamente integrati con la piattaforma. Su Instagram e Facebook, ad esempio, puoi utilizzare la funzionalità "Shop" per contrassegnare i prodotti direttamente nelle tue pubblicazioni.

142. **Contenuti Visivamente Coinvolgenti**: Utilizza contenuti visivamente coinvolgenti come foto di alta qualità e video ben realizzati per presentare i tuoi prodotti. Un'immagine vale più di mille parole, quindi investi nella presentazione visuale.

143. **Collaborazioni di Vendita**: Considera collaborazioni con influencer o altri marchi per promuovere i tuoi prodotti. Questo può espandere la tua portata e raggiungere nuovi clienti.

144. **Offerte Speciali**: Offri offerte speciali e promozioni esclusive per i tuoi follower sui social media. Questo può incentivare gli acquisti.

145. **Recensioni e Testimonianze**: Raccogli recensioni e testimonianze dai clienti soddisfatti e condividile sui tuoi canali social. Questo aiuta a costruire fiducia e dimostra il valore dei tuoi prodotti o servizi.

146. **Utilizzo di Funzionalità di Acquisto**: Sfrutta le funzionalità di acquisto direttamente dalla piattaforma. Ad esempio, puoi aggiungere

un pulsante "Acquista" alle tue pubblicazioni su Instagram o Facebook.

147. **Live Shopping**: Considera l'uso di sessioni di shopping in diretta. Durante una trasmissione in diretta, puoi presentare i tuoi prodotti in modo più dettagliato e rispondere alle domande dei potenziali acquirenti in tempo reale.

148. **Targeting Avanzato**: Sfrutta le opzioni di targeting avanzato per mostrare i tuoi annunci alle persone più interessate ai tuoi prodotti. Questo può aiutare a massimizzare l'efficacia delle tue campagne pubblicitarie.

149. **Collaborazioni con Influencer**: Collabora con influencer per promuovere i tuoi prodotti o servizi in modo autentico e convincente. Gli influencer possono raggiungere il loro pubblico in modo efficace.

150. **Rispondi alle Domande dei Clienti**: Assicurati di rispondere prontamente alle domande dei clienti tramite messaggi diretti o commenti. La comunicazione tempestiva è essenziale per la fidelizzazione dei clienti.

151. **Monitoraggio delle Prestazioni**: Utilizza strumenti di analisi per monitorare le prestazioni delle tue campagne di vendita. Questo ti aiuterà a capire cosa funziona e cosa va migliorato.

152. **Test A/B**: Conduci test A/B per ottimizzare le tue pubblicità e scoprire quali messaggi o creatività funzionano meglio.

153. **Frequenza di Pubblicazione**: Mantieni una frequenza costante di pubblicazione di contenuti relativi ai tuoi prodotti. La costanza aiuta a mantenere l'attenzione del pubblico.

154. **Creazione di Contenuti Istruttivi**: Crea contenuti che mostrino come i tuoi prodotti o servizi possono risolvere i problemi o soddisfare i bisogni dei clienti. L'istruzione è una leva potente per la vendita.

155. **Ottimizzazione per i Dispositivi Mobili**: Assicurati che il tuo sito web e le pagine di vendita siano ottimizzati per i dispositivi mobili, poiché molte persone fanno acquisti sui social media tramite smartphone.

156. **Risposta alle Recensioni**: Rispondi alle recensioni dei clienti in modo professionale ed empatico. La gestione delle recensioni può influenzare la percezione del tuo marchio.

157. **Strategie di Prezzo**: Scegli le strategie di prezzo adeguate e offre opzioni di pagamento flessibili per i clienti.

158. **Tracciamento delle Conversioni**: Configura il tracciamento delle conversioni per monitorare quanti utenti che hanno visto i tuoi annunci o i tuoi post hanno effettivamente effettuato un acquisto.

159.   **Creazione di Una Community**: Crea
una community attorno al tuo marchio e ai tuoi
prodotti. Le community online possono essere un
ambiente ideale per la condivisione di esperienze
e raccomandazioni tra clienti.

160.   **Miglioramenti Continui**: Continua a
migliorare e adattare le tue strategie di vendita in
base ai feedback dei clienti e ai risultati delle tue
campagne.

La vendita diretta su piattaforme social richiede
una combinazione di strategia, creatività e
coinvolgimento. Seguendo queste strategie, puoi
sfruttare appieno il potenziale delle piattaforme
social per generare entrate per il tuo business.

161.   **Creazione di Annunci Coinvolgenti**:
Quando crei annunci per i social media,
assicurati che siano coinvolgenti e attirino
l'attenzione del pubblico. Usa immagini o video
accattivanti e scrivi testi persuasivi che spieghino
i benefici del tuo prodotto o servizio.

162.   **Segmentazione del Pubblico**: Utilizza
le opzioni di segmentazione dei social media per
raggiungere il pubblico giusto. Puoi definire
parametri come età, interessi, posizione
geografica e comportamento online per garantire
che i tuoi annunci siano visualizzati da persone
interessate ai tuoi prodotti.

163.   **Ricorrenza degli Annunci**: Non
limitarti a pubblicare un solo annuncio e sperare

che funzioni. Pianifica campagne pubblicitarie continue e regolarmente aggiorna e ottimizza gli annunci per massimizzare l'efficacia nel tempo.

164. **Utilizzo di Recensioni e Testimonianze**: Le recensioni e le testimonianze dei clienti soddisfatti possono essere un potente strumento di vendita. Mostra le esperienze positive dei tuoi clienti per generare fiducia e dimostrare il valore del tuo prodotto.

165. **Offerte a Tempo Limitato**: Le offerte a tempo limitato possono creare urgenza tra i potenziali acquirenti. Ad esempio, puoi promuovere uno sconto speciale per un periodo limitato per spingere le persone all'acquisto.

166. **Funzionalità di Acquisto Diretto**: Sfrutta al massimo le funzionalità di acquisto direttamente dalla piattaforma. Piattaforme come Instagram offrono opzioni per aggiungere prodotti direttamente alle storie o ai post.

167. **Ritenzione dei Clienti**: Non concentrarti solo sulla vendita a nuovi clienti. Fai sforzi per mantenere i clienti esistenti attraverso programmi di fedeltà, offerte speciali per clienti abituali e comunicazioni personalizzate.

168. **Recupero del Carrello Abbandonato**: Implementa strategie per recuperare i carrelli abbandonati. Invia promemoria o offerte speciali ai clienti che hanno aggiunto prodotti al carrello ma non hanno completato l'acquisto.

169. **Creazione di Cataloghi Prodotti**: Carica i tuoi prodotti in cataloghi online che possono essere facilmente condivisi su social media. Questo semplifica il processo di vendita e consente alle persone di visualizzare l'intera gamma di prodotti.

170. **Collaborazioni con Creatori di Contenuti**: Lavora con creatori di contenuti o influencer per promuovere i tuoi prodotti. Queste collaborazioni possono raggiungere un pubblico ampio e coinvolto.

171. **Gestione del Servizio Clienti**: Assicurati di avere un processo efficace per gestire le domande dei clienti, le resi e le sostituzioni. Il servizio clienti di alta qualità contribuisce alla soddisfazione del cliente e alla fidelizzazione.

172. **Programmi di Fedeltà**: Crea programmi di fedeltà che premiano i clienti regolari con sconti, premi o altri vantaggi. Questi programmi possono incentivare gli acquisti ripetuti.

173. **Tracciamento delle Conversioni Multipli**: Puoi tracciare le conversioni in diversi modi. Ad esempio, puoi misurare gli acquisti diretti dai social media, ma anche il coinvolgimento iniziale come il clic sul link dell'annuncio.

174. **Calendario di Pubblicazione Regolare**: Mantieni un calendario di

pubblicazione regolare per gli annunci e i contenuti relativi ai tuoi prodotti. La coerenza aiuta a mantenere il tuo pubblico coinvolto.

175.   **Analisi dei Dati**: Utilizza strumenti di analisi per monitorare le prestazioni delle tue campagne di vendita. Questo ti permette di apportare miglioramenti basati sui dati.

176.   **Chatbot e Assistenza Virtuale**: Implementa chatbot o assistenza virtuale per rispondere alle domande dei clienti in tempo reale, anche al di fuori delle ore di ufficio.

177.   **Personalizzazione**: Utilizza la personalizzazione per offrire esperienze d'acquisto più rilevanti. Ad esempio, puoi mostrare prodotti correlati in base agli acquisti precedenti del cliente.

178.   **Distribuzione di Contenuti Informativi**: Oltre agli annunci di vendita, pubblica contenuti informativi legati ai tuoi prodotti. Ad esempio, guide sull'uso dei prodotti o suggerimenti per ottimizzarne l'utilizzo.

179.   **Educazione dei Follower**: Educa i tuoi follower sui vantaggi dei tuoi prodotti o servizi. Spiega come possono migliorare la vita o risolvere i loro problemi.

180.   **Ottimizzazione Mobile**: Assicurati che il tuo sito web e i processi di acquisto siano ottimizzati per i dispositivi mobili, poiché molte persone fanno acquisti tramite smartphone.

181. **Integrazione dei Social Media**: Integra le funzionalità dei social media con il tuo sito web in modo che i clienti possano facilmente condividere i prodotti che acquistano o desiderano.

182. **Comunicazione Costante**: Mantieni una comunicazione costante con i clienti tramite newsletter, aggiornamenti sui social media o messaggi diretti. Questo rafforza la relazione con il cliente.

183. **Feedback dei Clienti**: Raccogli e utilizza il feedback dei clienti per apportare miglioramenti ai tuoi prodotti e ai processi di vendita.

La vendita diretta su piattaforme di social media richiede una strategia ben pianificata e una comunicazione efficace con i clienti. Sfruttando appieno le potenzialità delle funzionalità di vendita dei social media e seguendo queste strategie, puoi incrementare le tue entrate e costruire una base di clienti fedeli.

184. **Utilizzo delle Recensioni sui Social Media**: Le recensioni sui social media possono influenzare le decisioni di acquisto. Encoura i clienti soddisfatti a lasciare recensioni positive e condividile sui tuoi canali social.

185. **Eventi Speciali Online**: Organizza eventi speciali online, come vendite flash o webinar

informativi, per coinvolgere il pubblico e promuovere i tuoi prodotti in modo innovativo.

186. **Scelta dei Giorni e delle Ore di Pubblicazione**: Fai ricerche per determinare quali giorni e orari sono migliori per pubblicare annunci o contenuti relativi ai prodotti. Questo può variare a seconda del tuo pubblico di riferimento.

187. **Piano di Contenuti a Lungo Termine**: Crea un piano di contenuti a lungo termine che preveda una varietà di tipi di contenuti per mantenere l'interesse del pubblico nel tempo.

188. **Storie degli Utenti**: Condividi le storie degli utenti che hanno utilizzato i tuoi prodotti. Questo offre una prova sociale e mostra come i tuoi prodotti si integrino nella vita quotidiana.

189. **Collaborazioni con Altri Marchi**: Puoi collaborare con altri marchi complementari per offrire pacchetti o sconti speciali. Questo può espandere il tuo pubblico e generare più vendite.

190. **Sperimentazione con Annunci a Pagamento**: Sperimenta con la pubblicità a pagamento su social media. Questi annunci possono offrire una maggiore visibilità e raggiungere nuovi potenziali clienti.

191. **Supporto Clienti su Social Media**: Assicurati di offrire supporto clienti tempestivo sui social media. Rispondi alle domande e ai problemi dei clienti in modo rapido ed efficace.

192.   **Concorrenza e Analisi del Mercato**: Monitora la concorrenza e analizza il mercato per rimanere informato sulle tendenze e sulle strategie dei tuoi concorrenti.

193.   **Ulteriori Canali di Vendita**: Considera l'espansione verso ulteriori canali di vendita, come Amazon, eBay o altri mercati online, per raggiungere un pubblico più ampio.

194.   **Utilizzo di Strategie di Urgenza**: Utilizza strategie di urgenza nei tuoi annunci, come "offerta valida solo per un tempo limitato" o "esaurimento scorte". Questo può spingere le persone all'azione.

195.   **Creazione di Contenuti Interattivi**: Sfrutta le funzionalità interattive dei social media, come sondaggi, quiz o live Q&A, per coinvolgere il pubblico e promuovere i prodotti.

196.   **Personal Branding**: Se sei un imprenditore o un creatore, costruisci il tuo personal branding. La tua personalità e la tua storia possono essere un forte driver per le vendite.

197.   **Monitoraggio delle Metriche di Conversione**: Tieni traccia delle metriche di conversione, come il tasso di conversione, il valore medio dell'ordine e il ritorno sull'investimento (ROI) per valutare l'efficacia delle tue campagne.

198. **Utilizzo di Elementi UGC (Contenuto Generato dagli Utenti)**: Fornisci incentivi ai clienti per creare contenuti relativi ai tuoi prodotti e condividerli. Questo può espandere la portata della tua marca e creare connessioni più forti con i clienti.

199. **Lavoro con Piattaforme di Social Commerce**: Alcune piattaforme offrono funzionalità di social commerce, consentendo agli utenti di acquistare direttamente senza lasciare la piattaforma. Esplora queste opzioni per semplificare il processo di acquisto.

200. **Mantenimento dell'Integrità del Marchio**: Anche mentre vendi sui social media, mantieni l'integrità del tuo marchio. La coerenza nel messaggio e nel design è cruciale per la percezione del marchio.

201. **Ascolto del Feedback dei Clienti**: Presta attenzione al feedback dei clienti e usa le loro opinioni per apportare miglioramenti continui ai tuoi prodotti e servizi.

202. **Ricerca e Sviluppo Continuo**: Continua a cercare opportunità di sviluppo e innovazione nei tuoi prodotti o servizi. L'evoluzione è essenziale per rimanere rilevanti.

203. **Diversificazione dei Prodotti**: Se possibile, diversifica la gamma dei tuoi prodotti per coprire un'ampia varietà di esigenze dei clienti.

204. **Strategie di Conclusione Vendita**: Crea strategie di conclusione vendita efficaci, come offerte di prodotti correlati o suggerimenti di acquisto basati sui comportamenti dei clienti.

205. **Controllo della Qualità**: Assicurati che i tuoi prodotti o servizi siano di alta qualità e che corrispondano alle aspettative dei clienti. La qualità è fondamentale per la fidelizzazione dei clienti.

Vendere direttamente su social media richiede impegno costante e strategie in evoluzione. Con l'attenzione ai dettagli, l'ascolto dei clienti e l'innovazione, puoi costruire una solida presenza di vendita sui social media.

206. **Risorse di Supporto**: Fornisci risorse di supporto come guide all'uso, tutorial video o documentazione dettagliata per aiutare i clienti a sfruttare appieno i tuoi prodotti o servizi.

207. **Utilizzo di Live Video**: Trasmetti video in diretta per presentare i tuoi prodotti in azione. Questo offre ai potenziali clienti un'anteprima più dettagliata e coinvolgente dei tuoi prodotti.

208. **Newsletter**: Utilizza newsletter regolari per informare i clienti sulle nuove offerte, i prodotti in arrivo e gli aggiornamenti aziendali. Le newsletter possono mantenere il tuo marchio in cima alla mente dei clienti.

209. **Esperienze di Acquisto Virtuali**: In ambienti di vendita virtuali, come i giochi online,

puoi creare esperienze di acquisto immersive che permettono ai clienti di interagire con i tuoi prodotti in modi unici.

210. **Programmi di Affiliazione**: Crea programmi di affiliazione che permettano ad altri di guadagnare una commissione promuovendo i tuoi prodotti. Questo può estendere la portata del tuo marchio.

211. **Segmentazione Dettagliata del Pubblico**: Raffina la segmentazione del pubblico per indirizzare specifici gruppi di clienti con messaggi altamente mirati. Ad esempio, puoi creare annunci specifici per i clienti che hanno già acquistato da te.

212. **Studio dei Trend di Acquisto**: Analizza i trend di acquisto per capire quali prodotti stanno guadagnando popolarità e quali stanno perdendo interesse. Questo può guidare le decisioni sui tuoi prodotti in offerta.

213. **Uso di Social Proof**: Sfrutta il social proof, come badge di "Best Seller" o "Più Venduti", per evidenziare i prodotti più popolari sul tuo negozio online.

214. **Uso di Emoticon nelle Comunicazioni**: Gli emoticon possono aggiungere un tocco di personalità e empatia alle tue comunicazioni con i clienti, rendendo il tuo marchio più accessibile e amichevole.

215. **Creazione di Raccolte Tematiche**: Organizza i tuoi prodotti in raccolte tematiche. Ad esempio, una raccolta per le festività o per le esigenze stagionali può attirare l'attenzione dei clienti.

216. **Promozione di Ecocompatibilità**: Se i tuoi prodotti sono ecologici o sostenibili, evidenzia questo aspetto. Sempre più clienti sono attenti all'ambiente e cercano prodotti che riflettano questo valore.

217. **Webinar Esplicativi**: Organizza webinar esplicativi per mostrare ai clienti come i tuoi prodotti possono essere utilizzati nel contesto quotidiano. Questo può aumentare la comprensione e l'interesse.

218. **Utilizzo di Visual Storytelling**: Racconta storie visive coinvolgenti che mettono in primo piano i tuoi prodotti. Le storie possono catturare l'attenzione del pubblico in modo unico.

219. **Consulenza e Assistenza Gratuite**: Offri sessioni di consulenza o assistenza gratuita per aiutare i clienti a trovare il prodotto giusto per le loro esigenze. Questo dimostra un vero impegno per il servizio clienti.

220. **Ascolto Attivo sui Social Media**: Monitora attivamente i social media per raccogliere feedback, domande e commenti dei

clienti. Rispondi tempestivamente e dimostra che ti interessa il loro parere.

221. **Collaborazioni con Cause Benefiche**: Collabora con organizzazioni benefiche o iniziative di beneficenza per destinare una percentuale delle vendite a cause di beneficenza. Questo può dimostrare un impegno sociale e attirare clienti con scopi simili.

222. **Riduzione degli Ostacoli all'Acquisto**: Semplifica il processo di acquisto online, riducendo al minimo il numero di clic o passaggi necessari per completare un acquisto.

223. **Strategie di Remarketing**: Utilizza il remarketing per rivolgerti a chi ha visitato il tuo sito web o ha mostrato interesse per i prodotti senza effettuare un acquisto. Questo può aiutare a riportare indietro i potenziali clienti.

224. **Promozioni per le Prime Volte**: Offri sconti o promozioni speciali per i clienti che acquistano per la prima volta da te. Questo può incentivare i nuovi clienti a provare i tuoi prodotti.

225. **Valutazione Continua delle Tendenze**: Mantieni un'occhiata costante alle tendenze di vendita e alle esigenze dei clienti per rimanere flessibile e pronto a adattare la tua strategia di vendita.

Vendere con successo sui social media richiede una combinazione di strategia, creatività e attenzione ai dettagli. Con queste strategie e tattiche, puoi costruire una presenza di vendita sui social media che si distingue.

Vendere direttamente sui social media è un'opportunità affascinante ma impegnativa. Per avere successo, è essenziale adottare una strategia completa che integri l'uso efficace dei social media con un approccio di vendita intelligente. Ecco alcuni punti chiave per concludere questa sezione:

226.   **Integrazione di Social Media e Vendita**: Assicurati che i tuoi sforzi di vendita sui social media siano completamente integrati con la tua strategia generale di marketing e vendita. I social media dovrebbero essere una parte coesa e complementare del tuo approccio di vendita.

227.   **Mantenere l'Autenticità**: Mentre promuovi i tuoi prodotti o servizi sui social media, mantieni un tono autentico e genuino. I clienti rispondono meglio quando percepiscono un marchio come onesto e genuino.

228.   **Monitoraggio e Ottimizzazione Continui**: Il mondo dei social media è in costante evoluzione. Devi monitorare costantemente le metriche, i feedback dei clienti e le tendenze per apportare miglioramenti continui alla tua strategia.

229. **Flessibilità e Adattabilità**: Sii disposto a sperimentare e adattare la tua strategia in base alle risposte del pubblico e alle nuove opportunità. Non avere paura di provare nuove tattiche e strategie se sembrano promettenti.

230. **Investimento nella Formazione**: I social media e le strategie di vendita online richiedono competenze specifiche. Investi tempo nella formazione e nella comprensione delle piattaforme e delle tecniche di vendita online.

231. **Comunicazione e Coinvolgimento Costanti**: Mantieni una comunicazione costante con i clienti e il tuo pubblico di riferimento. Rispondi tempestivamente ai commenti e alle domande e cerca di coinvolgere il pubblico in modo attivo.

232. **Misure di Sicurezza**: Quando vendi direttamente sui social media, assicurati di avere in atto misure di sicurezza adeguate per proteggere i dati dei clienti e garantire transazioni sicure.

233. **Fornire Valore Aggiunto**: Oltre a promuovere i tuoi prodotti, cerca di fornire valore aggiunto al tuo pubblico attraverso contenuti informativi, risorse gratuite e consigli correlati ai tuoi prodotti o settore.

234. **Pianificazione a Lungo Termine**: Sii consapevole che il successo nelle vendite sui social media richiede tempo. Non aspettarti

risultati immediati, ma piuttosto pianifica a lungo termine per costruire una base solida di clienti fedeli.

235. **Feedback e Adattamento**: Raccogli il feedback dei clienti e utilizzalo per apportare miglioramenti. Ascolta attentamente le opinioni dei clienti e rispondi alle loro esigenze.

236. **Creazione di un Brand Riconoscibile**: Crea un marchio riconoscibile e distintivo che rifletta i valori del tuo business e si differenzi dalla concorrenza.

In sintesi, la vendita diretta sui social media è una strada eccitante per generare entrate e costruire un pubblico fedele. Tuttavia, richiede impegno costante, creatività e attenzione ai dettagli. Implementando una strategia completa e adattabile, puoi massimizzare il tuo successo nelle vendite sui social media.

14. Instagram Stories e Reels • Ottimizzare l'uso delle funzionalità di Instagram.

Ottimizzare l'uso di Instagram Stories e Reels è cruciale per impegnare il tuo pubblico e promuovere il tuo marchio in modo efficace. Ecco alcune strategie dettagliate per farlo:

237. **Contenuti Autentici ed Effimeri**: Instagram Stories sono ideali per condividere contenuti autentici, dietro le quinte e

momentanei. Mostra il lato umano del tuo marchio per connetterti con il tuo pubblico.

238. **Frequenza delle Pubblicazioni**: Mantieni una certa frequenza nelle pubblicazioni delle storie per rimanere visibile. Pubblica regolarmente, ma non esagerare per evitare di essere invadente.

239. **Utilizzo di Funzionalità Interattive**: Sfrutta le funzionalità interattive come sondaggi, quiz e domande per coinvolgere il tuo pubblico e ottenere feedback diretto.

240. **Promozione di Contenuti Chiave**: Utilizza storie per promuovere contenuti importanti, come nuovi articoli del blog, offerte speciali o annunci di prodotti.

241. **Uso di Elenchi e Tutorial**: Crea storie che mostrino elenchi, tutorial o guide passo-passo. Questo è un modo efficace per condividere informazioni utili e coinvolgenti.

242. **Collaborazioni e Takeover**: Organizza collaborazioni con altri utenti o influencer per un "takeover" delle tue storie. Questo può portare nuovi follower e aumentare la visibilità.

243. **Consistenza nel Design**: Mantieni una certa coerenza nel design delle storie, utilizzando gli stessi colori, font e stili per creare una identità visiva riconoscibile.

244. **Story Highlights**: Utilizza gli Story Highlights per salvare e organizzare le storie più

importanti e mantenerle accessibili sul tuo profilo.

245.   **Hashtag nelle Storie**: Puoi utilizzare hashtag rilevanti nelle tue storie per aumentare la visibilità. Gli utenti possono cercare o seguire hashtag specifici.

246.   **Utilizzo di Reels**: Instagram Reels sono brevi video che possono essere utilizzati per intrattenere, istruire o promuovere. Crea Reels creativi che coinvolgano il pubblico e riflettano la personalità del tuo marchio.

247.   **Condivisione di Dietro le Quinte**: Condividi momenti di "dietro le quinte" per mostrare come vengono creati i tuoi prodotti o per condividere il tuo processo creativo.

248.   **Narrazione di Storie**: Racconta una storia tramite le tue storie. Crea un inizio, uno sviluppo e una conclusione che coinvolgano il pubblico.

249.   **Strategie di Call-to-Action (CTA)**: Utilizza chiare CTA nelle tue storie per guidare il pubblico a intraprendere azioni specifiche, come visitare il tuo sito web, iscriversi alla tua newsletter o effettuare un acquisto.

250.   **Analisi delle Prestazioni**: Utilizza le analisi delle storie per valutare quali contenuti funzionano meglio. Questo ti permette di adattare la tua strategia in base alle preferenze del pubblico.

251. **Strumenti di Editing**: Sfrutta gli strumenti di editing di Instagram Stories per migliorare la qualità visiva delle tue storie, aggiungendo testo, emoji, filtri e altro.

252. **Esperimenti e Variazioni**: Non avere paura di sperimentare con contenuti diversi. Testa variazioni di storie per scoprire cosa funziona meglio per il tuo pubblico.

253. **Reattività e Tempestività**: Rispondi tempestivamente ai messaggi diretti e ai commenti sulle tue storie per creare un rapporto più forte con il tuo pubblico.

254. **Campioni di Prodotti**: Utilizza storie per mostrare campioni di prodotti, dimostrazioni e recensioni da parte dei clienti.

255. **Storie A Tema**: Organizza storie a tema per coinvolgere il tuo pubblico in campagne o eventi specifici. Ad esempio, potresti organizzare una settimana di storie incentrata su un nuovo prodotto.

256. **Collaborazioni con Influencer**: Collabora con influencer per creare storie che promuovano i tuoi prodotti. Gli influencer possono portare il loro pubblico a conoscere il tuo marchio.

257. **Feedback del Pubblico**: Chiedi al tuo pubblico di condividere feedback o di rispondere a domande dirette attraverso le storie. Questo

può aiutarti a migliorare il tuo prodotto o servizio.

L'utilizzo efficace delle Instagram Stories e dei Reels richiede creatività e coerenza. Assicurati di coinvolgere il tuo pubblico con contenuti interessanti, dietro le quinte e autentici, e di sfruttare le funzionalità interattive per stimolare l'engagement. Monitora le prestazioni e adatta costantemente la tua strategia in base ai risultati.

258.   **Illuminazione Adeguata**: La qualità della luce è fondamentale per la buona riuscita di una storia o di un Reel. Cerca di utilizzare una luce naturale o una luce diffusa per evitare ombre indesiderate e ottenere una ripresa più chiara.

259.   **Utilizzo di Effetti e Filtri**: Instagram offre una varietà di effetti, filtri e strumenti di modifica che puoi applicare alle tue storie e ai Reels. Sperimenta con questi per creare uno stile visivo unico e coinvolgente.

260.   **Narrazione in Prima Persona**: Raccontare una storia o presentare un prodotto nella prima persona può rendere il contenuto più personale e coinvolgente. Parla direttamente al pubblico per creare una connessione più profonda.

261.   **Integrazione di Musica**: Instagram offre una vasta libreria di tracce musicali che puoi aggiungere ai tuoi Reels o alle storie. La musica

può aumentare l'attrattiva del contenuto e creare un'atmosfera.

262. **Durata Adeguata**: Le storie di Instagram hanno una durata limitata, quindi cerca di mantenere il contenuto breve ed efficace. I Reels, d'altra parte, possono essere più lunghi, ma cerca comunque di mantenere l'attenzione del pubblico.

263. **Chiarezza e Focalizzazione**: Assicurati che il tuo messaggio sia chiaro e focalizzato. Evita di sovraccaricare il contenuto con troppe informazioni o transizioni veloci che possono confondere il pubblico.

264. **Utilizzo delle "Slide di Testo"**: Le slide di testo sono un ottimo modo per raccontare una storia o spiegare un concetto in dettaglio. Utilizza slide di testo per enfatizzare i punti chiave.

265. **Storytelling Effettivo**: Utilizza le storie e i Reels per raccontare una storia efficace. Un buon racconto può catturare l'attenzione del pubblico e mantenerlo coinvolto fino alla fine.

266. **Timing Ottimale**: Pubblica le tue storie e i Reels durante i momenti in cui il tuo pubblico è più attivo. Questo può variare a seconda del tuo settore e della tua geolocalizzazione, quindi fai delle prove per scoprire i migliori orari.

267. **Creazione di Anticipazione**: Crea anticipazione intorno alle tue storie o ai tuoi Reels. Ad esempio, pubblica teaser o anteprime

per incoraggiare il pubblico a guardare il contenuto completo.

268. **Utilizzo di Hashtag**: Se appropriato, puoi aggiungere hashtag rilevanti alle tue storie o Reels. Questo può aumentare la visibilità del tuo contenuto per coloro che seguono o cercano quei hashtag.

269. **Collaborazioni Creative**: Collabora con altri utenti o influencer per creare storie o Reels creativi e coinvolgenti. Questo può espandere la portata del tuo contenuto e raggiungere nuovi follower.

270. **Analisi delle Prestazioni delle Storie**: Utilizza le analisi delle prestazioni delle storie per comprendere quali contenuti funzionano meglio e adattare la tua strategia di conseguenza.

271. **Durata dei Reels**: Poiché i Reels possono durare più a lungo delle storie, puoi approfondire i tuoi contenuti in modo più dettagliato. Tuttavia, mantieni comunque un ritmo vivace per mantenere l'attenzione del pubblico.

272. **Raccolta di Feedback Diretto**: Usa le funzionalità interattive delle storie, come le domande o i sondaggi, per raccogliere feedback diretto dai tuoi follower. Questo può essere prezioso per adattare il tuo contenuto e i tuoi prodotti alle esigenze del pubblico.

273. **Raccontare il Processo Creativo**: Se sei un'azienda o un creativo, considera di

condividere il tuo processo creativo attraverso storie o Reels. Questo può dare al pubblico un'idea dietro le quinte di come vengono creati i tuoi prodotti o servizi.

274.   **Strategia Cross-Platform**: Se hai presenza su più piattaforme di social media, assicurati di adattare il tuo contenuto delle storie o dei Reels per rispondere alle specifiche di ciascuna piattaforma.

275.   **Test e Apprendimento Continui**: Non esitare a sperimentare e a imparare dai risultati. Ogni pubblico è diverso, quindi testa diverse strategie e adatta la tua approccio in base alle prestazioni.

Utilizzando queste strategie, puoi sfruttare appieno le potenzialità di Instagram Stories e Reels per coinvolgere il tuo pubblico in modo efficace e promuovere il tuo marchio in modo creativo. L'approccio giusto può fare la differenza nella tua presenza sui social media.

276.   **Risposta alle Tendenze**: Monitora le tendenze attuali e cerca di adattare il tuo contenuto alle cose di cui si sta parlando su Instagram. Questo può aiutarti a rimanere rilevante e a catturare l'attenzione del pubblico.

277.   **Storie a Scadenza**: Puoi creare storie con una scadenza temporale, che siano visibili solo per un breve periodo. Questo può creare un senso di urgenza tra il tuo pubblico, incoraggiandoli a

prestare attenzione al contenuto prima che scompaia.

278.   **Test A/B**: Esegui test A/B per capire quali tipi di contenuti funzionano meglio con il tuo pubblico. Ad esempio, prova a confrontare le prestazioni di due diverse storie o Reels per vedere quale attira più interazione.

279.   **Narrativa Sequenziale**: Se hai una storia complessa da raccontare o una serie di punti da condividere, considera la possibilità di creare una narrazione sequenziale attraverso le tue storie o i tuoi Reels. Questo può mantenere il pubblico impegnato e desideroso di vedere cosa succederà dopo.

280.   **Uso di Geolocalizzazione**: Se sei un'azienda locale o se vuoi rivolgerti a un pubblico specifico in una determinata area geografica, utilizza le funzionalità di geolocalizzazione per aumentare la rilevanza del tuo contenuto.

281.   **Pubblicazioni sui Temi di Tendenza**: Se c'è un argomento o una tendenza popolare in corso, considera di creare storie o Reels che siano in linea con quel tema. Questo può aumentare la visibilità del tuo contenuto poiché gli utenti interessati a quel tema potrebbero trovarlo.

282.   **Tag dei Prodotti**: Se hai un account aziendale su Instagram, puoi utilizzare la funzione di tag dei prodotti per collegare

direttamente i prodotti presenti nelle tue storie o Reels all'e-commerce del tuo sito web, semplificando il processo di acquisto per i tuoi follower.

283. **Rappresentazione dei Valori del Marchio**: Usa storie e Reels per rappresentare i valori e la missione del tuo marchio. Questo può aiutarti a creare un legame emotivo con il pubblico che condivide gli stessi valori.

284. **Contest e Giveaway**: Organizza contest o giveaway attraverso le tue storie o i Reels per coinvolgere il pubblico e premiare i tuoi follower. Questa è una strategia efficace per aumentare l'engagement e la condivisione del tuo contenuto.

285. **Uso di Elementi Interattivi**: Sfrutta gli adesivi interattivi come i sondaggi, le domande o il countdown timer nelle tue storie. Questi elementi coinvolgono il pubblico e li incoraggiano a partecipare.

286. **Miglioramento del Suono**: Se il suono è importante nel tuo contenuto (ad esempio, per la musica o il dialogo), assicurati di avere una buona qualità audio. Usa microfoni esterni se necessario per garantire una chiara riproduzione del suono.

287. **Consapevolezza della Concorrenza**: Tieni d'occhio ciò che fanno i tuoi concorrenti su Instagram Stories e Reels. Questo può darti spunti e aiutarti a differenziare il tuo contenuto.

288. **Creazione di Tutorials**: Puoi utilizzare storie o Reels per creare tutorial su come utilizzare i tuoi prodotti o servizi. Questo è particolarmente utile per dimostrare il valore dei tuoi prodotti.

289. **Raccolta di Feedback del Pubblico**: Chiedi al tuo pubblico cosa vorrebbe vedere nelle tue storie o Reels. Questo può aiutarti a creare contenuto più rilevante e coinvolgente.

290. **App per la Creazione di Contenuto**: Esistono molte app di terze parti che puoi utilizzare per migliorare la qualità del tuo contenuto. Queste app offrono strumenti di modifica avanzati, effetti speciali e opzioni di condivisione direttamente su Instagram. Ottimizzare l'uso di Instagram Stories e Reels richiede creatività e attenzione ai dettagli. Continua a sperimentare, a monitorare le prestazioni e ad adattare la tua strategia in base ai risultati. Con il tempo, puoi diventare un esperto nella creazione di contenuti coinvolgenti su Instagram.

In conclusione, Instagram Stories e Reels sono potenti strumenti per coinvolgere il tuo pubblico, promuovere il tuo marchio e creare contenuti coinvolgenti. Per utilizzarli in modo efficace:

Sii creativo: Sperimenta con varie tecniche di narrazione, effetti, filtri e stili di contenuto per mantenere il tuo pubblico interessato.

Mantieni la coerenza: Costruisci un'identità visiva riconoscibile per il tuo marchio, usando colori, font e stili coerenti.

Coinvolgi il tuo pubblico: Usa funzionalità interattive come sondaggi, domande e countdown per incoraggiare il coinvolgimento del pubblico.

Ascolta il feedback: Raccogli feedback dai tuoi follower e adatta il tuo contenuto in base alle loro preferenze e alle metriche delle prestazioni.

Sfrutta le tendenze: Mantieniti aggiornato sulle tendenze di Instagram e crea contenuti rilevanti per aumentare la visibilità.

Racconta una storia: Usa storie e Reels per raccontare una storia efficace o per presentare i tuoi prodotti in modo coinvolgente.

Sii tempestivo: Pubblica durante gli orari in cui il tuo pubblico è più attivo per massimizzare l'engagement.

Usa le funzionalità disponibili a tuo vantaggio: Sfrutta le funzionalità di Instagram, come i tag dei prodotti, per semplificare il processo di acquisto per i tuoi follower.

Monitora le prestazioni: Utilizza le analisi delle storie e dei Reels per valutare quali contenuti funzionano meglio e adattare la tua strategia di conseguenza.

Ricorda che l'uso efficace delle Instagram Stories e dei Reels richiede costanza e adattabilità. Continua a migliorare la tua strategia e a rispondere alle esigenze e ai gusti del tuo pubblico in evoluzione. Con dedizione e creatività, puoi utilizzare queste funzionalità per promuovere con successo il tuo marchio e coinvolgere il tuo pubblico su Instagram.

Sezione 4: Altri Social Media 15. TikTok: Creazione di Contenuti Virali

La creazione di contenuti virali su TikTok richiede creatività, attenzione ai dettagli e comprensione della piattaforma. Ecco una serie di strategie e suggerimenti dettagliati per aiutarti a realizzare contenuti virali su TikTok:

291.   **Conoscenza della Piattaforma**: Prima di tutto, è essenziale comprendere come funziona TikTok. Trascorri del tempo esplorando la piattaforma, familiarizzando con i tipi di contenuti popolari e osservando le tendenze.

292. **Tendenze di Hashtag**: TikTok è noto per le tendenze legate agli hashtag. Monitora le tendenze più recenti e partecipa a quelle che sono rilevanti per il tuo marchio o il tuo contenuto.

293. **Contenuti Autentici**: TikTok è un luogo dove l'autenticità è apprezzata. Sii te stesso nei tuoi video e condividi storie personali o dietro le quinte per connetterti con il tuo pubblico.

294. **Durata del Video**: TikTok ha una limitazione di durata per i video (di solito 60 secondi o meno). Mantieni i tuoi video brevi, concentrati sul punto e coinvolgenti fin dall'inizio.

295. **Hook Iniziale Forte**: Cattura l'attenzione del tuo pubblico nei primi secondi del video. Un hook intrigante o un'azione immediata possono essere efficaci.

296. **Narrativa Chiara**: Assicurati che il tuo video abbia una narrativa chiara e una struttura coesa. Dovrebbe avere un inizio, uno sviluppo e una conclusione.

297. **Musica e Audio**: La musica gioca un ruolo importante su TikTok. Usa tracce musicali popolari o suoni accattivanti che si adattino al tuo contenuto.

298. **Coreografie e Challenge**: Le coreografie e le sfide sono comuni su TikTok. Partecipa a challenge popolari o crea il tuo. Assicurati che siano divertenti e coinvolgenti.

299.   **Duet e Reazioni**: Usa la funzione "duet" per creare video di risposta a contenuti esistenti. Questo può aumentare la tua visibilità. Puoi anche reagire a video di altri utenti per mostrare apprezzamento o commentare.

300.   **Editing Creativo**: Utilizza le funzionalità di editing di TikTok per aggiungere effetti, filtri e transizioni creative al tuo video.

301.   **Test A/B**: Sperimenta con diverse versioni di video per capire quali funzionano meglio. Modifica elementi come il titolo, la musica o la durata per vedere cosa cattura di più l'attenzione del pubblico.

302.   **Cattura Momenti Virali**: Se noti un trend o un meme virale, cerca di incorporarlo nel tuo contenuto in modo creativo. Questo può aumentare la probabilità di condivisione e coinvolgimento.

303.   **Pubblicazione nei Momenti Giusti**: Come su altre piattaforme, pubblica i tuoi video quando il tuo pubblico target è più attivo. Questo può variare in base al tuo pubblico e alla tua nicchia.

304.   **Interazione con il Pubblico**: Rispondi ai commenti e interagisci con il tuo pubblico. Questo può aiutare a creare una comunità fedele intorno al tuo profilo.

305.   **Collaborazioni con Creatori di Contenuti**: Collabora con altri creatori di

contenuti o influencer su TikTok. Questo può aiutarti a raggiungere nuovi pubblici.

306. **Monitoraggio delle Metriche**: Usa le analisi di TikTok per valutare le prestazioni dei tuoi video. Guarda il numero di visualizzazioni, i like, i commenti e le condivisioni per capire cosa funziona meglio.

307. **Uso dei Feed degli Altri**: Oltre a creare il tuo contenuto, interagisci con il feed di altri utenti. Metti like, commenta e condividi video di altri per farti notare e costruire relazioni.

308. **Strategia Cross-Platform**: Promuovi i tuoi video TikTok su altre piattaforme social per aumentare la visibilità e attirare nuovi follower. TikTok è noto per la sua capacità di far diventare virali i contenuti, ma è importante notare che non esiste una formula magica. La chiave è la creatività e la sperimentazione. Continua a creare, pubblicare e adattare la tua strategia in base ai risultati per massimizzare le tue possibilità di creare contenuti virali su TikTok.

309. **Sfida la Convenzione**: TikTok è noto per essere un posto dove la creatività può fiorire. Non avere paura di sfidare la convenzione e provare cose nuove. Le idee più originali possono diventare virali.

310. **Temi Popolari e Culturali**: Resta aggiornato su temi culturali e popolari, come eventi attuali, festività o tendenze virali. Creare

contenuti correlati a questi argomenti può
aumentare la visibilità del tuo profilo.

311.   **Storie di Trasformazione**: Le storie di
trasformazione sono popolari su TikTok. Puoi
condividere il tuo viaggio di apprendimento o
miglioramento personale, che potrebbe ispirare o
interessare il tuo pubblico.

312.   **Coinvolgimento del Pubblico**: Chiedi al
tuo pubblico di partecipare o di dare il loro
contributo ai tuoi video. Questo può creare un
senso di partecipazione e comunità.

313.   **Tendenze di Rimando**: Osserva le
tendenze di rimando (le tendenze che iniziano su
una piattaforma e si diffondono su altre) e
partecipa. Ad esempio, molte tendenze musicali
di TikTok diventano virali anche su altre
piattaforme, come Instagram e Twitter.

314.   **Variazione nel Contenuto**: Non
limitarti a un solo tipo di contenuto. TikTok offre
una varietà di formati, come video comici,
tutorial, mini-documentari e altro. Sperimenta
con diversi tipi di contenuto per vedere cosa
funziona meglio per te.

315.   **Collaborazioni con Creatori di
Contenuti di Altre Piattaforme**: Collabora
con creatori di contenuti di altre piattaforme
social. Questo può aiutarti a portare il tuo
pubblico su TikTok e ottenere nuovi follower.

316.	**Contenuti Istruttivi e Educativi**: Se hai conoscenze o competenze speciali, condividile con il tuo pubblico attraverso video educativi. Questi video possono essere altamente condivisi se offrono valore.

317.	**Mini-Serie**: Crea mini-serie di video legati da un tema o una storia. Questo può mantenere il pubblico impegnato e interessato a vedere cosa succederà nel prossimo episodio.

318.	**Valutazione delle Tendenze a Lungo Termine**: Oltre alle tendenze immediate, considera le tendenze a lungo termine. Cosa è popolare su TikTok da settimane o mesi? Partecipare a queste tendenze può portare risultati duraturi.

319.	**Contenuti Emozionali**: I contenuti che evocano emozioni, come la felicità, la commozione o il divertimento, sono spesso condivisi. Cerca di creare contenuti che toccano le corde emotive del tuo pubblico.

320.	**Rispondi ai Commenti**: Quando ricevi commenti sui tuoi video, rispondi quando possibile. Questo può incoraggiare il coinvolgimento del pubblico e mostrare che ti preoccupi dei tuoi follower.

321.	**Etica dell'Uso di TikTok**: Rispetta le linee guida etiche di TikTok e mantieni un comportamento rispettoso. Il rispetto delle norme della comunità è fondamentale per mantenere un profilo positivo.

322. **Promozione Incrociata**: Collabora con altri creatori di contenuti per promuovere reciprocamente i tuoi video. Questo può aiutare entrambi a raggiungere nuovi pubblici.

323. **Ricerca di Collaborazioni con Brand**: Se il tuo profilo TikTok diventa popolare, potresti essere contattato da brand per promuovere i loro prodotti o servizi. Assicurati che queste collaborazioni siano autentiche e coerenti con il tuo marchio personale.
Infine, sii paziente. La virilità su TikTok può richiedere tempo e costanza. Non scoraggiarti se i tuoi video non diventano virali immediatamente. Continua a creare contenuti di alta qualità e ad adattare la tua strategia in base ai feedback e alle analisi delle prestazioni.

324. **Variazione dei Punti di Vista**: Cambia l'angolazione o il punto di vista in modo inaspettato. Questo può attirare l'attenzione del pubblico e rendere il tuo video più interessante.

325. **Storia Personale**: Condividi storie personali che abbiano un significato emotivo per te. Queste storie autentiche possono connettersi profondamente con il tuo pubblico.

326. **Utilizzo di Testo**: Aggiungi testo o didascalie ai tuoi video per spiegare meglio il

contenuto o per creare un elemento visivo accattivante.

327. **Ritmo e Tempismo**: Presta attenzione al ritmo del tuo video e all'uso del tempismo. Sequenze veloci o pause ben calibrate possono migliorare l'esperienza visiva.

328. **Focus sulla Risoluzione dei Problemi**: I video che mostrano come risolvere un problema o affrontare una sfida possono essere molto popolari. Questo tipo di contenuto offre valore ai tuoi follower.

329. **Utilizzo di Filtro di Bellezza**: I filtri di bellezza sono popolari su TikTok. Tuttavia, usa con moderazione per mantenere un aspetto naturale.

330. **Collaborazioni con Musicisti o Artisti Locali**: Se hai accesso a musicisti o artisti locali, considera di collaborare con loro per creare contenuti unici e promuovere la loro arte.

331. **Video di Reazione a Eventi Attuali**: Reagisci a eventi attuali o notizie rilevanti. Questi video possono attirare l'attenzione di chi è interessato a quegli argomenti.

332. **Confronti e Recensioni**: Se hai accesso a prodotti o servizi, crea video che li confrontino o li recensiscano in modo onesto. Questo può aiutare il tuo pubblico a prendere decisioni informate.

333. **Idee per la Crescita Personale**: Condividi idee sulla crescita personale, il miglioramento delle abilità o lo sviluppo di talenti. Questi video possono ispirare il tuo pubblico.

334. **Testimonial dei Clienti**: Se sei un'azienda o un libero professionista, chiedi ai tuoi clienti di condividere testimonianze dei tuoi prodotti o servizi su video.

335. **Esplorazione di Nuove Funzionalità**: TikTok continua ad aggiungere nuove funzionalità. Esplora e sperimenta con le nuove opzioni per restare al passo con l'evoluzione della piattaforma.

336. **Promozione della Sicurezza Online**: TikTok è frequentato da utenti giovani. Promuovi la sicurezza online e la consapevolezza dei rischi digitali nei tuoi video, se appropriato.

337. **Narrativa Intricata**: Crea video con una narrazione intricata che richieda che il tuo pubblico guardi l'intero video per capire completamente la trama.

338. **Viralità Accidentale**: A volte, i video diventano virali inaspettatamente. Non cercare necessariamente di creare contenuti virali ogni volta, ma sii aperto alle opportunità quando si presentano.

339. **Video Educative su Argomenti di Interesse Generale**: Se hai conoscenze su

argomenti di interesse generale, come la salute,
la nutrizione o il fitness, crea video educativi per
condividere le tue conoscenze.

340. **Resilienza e Persistenza**: La creazione
di contenuti virali richiede resilienza e
persistenza. Non scoraggiarti se alcuni video non
funzionano come previsto. Continua a creare e
adattare la tua strategia.
TikTok è un ambiente creativo e in continua
evoluzione, e le opportunità per la viralità sono
ampie. Continua a esplorare, sperimentare e
adattare la tua strategia in base ai risultati.
Ricorda che la chiave per il successo su TikTok è
la coerenza e la capacità di connettersi
autenticamente con il tuo pubblico.

341. **Educazione e Apprendimento**: TikTok
non è solo per intrattenimento; molte persone
cercano contenuti educativi. Puoi creare video su
argomenti come storia, scienza, matematica o
qualsiasi altra materia in cui sei esperto.
L'obiettivo è rendere l'apprendimento divertente
e coinvolgente.

342. **Interagisci con i Trend di Hashtag**:
Oltre a partecipare ai trend degli hashtag,
considera anche l'interazione con essi. Rispondi a
video di altri creatori o aggiungi il tuo tocco unico
a un trend esistente.

343. **Coinvolgi il Pubblico nelle Decisioni**:
Chiedi al tuo pubblico quale contenuto vorrebbe

vedere o quale sfida dovresti intraprendere. Coinvolgerli nelle decisioni può aumentare il senso di appartenenza alla tua comunità.

344. **Ricerca di Parole Chiave**: Usa la ricerca di parole chiave su TikTok per scoprire quali argomenti o trend sono popolari. Questo ti aiuterà a generare idee di contenuto.

345. **Video di Cucina e Ricette**: La cucina è un argomento sempre popolare. Condividi le tue ricette preferite o crea video tutorial sulla preparazione di piatti deliziosi.

346. **Storie di Successo Personali**: Se hai avuto esperienze di successo o sfide superate, condividile. Le storie personali di trionfo o di resilienza possono ispirare il tuo pubblico.

347. **Collaborazioni Cross-Platform**: Collabora con creatori di contenuti su altre piattaforme, come YouTube o Instagram, per introdurre il tuo pubblico a TikTok e viceversa.

348. **Variazione nella Modalità di Presentazione**: Cambia la modalità di presentazione nei tuoi video. Alterna tra video in prima persona, video di schermo, video narrativi e altro.

349. **Sondaggi e Domande**: Fai sondaggi o poni domande al tuo pubblico per coinvolgerlo. Ad esempio, potresti chiedere loro cosa vorrebbero vedere nei tuoi prossimi video.

350. **Humor e Comicità**: L'umorismo è molto apprezzato su TikTok. Se hai una vena comica, sfruttala per creare contenuti divertenti.

351. **Idee dal Pubblico**: Prendi in considerazione le idee suggerite dal tuo pubblico. Potrebbero avere suggerimenti per video o sfide che vorrebbero vedere.

352. **Parodie e Imitazioni**: Crea parodie di situazioni comuni o imita personaggi famosi. Questi video possono essere molto divertenti.

353. **Video Motivazionali e Ispirazionali**: Condividi messaggi motivazionali o ispirazionali che possono sollevare il morale del tuo pubblico.

354. **Esperimenti Sociali**: Realizza esperimenti sociali interessanti che coinvolgono il pubblico e li invitano a riflettere.

355. **Interviste Virtuali**: Puoi condurre interviste virtuali o chiedere a persone interessanti di partecipare ai tuoi video. Questo può dare un tocco di originalità ai tuoi contenuti.

356. **Video a Tema Storico**: Se sei interessato alla storia, crea video a tema storico che informino e intrattengano il tuo pubblico.

357. **Metodi di Organizzazione e Produttività**: Condividi i tuoi trucchi e metodi di organizzazione, che possono aiutare il pubblico a diventare più produttivo.

358. **Valutazione di Libri o Film**: Se sei un appassionato di libri o film, crea video di valutazione e consigli su cosa leggere o guardare.

359. **Video di Fai da Te**: Crea video che mostrino come realizzare progetti fai da te o artigianali.

360. **Celebra i Tuoi Follower**: Riconosci e celebra i tuoi follower. Ad esempio, puoi creare video di "shoutout" per ringraziare i tuoi sostenitori più fedeli.
Ricorda che l'unicità è un vantaggio su TikTok. Sii autentico, creativo e sperimenta costantemente per scoprire cosa funziona meglio per il tuo pubblico e la tua nicchia di contenuto.

361. **Video in Stile Tutorial**: I video tutorial possono essere molto popolari su TikTok. Condividi passo dopo passo come fare qualcosa, che sia cucinare una ricetta, creare un'opera d'arte o risolvere un problema comune.

362. **Crescita dei Follower**: Cura la crescita dei tuoi follower interagendo con loro attraverso like, commenti e risposte ai messaggi diretti. L'interazione attiva può aiutare a costruire una comunità fedele.

363. **Curiosità e Domande Aperte**: Poni domande aperte al tuo pubblico per incoraggiare il dialogo e la partecipazione. Le domande che iniziano con "Cosa ne pensate di..." possono essere un buon punto di partenza.

364.   **Video "Un Giorno nella Vita"**: Offri uno sguardo dietro le quinte nella tua vita quotidiana. Questo tipo di video può aiutare il tuo pubblico a conoscerti meglio.

365.   **Video Interviste con Esperti**: Se hai accesso a esperti in un campo specifico, considera di intervistarli. Questi video possono essere educativi e interessanti per il tuo pubblico.

366.   **Video di Consigli sulla Carriera**: Condividi consigli sulla carriera o sull'occupazione basati sulla tua esperienza o sulla tua conoscenza del settore in cui operi.

367.   **Video di Ricerca e Rievocazione**: Fai ricerca su argomenti interessanti e crea video che rievocano eventi storici o che esplorano misteri irrisolti.

368.   **Creazione di Personaggi**: Se sei un aspirante attore o hai una vena creativa, crea personaggi divertenti o strani che appaiono nei tuoi video.

369.   **Esplorazione di Luoghi Unici**: Se viaggi o hai accesso a luoghi unici, condividi video che esplorano questi luoghi. Puoi raccontare storie interessanti o mostrare panorami spettacolari.

370.   **Video Live**: Trasmetti in diretta su TikTok per interagire in tempo reale con il tuo pubblico. Le sessioni live possono essere utilizzate per rispondere alle domande, svolgere sfide o raccontare storie in tempo reale.

371. **Temi di Ispirazione Ambientale**: Crea video con temi ambientali, come la sostenibilità, il riciclo o l'ecologia. Questi argomenti sono sempre più rilevanti e possono attirare un pubblico interessato.

372. **Sondaggi Interattivi**: Usa le funzionalità di sondaggio di TikTok per coinvolgere il tuo pubblico. Ad esempio, chiedi loro di votare su quale argomento desiderano vedere nel prossimo video.

373. **Video di Viaggio Virtuali**: Condividi esperienze di viaggio virtuali mostrando luoghi esotici o mete turistiche popolari.

374. **Video in Lingua Straniera**: Se parli più lingue, crea video in lingua straniera per raggiungere un pubblico globale.

375. **Video di Arte e Disegno**: Mostra il tuo talento artistico creando video che mostrano il tuo processo di disegno, pittura o scultura.

376. **Video di Narrativa Episodica**: Crea una narrazione a episodi in più parti che tiene il tuo pubblico in attesa del prossimo capitolo.

377. **Video Educativi su Tecniche Fotografiche**: Condividi i tuoi segreti per ottenere foto eccezionali o spiega tecniche di fotografia e modifica delle immagini.

378. **Video Musicali Originali**: Se sei un musicista o compositore, crea video musicali

originali. TikTok è noto per aver lanciato molte canzoni virali.

379. **Video di Simulazione o Reimpostazione**: Riproduci scene da film, programmi TV o eventi storici in modo creativo o reinventali a tuo modo.

380. **Sorprendi il Pubblico**: Crea video che sorprendano il tuo pubblico con finali inaspettati o momenti epici. La sorpresa può catturare l'attenzione.

Continua a sperimentare e adattare la tua strategia TikTok. Ogni creatore di contenuti ha la propria unicità, e la tua autenticità sarà un fattore chiave per costruire un pubblico fedele.

381. **Video su Diete e Alimentazione**: Se sei appassionato di nutrizione o segui una dieta particolare, puoi creare video che condividono consigli, ricette o storie personali sulla tua esperienza.

382. **Video sulla Crescita Personale**: I video sulla crescita personale e lo sviluppo personale sono popolari su TikTok. Condividi libri, abitudini, o strategie che hanno avuto un impatto positivo sulla tua vita.

383. **Video a Tema Filosofico**: Approfondisci temi filosofici o esistenziali in brevi video. Questi video possono stimolare la riflessione e la discussione tra il tuo pubblico.

384. **Video sulla Vita da Studente**: Se sei uno studente o hai esperienze accademiche, condividi video sulla vita da studente, trucchi per lo studio o consigli per affrontare l'università.

385. **Video di Viaggio nel Tempo**: Crea video che sembrano viaggiare nel tempo, con cambi di abbigliamento e ambientazione per rappresentare diverse epoche storiche.

386. **Video "Prima e Dopo"**: Crea video "prima e dopo" che mostrano trasformazioni sorprendenti o miglioramenti personali.

387. **Video Spiegate in Stile Cartoon**: Usa l'animazione in stile cartone animato per spiegare concetti complessi o divertenti storie.

388. **Video su Giochi da Tavolo e da Carte**: Se sei un appassionato di giochi da tavolo o da carte, condividi video su come giocarli o su esperienze di gioco divertenti.

389. **Video di Drammatizzazione**: Crea mini-drammi o drammatizzazioni di situazioni comiche o reali.

390. **Video su Esperienze di Vita Diverse**: Condividi esperienze di vita che potrebbero essere diverse dal punto di vista culturale, sociale o geografico. Questo può aumentare la consapevolezza e la comprensione.

391. **Video su Tecnologia e Gadget**: Se sei un appassionato di tecnologia, condividi video su gadget, app o dispositivi interessanti.

392. **Video su Abilità Manuali**: Mostra come acquisire o perfezionare abilità manuali, come il giardinaggio, il fai da te o la riparazione di oggetti.

393. **Video di Mindfulness e Benessere**: Condividi pratiche di mindfulness, meditazione o benessere che possono aiutare il tuo pubblico a gestire lo stress e migliorare la salute mentale.

394. **Video su Teatro e Recitazione**: Se hai una passione per il teatro o la recitazione, crèa video che mostrano le tue performance o condividono trucchi del mestiere.

395. **Video su Cura dei Capelli e della Pelle**: Condividi le tue routine di cura dei capelli e della pelle o consigli su prodotti di bellezza.

396. **Video su Moda e Stile Personale**: Mostra i tuoi outfit preferiti, consigli su moda o fai video di "trasformazione di stile".

397. **Video su Nostalgia**: Condividi ricordi nostalgici o approfondimenti su cultura popolare, giochi, o eventi del passato.

398. **Video su Cucina Internazionale**: Esplora la cucina internazionale creando video su ricette e piatti tipici di diverse culture.

399. **Video di Motivazione al Risparmio**: Condividi strategie per il risparmio di denaro o racconta storie di successo nell'ottenere una migliore gestione finanziaria.

400. **Video su Consapevolezza Sociale**:
Condividi video che aumentino la consapevolezza
su questioni sociali importanti, come
l'uguaglianza di genere, la giustizia sociale o
l'ambiente.
La varietà è fondamentale su TikTok. Continua a
esplorare nuovi argomenti e stili di video per
mantenere il tuo pubblico coinvolto e interessato.

Spero che queste idee ti abbiano ispirato a creare
contenuti unici e interessanti su TikTok. Ricorda
che il successo su questa piattaforma dipende
dalla tua creatività, autenticità e coerenza. Ecco
alcuni suggerimenti finali per avere successo su
TikTok:

1. **Stabilisci un Filtro o uno Stile Personale**:
Crea una firma visiva o uno stile di presentazione
che ti distingua dagli altri creatori. Questo può
includere l'uso di colori specifici, effetti speciali o
persino un atteggiamento distintivo.

2. **Stabilisci una Frequenza di Pubblicazione**:
Mantieni una frequenza costante nella
pubblicazione dei tuoi video. Questo aiuta a
mantenere il tuo pubblico coinvolto e a
mantenere una presenza costante sulla
piattaforma.

3. **Interagisci con il Pubblico**: Rispondi ai
commenti, ai messaggi diretti e coinvolgi il tuo

pubblico. Questo può aiutare a creare un senso di comunità attorno al tuo contenuto.

4. **Sfrutta al Massimo le Funzionalità di TikTok**: TikTok offre una varietà di funzionalità, tra cui effetti speciali, sondaggi, domande e altro. Esplora queste funzionalità per rendere i tuoi video più coinvolgenti.

5. **Monitora le Analisi**: TikTok fornisce strumenti di analisi per tracciare le prestazioni dei tuoi video. Utilizza queste informazioni per capire cosa funziona meglio e adatta la tua strategia di conseguenza.

6. **Crea Titoli Coinvolgenti**: Il titolo del tuo video è la prima cosa che il pubblico vede. Assicurati che sia accattivante e susciti interesse.

7. **Mantieni una Durata Adeguata**: TikTok ha una limitazione di durata dei video, quindi cerca di mantenere il contenuto conciso e coinvolgente. In generale, la brevità è apprezzata, ma assicurati di comunicare il tuo messaggio in modo efficace.

8. **Sii Autentico**: Non cercare di essere qualcun altro o di emulare altri creatori. Sii te stesso e condividi ciò che ti appassiona e ti rende unico.

9. **Promuovi il Tuo Contenuto su Altre Piattaforme**: Se hai un seguito su altre piattaforme sociali, usa quelle piattaforme per promuovere i tuoi video su TikTok. Questo può aiutare a portare nuovi follower sulla piattaforma.

10.   **Mantieni l'Etica**: Rispetta le linee guida della comunità e le norme etiche quando crei contenuti su TikTok. Il rispetto e la responsabilità sono importanti per mantenere una reputazione positiva.

Ricorda che la chiave per il successo su TikTok è la costanza e la capacità di adattarsi alle tendenze e alle preferenze del tuo pubblico. Continua a sperimentare, a imparare dagli altri creatori e a divertirti mentre crei contenuti unici. Buona fortuna nella tua avventura su TikTok!

16. Facebook: Utilizzo di Gruppi e Pagine

Quando si tratta di utilizzare Facebook per guadagnare denaro, i gruppi e le pagine sono strumenti potenti. Ecco come puoi sfruttarli al meglio:

401.   **Crea una Pagina Facebook**: La prima cosa da fare è creare una pagina Facebook dedicata al tuo marchio o al tuo argomento di interesse. Assicurati di inserire informazioni dettagliate sul tuo progetto, come una descrizione, una foto di copertina accattivante e informazioni di contatto.

402.   **Scegli un Nome di Pagina Accattivante**: Assicurati che il nome della tua pagina sia riconoscibile e rifletta chi sei o cosa rappresenta il tuo brand. Un nome di pagina

accattivante è essenziale per attirare l'attenzione del pubblico.

403. **Crea Contenuti di Qualità**: Pubblica contenuti di alta qualità sulla tua pagina. Questi possono essere articoli, foto, video o qualsiasi altro tipo di contenuto che rispecchia il tuo marchio o il tuo interesse. Assicurati che i tuoi contenuti siano interessanti e coinvolgenti per il tuo pubblico.

404. **Interagisci con il Tuo Pubblico**: Rispondi ai commenti e ai messaggi dei tuoi follower. L'interazione con il pubblico è fondamentale per costruire una relazione e una community fedele.

405. **Promuovi i Contenuti Pagati**: Facebook offre strumenti di promozione dei contenuti che ti consentono di raggiungere un pubblico più ampio. Puoi selezionare il tuo pubblico target in base a criteri demografici, interessi e comportamenti.

406. **Crea un Gruppo Facebook**: Oltre a una pagina, considera la possibilità di creare un gruppo Facebook. I gruppi sono una fantastica opportunità per costruire una community di persone interessate al tuo argomento.

407. **Offri Contenuti Esclusivi**: Nel tuo gruppo, puoi offrire contenuti esclusivi, ad esempio anteprime, webinar o risorse speciali.

Questo renderà il tuo gruppo più attraente per i membri.

408. **Organizza Eventi in Diretta**: Le trasmissioni in diretta su Facebook possono attirare un pubblico più ampio e coinvolgere i tuoi follower in tempo reale. Organizza eventi come Q&A, interviste o sessioni informative.

409. **Collabora con Altri Gruppi e Pagine**: Cerca gruppi e pagine che sono correlati al tuo argomento o al tuo settore e collabora con loro. Questo può aumentare la tua visibilità e farti conoscere da nuove persone.

410. **Crea Prodotti o Servizi da Vendere**: Se hai una pagina o un gruppo con un pubblico fedele, potresti considerare la creazione di prodotti o servizi da vendere. Ad esempio, se hai un gruppo dedicato alla cucina, potresti vendere un libro di ricette o corsi di cucina online.

411. **Promuovi Prodotti di Affiliazione**: Se non vuoi creare prodotti tu stesso, puoi promuovere prodotti di affiliazione. Guadagnerai una commissione per ogni vendita generata tramite il tuo link di affiliazione.

412. **Sfrutta il Potere dell'Email Marketing**: Raccogli indirizzi email dai membri del tuo gruppo o dei tuoi follower della pagina e utilizza l'email marketing per promuovere prodotti, servizi o contenuti speciali.

413. **Mantieni una Coerenza**: La coerenza è la chiave del successo su Facebook. Pianifica una strategia di pubblicazione regolare e mantienila nel tempo.

414. **Analizza le Statistiche**: Utilizza le analisi di Facebook per monitorare le prestazioni della tua pagina o del tuo gruppo. Questo ti aiuterà a capire cosa funziona e cosa no, consentendoti di adattare la tua strategia.

415. **Stabilisci Obiettivi Chiari**: Prima di iniziare, definisci gli obiettivi che desideri raggiungere con la tua pagina o il tuo gruppo. Questo ti aiuterà a mantenere la direzione e a misurare il successo.
Facebook è una piattaforma versatile che offre molte opportunità per guadagnare denaro. Sfrutta al massimo la tua creatività e la tua presenza online per raggiungere i tuoi obiettivi finanziari.

416. **Offri Contenuti Gratuiti di Alta Qualità**: Una delle migliori strategie per costruire una community fedele è offrire contenuti gratuiti di alta qualità. Questo dimostra il tuo valore e la tua competenza nel tuo campo. Ad esempio, se gestisci una pagina dedicata al fitness, condividi regolarmente video di allenamenti, piani alimentari o consigli sulla salute. I membri della tua community apprezzeranno il valore che fornisci.

417.   **Crea un Gruppo Premium o a Pagamento**: Se hai una community solida e desideri offrire contenuti più esclusivi, puoi creare un gruppo Facebook premium o a pagamento. In questo gruppo, i membri riceveranno contenuti esclusivi, consulenza personalizzata o accesso a risorse premium in cambio di una quota mensile. Questa è un'ottima opportunità per generare entrate costanti.

418.   **Collabora con Marchi o Aziende**: Se hai una community significativa, potresti essere in grado di collaborare con marchi o aziende per promuovere i loro prodotti o servizi. Questo può includere recensioni di prodotti, sponsorizzazioni o pubblicità.

419.   **Vendi Merchandising Personalizzato**: Se hai un brand solido e un pubblico affezionato, considera la vendita di merchandising personalizzato. Puoi creare magliette, tazze, cappellini o altri oggetti con il tuo marchio e venderli ai membri della tua community.

420.   **Offri Consulenze o Servizi**: Se sei un esperto nel tuo campo, potresti offrire servizi di consulenza o coaching ai membri della tua community. Ad esempio, se hai una community di appassionati di fotografia, potresti offrire sessioni di consulenza sulla fotografia.

421.   **Organizza Eventi o Workshop Pagati**: Se hai competenze o conoscenze specializzate,

puoi organizzare eventi o workshop online pagati per i membri della tua community. Questi eventi possono includere webinar, corsi online o seminari.

422. **Utilizza il Programma di Partnership di Facebook**: Facebook offre un programma di partnership che consente ai creatori di guadagnare denaro attraverso la pubblicità. Puoi essere idoneo a partecipare a questo programma se soddisfi determinati requisiti, come un numero sufficiente di follower e coinvolgimento.

423. **Sfrutta le Funzionalità di Acquisto**: Facebook ha introdotto funzionalità di acquisto direttamente sulla piattaforma. Se vendi prodotti fisici, puoi sfruttare queste funzionalità per vendere direttamente ai membri della tua community.

424. **Monitora le Tendenze e i Cambiamenti di Algoritmo**: Facebook è noto per apportare cambiamenti frequenti agli algoritmi. È importante monitorare le tendenze e adattare la tua strategia di conseguenza. Ad esempio, potresti dover sperimentare con nuovi tipi di contenuti o approcci di coinvolgimento per rimanere rilevante.

425. **Investi nel Marketing degli Annunci**: Se hai un budget, puoi investire nel marketing degli annunci su Facebook per aumentare la visibilità dei tuoi contenuti. Puoi impostare

campagne pubblicitarie mirate per raggiungere un pubblico specifico.

426. **Cura la Comunità e la Gestione**: Mantieni un ambiente positivo e rispettoso nella tua community. La moderazione è importante per evitare conflitti o contenuti inappropriati.

427. **Sii Consistente e Persistente**: Costruire una community fedele richiede tempo e sforzo. Sii costante nella pubblicazione di contenuti e nella gestione della tua community. La persistenza è essenziale per ottenere risultati duraturi.

428. **Misura e Valuta il Tuo Successo**: Utilizza le analisi e le metriche di Facebook per misurare il successo della tua pagina, del tuo gruppo o dei tuoi contenuti. Questo ti aiuterà a comprendere cosa funziona meglio e a ottimizzare la tua strategia.
Ricorda che il guadagno su Facebook richiede dedizione e impegno. Non aspettarti risultati immediati, ma concentrati sulla costruzione di una community autentica e impegnata, e il successo finanziario seguirà.

429. **Collabora con Altri Creatori di Contenuti**: La collaborazione con altri creatori di contenuti è un modo efficace per espandere la tua portata e aumentare la visibilità della tua pagina o del tuo gruppo. Cerca creatori di contenuti con un pubblico simile e considera di

organizzare live insieme, scambi di promozione o progetti congiunti. Questo può portare a nuovi follower e opportunità di guadagno.

430.   **Raccogli Feedback dai Membri della Community**: Ascoltare il feedback dei membri della tua community è essenziale. Chiedi loro cosa desiderano vedere, quali tipi di contenuti apprezzano di più e come puoi migliorare la tua pagina o gruppo. Questo ti aiuterà a adattare la tua strategia in base alle esigenze del tuo pubblico.

431.   **Sviluppa un Piano Editoriale**: Un piano editoriale ti aiuta a pianificare i tuoi contenuti in anticipo. Decidi quali argomenti trattare, quando pubblicare, e quali tipi di contenuti condividere. Un piano editoriale ti rende più organizzato e coerente nella pubblicazione.

432.   **Sfrutta le Funzionalità Interattive**: Facebook offre molte funzionalità interattive, come sondaggi, domande e sondaggi. Utilizza queste funzioni per coinvolgere il tuo pubblico e incoraggiare la partecipazione.

433.   **Esplora il Crowdfunding**: Se hai una community devota, puoi esplorare il crowdfunding come Patreon o Kickstarter. Queste piattaforme consentono ai membri di supportare finanziariamente il tuo lavoro in cambio di contenuti esclusivi o benefici speciali.

434. **Organizza Contest e Concorsi**: I contest e i concorsi sono un modo divertente per coinvolgere la tua community e generare entusiasmo. Offri premi attraenti e promuovi il contest attraverso i tuoi canali social.

435. **Condividi Storie Personali e Successi**: Condividere storie personali e successi è un modo per connettersi emotivamente con il tuo pubblico. Questi contenuti umani e autentici possono aumentare l'identificazione dei membri della community con il tuo brand.

436. **Considera la Creazione di Contenuti a Pagamento**: Oltre ai contenuti gratuiti, puoi creare contenuti a pagamento o accessibili solo a membri premium. Ad esempio, potresti offrire corsi online a pagamento o contenuti esclusivi mensili per i membri del tuo gruppo premium.

437. **Ricompensa i Membri più Attivi**: Riconosci e premia i membri più attivi della tua community. Puoi assegnare distintivi o benefici speciali a coloro che contribuiscono in modo significativo alla tua pagina o gruppo.

438. **Offri Sessioni di Consulenza di Gruppo**: Organizza sessioni di consulenza di gruppo online in cui rispondi alle domande e dai consigli ai membri della tua community. Questo può essere un servizio a pagamento o incluso come parte dell'appartenenza al tuo gruppo premium.

439.   **Stabilisci una Newsletter**: Una newsletter è un modo per mantenere i membri informati sulle ultime notizie, contenuti e offerte speciali. Puoi anche utilizzare la newsletter per promuovere prodotti o servizi.

440.   **Sfrutta le Partnership Affiliate**: Se non desideri creare prodotti o servizi tu stesso, considera di partecipare a programmi di partnership affiliati. Promuovendo prodotti o servizi di altri, puoi guadagnare una commissione per le vendite generate attraverso i tuoi link di affiliazione.

441.   **Stabilisci Politiche Chiare**: Se offri contenuti a pagamento o servizi, assicurati di stabilire politiche chiare in merito a rimborsi, termini di servizio e accesso. La trasparenza è fondamentale per costruire fiducia tra i membri della tua community.

442.   **Ricordati del Pagamento delle Tasse**: Quando guadagni denaro attraverso la tua pagina o il tuo gruppo, è importante essere consapevoli delle implicazioni fiscali. Assicurati di dichiarare correttamente il tuo reddito e di adempiere agli obblighi fiscali locali.

443.   **Rimani Aggiornato sulle Politiche di Facebook**: Le politiche di Facebook possono cambiare nel tempo. Assicurati di rimanere aggiornato su queste politiche per evitare

violazioni e problemi con la tua pagina o il tuo gruppo.

444.　　**Sii Aperto alle Nuove Opportunità**: L'ambiente online è in continua evoluzione. Sii aperto alle nuove opportunità che potrebbero emergere. Potresti scoprire nuovi modi di guadagnare o di espandere la tua presenza online.

La chiave per il successo nella creazione di guadagni attraverso Facebook sta nell'offrire valore alla tua community e nel costruire relazioni autentiche con i membri. Continua a innovare e adattare la tua strategia in base alle esigenze e ai feedback del tuo pubblico.

445.　　**Rispetta la Privacy dei Membri**: La privacy è una questione cruciale online. Assicurati di rispettare la privacy dei membri della tua community. Non condividere informazioni personali o sensibili senza il consenso dei membri.

446.　　**Sviluppa un Piano di Marketing Online**: Per massimizzare il tuo potenziale di guadagno, sviluppa un piano di marketing online completo. Questo piano dovrebbe includere strategie per i social media, la pubblicità online, il marketing di contenuti e altre tattiche per aumentare la visibilità del tuo brand.

447.	**Crea Prodotti o Servizi Unici**: Se decidi di vendere prodotti o servizi, cerca di renderli unici e distinti. La concorrenza online è elevata, quindi avere un'offerta unica può aiutarti a distinguerti.

448.	**Instaura Relazioni con i Fornitori**: Se stai vendendo prodotti fisici, instaura relazioni solide con i fornitori. Cerca fornitori affidabili che possano garantire la qualità dei prodotti e rispettare le scadenze.

449.	**Investi in Strumenti di Marketing**: Gli strumenti di marketing online, come piattaforme di email marketing, strumenti di analisi e software di gestione dei social media, possono semplificare il tuo lavoro e migliorare l'efficacia delle tue campagne.

450.	**Valuta il Potenziale di Monetizzazione di Contenuti a Lungo Termine**: Considera se i tuoi contenuti possono essere monetizzati a lungo termine. La creazione di contenuti evergreen (contenuti che rimangono rilevanti nel tempo) può generare guadagni continui.

451.	**Promuovi Prodotti o Servizi Rilevanti al Tuo Pubblico**: Quando promuovi prodotti o servizi, assicurati che siano rilevanti al tuo pubblico. Conoscere le esigenze e gli interessi dei tuoi follower è essenziale per il successo delle promozioni.

452. **Mantieni un Occhio sui Concorrenti**: Monitora ciò che fanno i tuoi concorrenti e cerca di identificare opportunità non ancora sfruttate. Puoi trarre ispirazione dalle loro strategie, ma cerca sempre di offrire un valore unico.

453. **Sii Autentico e Trasparente**: La trasparenza è fondamentale online. Sii autentico nel modo in cui ti presenti e comunichi con la tua community. Gli utenti apprezzano la sincerità e la coerenza.

454. **Tieni Traccia delle Spese e dei Guadagni**: Mantieni una registrazione accurata delle tue spese e dei tuoi guadagni derivanti dalla tua attività online. Questo è importante per tenere traccia del tuo successo finanziario e per scopi fiscali.

455. **Ottieni Consulenza Legale se Necessario**: In alcuni casi, potresti avere bisogno di consulenza legale per gestire aspetti legali della tua attività online, come la creazione di contratti o la protezione dei diritti d'autore.

456. **Diversifica le Fonti di Reddito**: Non mettere tutte le uova in un unico cesto. Cerca di diversificare le tue fonti di reddito online. Ad esempio, potresti guadagnare da pubblicità, vendita di prodotti e servizi, affiliati e altre fonti.

457. **Studia e Migliora Costantemente**: L'apprendimento continuo è fondamentale nel mondo online in rapida evoluzione. Mantieniti

aggiornato sulle ultime tendenze, strumenti e strategie di marketing e cerca sempre di migliorare le tue competenze.

458. **Assumi Collaboratori se Necessario**: Se la tua attività online cresce, potresti aver bisogno di assumere collaboratori o assistenti per gestire compiti specifici, come la produzione di contenuti o il servizio clienti.

459. **Mantieni l'Equilibrio tra Lavoro e Vita Personale**: Lavorare online può richiedere molto tempo e impegno. Assicurati di mantenere un equilibrio sano tra il lavoro online e la vita personale per evitare il burnout.

460. **Sii Paziente e Realistico**: Il successo online richiede tempo. Sii paziente e realistico nelle tue aspettative. Non aspettarti di diventare ricco da un giorno all'altro, ma concentra il tuo impegno a lungo termine per raggiungere i tuoi obiettivi finanziari.

Il guadagno online può essere gratificante, ma richiede pianificazione, dedizione e lavoro costante. Non esistono formule magiche per il successo, ma seguendo queste strategie e continuando a migliorare, puoi aumentare le tue probabilità di raggiungere i tuoi obiettivi finanziari online.

In conclusione, il guadagno online attraverso Facebook richiede un impegno costante, una conoscenza approfondita del tuo pubblico e delle strategie di marketing online, nonché la capacità di adattarsi alle mutevoli tendenze e alle politiche delle piattaforme social. È importante offrire un valore autentico alla tua community e costruire relazioni solide con i tuoi follower.

La diversificazione delle fonti di reddito, l'uso di strumenti di marketing online, l'attenzione alle leggi e alle politiche delle piattaforme, e la gestione finanziaria sono tutte parti fondamentali di un'attività online di successo.

Ricorda che il guadagno online richiede tempo e sforzo, quindi sii paziente e realistico nelle tue aspettative. Continua a migliorare le tue competenze, a mantenere un equilibrio tra lavoro e vita personale e a essere aperto alle nuove opportunità che possono emergere nel mondo digitale.

Con una strategia ben pianificata e un impegno costante, è possibile costruire un reddito sostenibile attraverso Facebook e altre piattaforme social, raggiungendo i tuoi obiettivi finanziari a lungo termine.

461.   **Ottieni un Account Twitter Professionale**: Se desideri utilizzare Twitter per scopi di guadagno, è importante avere un account professionale. Usa una foto del profilo riconoscibile e completa tutti i dettagli del tuo profilo, inclusa una breve biografia che mette in evidenza la tua area di competenza.

462.   **Segui e Interagisci con Altri Utenti**: Twitter è una piattaforma di networking, quindi inizia a seguire altri utenti del tuo settore o con interessi simili. Interagisci con i loro tweet, metti like, commenta e retwitta per entrare in contatto con nuove persone.

463.   **Partecipa alle Conversazioni**: Twitter è noto per le sue conversazioni in tempo reale. Partecipa attivamente a discussioni relative al tuo settore o ai tuoi interessi. Usa hashtag rilevanti per far conoscere i tuoi tweet a una vasta audience.

464.   **Promuovi il Tuo Contenuto**: Quando condividi contenuti come articoli, video o blog, assicurati di promuoverli su Twitter. Questo ti aiuta a raggiungere un pubblico più ampio e a guidare il traffico verso il tuo sito web o altre piattaforme di guadagno.

465.   **Costruisci una Reputation Online**: La tua reputazione online è fondamentale per

attirare opportunità di guadagno. Cerca di condividere informazioni utili, costruire relazioni positive e dimostrare la tua competenza nel tuo settore.

466.   **Partecipa a Twitter Chats**: Molti settori ospitano chat su Twitter su argomenti specifici. Partecipando a queste chat, puoi connetterti con altri professionisti del settore e condividere le tue conoscenze.

467.   **Utilizza il Tuo Profilo per Promuovere i Tuoi Servizi o Prodotti**: Se offri servizi o prodotti, puoi promuoverli direttamente tramite il tuo profilo Twitter. Assicurati di farlo in modo non invadente e offrendo valore ai tuoi follower.

468.   **Sii Consistente nella Pubblicazione di Contenuti**: La consistenza è chiave su Twitter. Pianifica la pubblicazione regolare di tweet interessanti e rilevanti per mantenere il coinvolgimento dei tuoi follower.

469.   **Cura la Gestione dei Contatti**: Mantieni i tuoi contatti organizzati. Usa liste per categorizzare i tuoi follower e seguiti in modo da poter facilmente interagire con gruppi specifici o monitorare le conversazioni importanti.

470.   **Collabora con Altri Utenti**: Cerca opportunità di collaborazione con altri utenti di Twitter. Queste collaborazioni possono includere

progetti congiunti, webinar condivisi o promozioni incrociate.

471. **Sfrutta il Potere delle Immagini e dei Video**: I tweet con immagini o video tendono ad attirare più attenzione. Utilizza contenuti visivi per rendere i tuoi tweet più accattivanti.

472. **Utilizza Twitter Analytics**: Twitter offre strumenti analitici che ti consentono di monitorare le prestazioni dei tuoi tweet. Utilizza questi dati per ottimizzare la tua strategia di contenuti.

473. **Partecipa a Eventi e Conferenze Online**: Twitter è spesso utilizzato per condividere aggiornamenti in tempo reale da eventi e conferenze. Partecipa a questi eventi online per connetterti con altri partecipanti e condividere informazioni importanti.

474. **Rispondi ai Messaggi Diretti in Modo Professionale**: Se ricevi messaggi diretti su Twitter, rispondi in modo professionale e tempestivo. Questi messaggi possono rappresentare opportunità di collaborazione o di guadagno.

475. **Stabilisci Obiettivi Chiari**: Prima di utilizzare Twitter per il guadagno, stabilisci obiettivi chiari. Che cosa vuoi ottenere da questa piattaforma? Questi obiettivi ti guideranno nella tua strategia.

476. **Rispetta le Regole Etiche e le Politiche di Twitter**: Assicurati di rispettare le regole etiche e le politiche di Twitter. Il rispetto e l'etica sono importanti per costruire una buona reputazione online.

477. **Sii Te Stesso**: Twitter è una piattaforma in cui l'autenticità è apprezzata. Sii te stesso nei tuoi tweet e nella tua interazione con gli altri utenti.

478. **Sfrutta le Pubblicità Twitter**: Se hai un budget per la pubblicità, considera l'uso delle opzioni di promozione offerte da Twitter per aumentare la visibilità dei tuoi contenuti.

479. **Crea Contenuti Virali**: Cerca di creare contenuti che possano diventare virali. Questi tweet possono attirare l'attenzione di un pubblico molto più ampio.

480. **Monitora le Tendenze**: Resta aggiornato sulle tendenze del momento su Twitter. Partecipare a discussioni o creare contenuti correlati alle tendenze può aumentare la visibilità dei tuoi tweet.

481. **Sviluppa una Strategia a Lungo Termine**: Il guadagno su Twitter richiede tempo e impegno a lungo termine. Sviluppa una strategia che ti consenta di ottenere risultati sostenibili nel tempo.

482. **Valuta l'Opportunità di Twitter Spaces**: Twitter Spaces è una funzionalità di

chat audio in tempo reale. Esplora l'opportunità di ospitare spazi su argomenti rilevanti al tuo settore per connetterti con il tuo pubblico.

483. **Ricorda di Divertirti**: Anche se l'obiettivo principale è il guadagno, non dimenticare di divertirti su Twitter. L'entusiasmo traspare nei tuoi tweet e può attirare un pubblico più coinvolto.

484. **Sfrutta le Partnership di Marketing d'Influenza**: Se hai un numero significativo di follower, potresti considerare partnership di marketing d'influenza con brand o aziende interessate al tuo pubblico.

485. **Ricompensa la Fedeltà dei Tuoi Follower**: Riconosci e ricompensa i tuoi follower più fedeli. Questo può aumentare la lealtà e l'interazione con il tuo profilo.

In sintesi, Twitter è una piattaforma potente per il networking e la costruzione di relazioni professionali che possono portare a opportunità di guadagno. Mantieni un profilo professionale, partecipa alle conversazioni, promuovi i tuoi contenuti e sfrutta le opportunità di collaborazione. Con dedizione e strategia, Twitter può diventare una risorsa preziosa per il tuo obiettivo di guadagno online.

486. **Strumenti di Gestione di Twitter**: Utilizza strumenti di gestione di Twitter per semplificare il processo di pubblicazione dei tweet, la pianificazione dei contenuti e il monitoraggio delle prestazioni. Alcuni strumenti popolari includono Hootsuite, TweetDeck e Buffer.

487. **Coinvolgi il Pubblico con Domande**: Posta domande aperte al tuo pubblico per coinvolgerlo e incoraggiarlo a partecipare alle conversazioni. Ad esempio, potresti chiedere loro opinioni su un determinato argomento o su un prodotto.

488. **Ricerca di Parole Chiave**: Utilizza strumenti di ricerca di parole chiave per identificare le parole e le frasi popolari nel tuo settore. Questo ti aiuterà a creare contenuti mirati che attirano un pubblico interessato.

489. **Twitter Polls**: Utilizza la funzione "Twitter Polls" per condurre sondaggi e raccogliere opinioni dai tuoi follower. Questa è un'ottima strategia per coinvolgere il pubblico e ottenere feedback.

490. **Tweet con Link**: Quando condividi link a contenuti esterni, assicurati di includere una breve descrizione o un motivo per cui i tuoi follower dovrebbero fare clic su di essi. Questo aumenta la probabilità di clic.

491. **Hashtag Personalizzati**: Considera l'opportunità di creare hashtag personalizzati per le tue campagne o eventi. Questi hashtag possono aiutare a monitorare la partecipazione e l'interazione dei tuoi follower.

492. **Monitora i Trend Settoriali**: Oltre alle tendenze globali su Twitter, monitora i trend specifici del tuo settore. Questo ti permette di rimanere aggiornato sulle ultime notizie e argomenti rilevanti.

493. **Fai Retweet di Contenuti Rilevanti**: Non esitare a fare retweet di contenuti rilevanti da altri utenti. Questo dimostra che sei interessato al tuo settore e alla condivisione di informazioni utili.

494. **Interagisci con Marchi e Aziende**: Se desideri stabilire partnership o ottenere sponsorizzazioni, interagisci con marchi e aziende rilevanti. Commenta i loro tweet e metti like alle loro pubblicazioni per iniziare una relazione.

495. **Twitter Analytics**: Utilizza Twitter Analytics per analizzare le prestazioni dei tuoi tweet e comprendere quali tipi di contenuti funzionano meglio. Puoi anche monitorare il tuo pubblico per ottenere insights utili.

496. **Scrivi Tweet Coinvolgenti**: Scrivi tweet coinvolgenti che attirano l'attenzione dei tuoi follower. Usa un linguaggio chiaro e coinvolgente

e assicurati che i tuoi tweet siano facili da leggere.

497. **Promuovi Prodotti o Servizi**: Se hai un'attività online, puoi promuovere i tuoi prodotti o servizi direttamente su Twitter. Condividi vantaggi, testimonianze e offerte speciali per attirare potenziali clienti.

498. **Fai Uso di Emoticon**: Gli emoticon possono aggiungere un tocco di personalità ai tuoi tweet. Tuttavia, usali con parsimonia e in modo appropriato per non apparire poco professionali.

499. **Rispetta il Limite di Caratteri**: Ricorda che Twitter ha un limite di caratteri per ogni tweet. Assicurati che i tuoi messaggi siano concisi e chiari per massimizzare l'impatto.

500. **Cerca L'Equilibrio tra Contenuto Personale e Professionale**: Anche se utilizzi Twitter per scopi professionali, è importante inserire contenuti personali di tanto in tanto. Questo aiuta a creare una connessione umana con il tuo pubblico.

501. **Tieni d'occhio la Concorrenza**: Monitora cosa stanno facendo i tuoi concorrenti su Twitter. Questo ti permette di identificare opportunità e vedere cosa funziona nel tuo settore.

502. **Promuovi Eventi in Anticipo**: Se organizzi eventi o webinar, promuovili in

anticipo su Twitter per attirare un pubblico interessato. Usa tweet promozionali e hashtag specifici.

503. **Rispondi ai Commenti e alle Menzioni**: Rispondi sempre ai commenti e alle menzioni dei tuoi follower in modo tempestivo. Questa interazione mostra che apprezzi il feedback e il coinvolgimento della tua community.

504. **Osserva i Trend Globali**: Osserva i trend globali su Twitter e considera come puoi collegarli al tuo settore o ai tuoi interessi. Questo può portare a opportunità di coinvolgimento e guadagno.

505. **Network con Altri Professionisti**: Usa Twitter per ampliare il tuo network professionale. Connettiti con altri professionisti del tuo settore e partecipa a conversazioni rilevanti.

506. **Pianifica il Tuo Contenuto**: Pianifica in anticipo il contenuto che desideri condividere su Twitter. Questo ti aiuta a mantenere la coerenza e a garantire che i tuoi tweet siano pertinenti.

507. **Ottieni Feedback dai Tuoi Follower**: Chiedi periodicamente ai tuoi follower feedback su ciò che vorrebbero vedere o apprendere dai tuoi tweet. Questo ti aiuta a personalizzare il tuo contenuto.

508.   **Collabora con Altri Utenti**: Cerca collaborazioni con altri utenti di Twitter, specialmente se condividete interessi o obiettivi simili. Queste partnership possono portare a opportunità di guadagno condiviso.

509.   **Monitora l'Attività del Tuo Account**: Tieni sotto controllo l'attività del tuo account Twitter. Ciò include l'analisi dei tweet più performanti, l'identificazione di follower chiave e la gestione delle notifiche.

510.   **Stabilisci un Piano Editoriale**: Crea un piano editoriale per Twitter che ti aiuti a organizzare i tuoi contenuti, programmare i tweet e mantenere una presenza costante sulla piattaforma.

511.   **Mantieni la Tua Etica Online**: Mantieni un comportamento etico su Twitter. Rispetta la privacy e la dignità degli altri utenti e rispetta le regole di Twitter.

512.   **Ottieni il Supporto della Tua Community**: Chiedi il supporto della tua community su Twitter. Questi sono i tuoi sostenitori più fedeli e possono aiutarti a diffondere il tuo messaggio e a creare opportunità di guadagno.

513.   **Sfrutta gli Eventi in Tempo Reale**: Partecipa a eventi in tempo reale, come discussioni durante trasmissioni in diretta o

eventi in corso. Questo può aumentare la visibilità dei tuoi tweet.

514. **Esplora le Twitter Lists**: Utilizza le Twitter Lists per creare elenchi di utenti interessanti o rilevanti per te. Questo semplifica il monitoraggio delle conversazioni importanti.

515. **Valuta l'Utilizzo di Twitter Ads**: Twitter offre opzioni di pubblicità a pagamento che possono aumentare la visibilità dei tuoi tweet. Valuta se questo è appropriato per la tua strategia di guadagno.

516. **Sfrutta il Potere delle Storie**: Twitter ha introdotto la funzione "Fleet", simile alle storie su altre piattaforme. Utilizza queste storie per condividere contenuti più informali e personali.

517. **Comunicazioni Chiare e Concise**: Comunica in modo chiaro e conciso nei tuoi tweet. Evita tweet troppo lunghi o confusi.

518. **Mantieni una Presenza Regolare**: Mantieni una presenza regolare su Twitter. Tweetta in modo costante per mantenere il coinvolgimento dei tuoi follower.

519. **Sperimenta con Diverse Forme di Contenuto**: Oltre ai tweet tradizionali, sperimenta con diverse forme di contenuto come sondaggi, video e thread. Questa varietà può rendere il tuo profilo più interessante.

520. **Rispetta la Diversità e l'Inclusione**: Rispetta la diversità e l'inclusione nelle tue interazioni su Twitter. Fai in modo che il tuo profilo sia un luogo accogliente per tutti.

521. **Sii Aperto alle Opportunità Inattese**: Non limitarti a una strategia rigida. Sii aperto alle opportunità inattese che possono emergere su Twitter. Queste potrebbero portare a guadagni imprevisti.

522. **Educazione Continua**: Continua a educarti sulle tendenze e le best practice su Twitter. La piattaforma è in costante evoluzione, quindi è importante rimanere informato.

523. **Reinvesti nei Tuoi Obiettivi**: Quando inizi a guadagnare su Twitter, considera di reinvestire una parte dei tuoi guadagni per far crescere ulteriormente la tua presenza online o i tuoi progetti.

524. **Cerca Mentori o Consulenti**: Se desideri approfondire le tue conoscenze su come guadagnare su Twitter, cerca mentori o consulenti esperti che possano guidarti.

525. **Monitora i Risultati**: Monitora costantemente i risultati delle tue attività su Twitter. Ciò ti aiuta a ottimizzare la tua strategia e a prendere decisioni informate.

526. **Sii Pronto a Adattarti**: Twitter è una piattaforma dinamica. Sii pronto a adattarti alle

nuove funzionalità e alle tendenze emergenti per massimizzare il tuo potenziale di guadagno.

527. **Proteggi la Tua Sicurezza Online**: Proteggi la tua sicurezza online. Non condividere informazioni personali o finanziarie sensibili su Twitter.

528. **Condividi Risorse e Suggerimenti Utili**: Condividi risorse, suggerimenti e informazioni utili con i tuoi follower. Questo dimostra il tuo valore e l'attenzione verso il loro benessere.

529. **Sfrutta il Potenziale Virale**: Alcuni tweet possono diventare virali. Sfrutta questa opportunità quando condividi contenuti che potrebbero interessare un vasto pubblico.

530. **Cura la Tua Marca Personale**: La tua presenza su Twitter è una parte della tua marca personale. Assicurati che il tuo profilo e i tuoi contenuti riflettano i tuoi obiettivi e la tua identità online.

531. **Goditi il Processo**: Infine, goditi il processo di guadagno su Twitter. Lavorare su una piattaforma che ti appassiona rende il lavoro più gratificante.

Continua a esplorare e ad adattare queste strategie in base ai tuoi obiettivi specifici su Twitter. Con dedizione, impegno e creatività, puoi massimizzare il tuo potenziale di guadagno su questa piattaforma di social media.

532.   **Tweet in Diverse Lingue**: Se desideri raggiungere un pubblico globale, considera la possibilità di tweettare in diverse lingue. Questo ti permette di ampliare la tua portata e attirare seguaci internazionali.

533.   **Esamina le Analisi degli Orari**: Utilizza gli strumenti di analisi di Twitter per identificare gli orari in cui i tuoi follower sono più attivi. Pianifica i tuoi tweet in modo da massimizzare l'interazione.

534.   **Partecipa alle Giornate Tematiche**: Twitter ospita spesso giornate tematiche o hashtag popolari. Partecipa a queste discussioni per aumentare la visibilità dei tuoi tweet.

535.   **Reagisci alle Notizie e agli Eventi Attuali**: Twitter è spesso utilizzato per discutere notizie e eventi attuali. Reagisci in modo appropriato a queste situazioni per partecipare alle conversazioni in corso.

536.   **Evita la Polemica Inutile**: Anche se il confronto e il dibattito sono parte di Twitter, evita la polemica inutile o gli scontri non costruttivi. Mantieni un tono rispettoso nelle discussioni.

537.   **Crea Contenuti Educativi**: Condividi contenuti educativi o informativi sul tuo settore. Questo può aumentare la tua reputazione come esperto nel campo e attirare un pubblico interessato.

538. **Stabilisci Obiettivi Settimanali o Mensili**: Definisci obiettivi settimanali o mensili per il tuo account Twitter. Questi obiettivi possono riguardare il numero di follower da ottenere, l'interazione da generare o il guadagno da realizzare.

539. **Analizza la Concorrenza**: Studia i profili dei tuoi concorrenti o di utenti di successo nel tuo settore. Cosa fanno bene? Cosa puoi imparare dalla loro strategia?

540. **Sii Autentico**: Mantieni sempre un tono autentico nei tuoi tweet. Gli utenti di Twitter apprezzano l'autenticità e la trasparenza.

541. **Sfrutta le Twitter Spaces**: Twitter Spaces è una funzionalità di chat audio in tempo reale. Considera di usarla per ospitare discussioni o interviste che interessano il tuo pubblico.

542. **Partecipa alle Challenge Virali**: Partecipa alle challenge o tendenze virali su Twitter. Questo può darti visibilità e coinvolgere il tuo pubblico.

543. **Tieni d'occhio le Statistiche di Conversione**: Se utilizzi Twitter per promuovere prodotti o servizi, monitora attentamente le statistiche di conversione per vedere quanti follower si trasformano in clienti.

544. **Mantieni una Linea Guida per la Gestione dei Commenti**: Prepara una linea

guida su come gestire i commenti positivi e negativi. Rispondi in modo professionale e gestisci eventuali critiche in modo costruttivo.

545. **Collabora con Utenti Famosi**: Se hai l'opportunità, collabora con utenti famosi o influenti nel tuo settore. Queste collaborazioni possono aumentare la tua visibilità.

546. **Ottieni il Badge Verificato**: Se il tuo account Twitter è riconosciuto come autentico e rilevante, puoi richiedere un badge di verifica blu. Questo conferma la tua identità e credibilità.

547. **Promuovi Prodotti o Servizi Affiliati**: Se partecipi a programmi di affiliazione, promuovi prodotti o servizi correlati al tuo pubblico. Guadagni una commissione per ogni vendita generata attraverso il tuo link di affiliazione.

548. **Sii Consistente con il Branding**: Mantieni una coerenza nel branding del tuo profilo Twitter. Usa lo stesso logo, colori e stile grafico su tutti i tuoi profili online.

549. **Collabora con Altri Utenti per Sfide o Concorsi**: Organizza sfide o concorsi in collaborazione con altri utenti o brand. Questo può generare buzz e coinvolgimento.

550. **Sperimenta con Diverse Strategie di Monetizzazione**: Oltre alla pubblicità e all'affiliazione, esplora altre strategie di

monetizzazione su Twitter, come i tweet sponsorizzati o la vendita di prodotti digitali.

551. **Cerca di Risolvere Problemi**: Cerca di risolvere problemi o fornire soluzioni ai tuoi follower. Questo dimostra il tuo valore e la tua utilità.

552. **Cura la Gestione del Tempo**: Gestire un account Twitter di successo richiede tempo. Cura la gestione del tempo per bilanciare il lavoro su Twitter con altri impegni.

553. **Condividi Esperienze Personali**: Di tanto in tanto, condividi esperienze personali o storie che possano ispirare o connetterti con il tuo pubblico.

554. **Stabilisci Partnership a Lungo Termine**: Cerca partnership a lungo termine con brand o aziende che condividono i tuoi valori e obiettivi. Queste partnership possono portare a una collaborazione duratura.

555. **Valuta l'Uso di Strumenti di Automazione**: Gli strumenti di automazione possono semplificare la gestione del tuo account Twitter, ma usali con attenzione per mantenere l'autenticità.

556. **Analizza la Redditività di Ciascuna Strategia**: Valuta regolarmente la redditività di ciascuna strategia di guadagno che implementi su Twitter. Concentrati su quelle che producono risultati.

557. **Partecipa a Webinar e Corsi di Formazione**: La formazione continua è essenziale. Partecipa a webinar e corsi di formazione per migliorare le tue competenze nel guadagno online.

558. **Cura il Servizio Clienti**: Se stai vendendo prodotti o servizi, offri un eccellente servizio clienti. Rispondi alle domande dei clienti e aiutali con le loro esigenze.

559. **Mantieni un Rapporto con la Tua Audience**: Coltiva un rapporto con la tua audience. Riconosci i tuoi follower fedeli e dimostra il tuo apprezzamento.

560. **Impara dalle Tue Sconfitte**: Inevitabilmente, ci saranno momenti in cui le tue iniziative su Twitter non avranno successo. Impara dalle tue sconfitte e adatta la tua strategia.

561. **Fornisci Risorse Gratuite**: Offri risorse gratuite, come guide, ebook o modelli, per attirare nuovi follower e dimostrare il tuo valore.

562. **Stabilisci Obiettivi a Lungo Termine**: Oltre agli obiettivi a breve termine, stabilisci obiettivi a lungo termine per la tua presenza su Twitter. Dove desideri essere tra un anno o cinque anni?

563. **Educa il Tuo Pubblico**: Educa il tuo pubblico su come possono supportarti. Spiega

loro come possono acquistare i tuoi prodotti o
servizi o contribuire al tuo successo.

564. **Sii Aperto alle Critiche Costruttive**:
Accetta le critiche costruttive e utilizzale per
migliorare. Non prendere le critiche in modo
personale.

565. **Sfrutta le Partnership Cross-
Promotion**: Collabora con altri utenti o brand
per promuovere reciprocamente i contenuti.
Questo può espandere il tuo pubblico.

566. **Partecipa a Eventi del Tuo Settore**:
Partecipa a eventi, conferenze o webinar nel tuo
settore. Questo ti mette in contatto con altri
professionisti e ti espone a nuove opportunità.

567. **Sii Rispettoso delle Leggi sul
Copyright**: Rispetta le leggi sul copyright
quando condividi contenuti su Twitter. Non
utilizzare materiale protetto senza
autorizzazione.

568. **Promuovi Prodotti o Servizi di
Qualità**: Se stai promuovendo prodotti o servizi,
assicurati che siano di alta qualità. La tua
reputazione è in gioco.

569. **Sii Consapevole dei Trend Culturali**:
Fai attenzione ai trend culturali e alle sensibilità
culturali quando condividi contenuti. Evita di
offendere o alienare il tuo pubblico.

570. **Cura la Tua Salute Mentale**: Gestire un
account Twitter di succcsso può essere

stressante. Prenditi cura della tua salute mentale
e stacca quando necessario.

571.   **Comprendi il Ciclo di Vita dei
Contenuti**: I contenuti su Twitter possono avere
un ciclo di vita limitato. Comprendi quanto
tempo un tweet rimane rilevante e sfruttalo al
meglio.

572.   **Sii Preparato a Sforzi Continui**: Il
successo su Twitter richiede sforzi continui nel
lungo periodo. Sii preparato a investire tempo ed
energie costantemente.

573.   **Sfrutta le Funzionalità di Acquisto di
Twitter**: Se hai un e-commerce, sfrutta le
funzionalità di acquisto di Twitter per
semplificare il processo di vendita.

574.   **Riconosci e Celebra i Tuoi Successi**:
Non dimenticare di riconoscere e celebrare i tuoi
successi. Anche piccoli traguardi meritano di
essere festeggiati.

575.   **Tieni Traccia delle Tasse**: Se guadagni
attraverso Twitter, tieni traccia delle tasse e delle
dichiarazioni fiscali. La tua attività potrebbe
avere implicazioni fiscali.

576.   **Sii Consapevole dei Rischi di
Sicurezza**: Proteggi il tuo account Twitter da
possibili minacce di sicurezza, come il phishing o
l'hacking.

577.   **Cura la Privacy**: Rispetta la privacy dei tuoi follower e non condividere informazioni personali senza il loro consenso.

578.   **Sii Creativo e Innovativo**: La creatività e l'innovazione possono aiutarti a distinguerti su Twitter. Sperimenta con nuove idee e approcci.

579.   **Ricompensa i Follower Fedeli**: Mostra apprezzamento per i tuoi follower fedeli. Offri loro vantaggi speciali o contenuti esclusivi.

580.   **Sii Disposto a Imparare da Tutti**: Anche i follower o gli utenti meno conosciuti possono avere preziose lezioni da insegnarti. Sii aperto a imparare da tutti.

581.   **Rispetta le Regole di Twitter**: Conosci e rispetta le regole e i termini di servizio di Twitter. La violazione di queste regole può portare a penalità.

582.   **Cura il Networking Costante**: Coltiva costantemente il tuo network su Twitter. Questi contatti possono portare a opportunità di guadagno.

583.   **Sii Aperto alla Collaborazione**: Non aver paura di collaborare con altri utenti o brand. Le collaborazioni possono portare a guadagni reciproci.

584.   **Mantieni l'Integrità**: Mantieni sempre l'integrità nei tuoi tweet e nelle tue azioni su Twitter. La fiducia dei tuoi follower è preziosa.

585.   **Divertiti e Sii Te Stesso**: Infine, divertiti e sii te stesso su Twitter. L'autenticità e il piacere emergono dai tuoi tweet e coinvolgono il tuo pubblico.

Continua a esplorare e ad adattare queste strategie su Twitter in base alle tue esigenze specifiche e ai tuoi obiettivi. La chiave del successo su questa piattaforma è la costanza, la creatività e l'attenzione costante al tuo pubblico e alle opportunità che si presentano.

586.   **Hashtag Relevanti**: Gli hashtag sono una parte essenziale su Twitter. Utilizza hashtag pertinenti al tuo contenuto per aumentare la visibilità. Ricerca anche hashtag popolari nel tuo settore e usa quelli quando appropriato.

587.   **Ritwitta Contenuti Rilevanti**: Il ritweet è una delle principali forme di interazione su Twitter. Condividi contenuti di altri utenti che sono rilevanti per il tuo pubblico. Questo può aumentare la tua visibilità e costruire relazioni.

588.   **Promuovi i Tuoi Tweet Migliori**: Twitter offre la possibilità di promuovere i tuoi tweet in modo che raggiungano un pubblico più ampio. Questo è particolarmente utile per i tweet di grande rilevanza che desideri far notare.

589.   **Utilizza Immagini e Video**: I tweet con immagini e video attirano più attenzione rispetto ai tweet puramente testuali. Usa contenuti visivi per coinvolgere il tuo pubblico.

590. **Utilizza GIF**: Le GIF sono molto popolari su Twitter e possono aggiungere un tocco di umorismo o espressione ai tuoi tweet.

591. **Fai Domande Aperte**: Stimola la partecipazione dei tuoi follower ponendo domande aperte. Questo può generare discussioni e interazioni significative.

592. **Ringrazia i Tuoi Follower**: Quando raggiungi milestone significative, come 10.000 follower, fai un tweet di ringraziamento per mostrare apprezzamento ai tuoi supporter.

593. **Sii Costante con le Ora di Pubblicazione**: Mantieni una coerenza nella pubblicazione dei tuoi tweet. I tuoi follower apprezzano quando sanno quando aspettarsi i tuoi contenuti.

594. **Partecipa a Chats Twitter**: Molte comunità su Twitter ospitano chat tematiche su argomenti specifici. Partecipare a queste chat può aiutarti a connetterti con altri utenti interessati all'argomento.

595. **Annuncia Eventi o Webinar**: Se organizzi eventi o webinar, usa Twitter per annunciarli. Questo può attirare partecipanti interessati.

596. **Sfrutta gli Emoticon**: Gli emoticon possono aggiungere personalità ai tuoi tweet. Usali in modo appropriato per esprimere emozioni o enfatizzare punti chiave.

597.   **Tieni un Occhio sugli Indicatori di Tendenza**: Twitter mostra gli indicatori di tendenza (trending topics). Segui questi argomenti popolari e partecipa alle discussioni correlate.

598.   **Stabilisci una Politica di Retweet**: Se retweetti i contenuti degli altri, stabilisci una politica chiara su come lo fai. Puoi includere un commento personale o semplicemente condividere il tweet originale.

599.   **Rispondi in Modo Tempestivo**: Quando i tuoi follower o altri utenti interagiscono con i tuoi tweet, rispondi in modo tempestivo. Questo mostra che ti prendi sul serio l'interazione.

600.   **Promuovi il Tuo Account su Altre Piattaforme**: Se sei attivo su altre piattaforme social, promuovi il tuo account Twitter lì. Puoi sfruttare i tuoi follower esistenti su altre reti per costruire il tuo pubblico su Twitter.

601.   **Osserva le Tendenze del Tuo Settore**: Resta aggiornato sulle tendenze e gli sviluppi nel tuo settore. Condividi informazioni rilevanti e mantieniti al passo con gli argomenti di discussione.

602.   **Evita l'Overposting**: Mentre la costanza è importante, evita l'overposting. Troppo tweet in poco tempo possono affaticare i tuoi follower.

603.   **Usa Twitter Analytics**: Twitter offre strumenti analitici gratuiti per aiutarti a comprendere come il tuo pubblico interagisce con i tuoi tweet. Utilizza queste informazioni per migliorare la tua strategia.

604.   **Interagisci con i Tuoi Follower**: Rispondi ai commenti, ai messaggi diretti e ai tweet dei tuoi follower. Questo contribuisce a costruire relazioni più forti.

605.   **Osserva la Concorrenza**: Studia come la tua concorrenza usa Twitter. Questo può darti spunti su cosa funziona e cosa evitare.

606.   **Utilizza le Funzionalità di Polling**: Twitter consente di creare sondaggi. Usa questa funzionalità per coinvolgere il tuo pubblico e ottenere feedback.

607.   **Sii Agile nelle Risposte alle Notizie**: Quando si verificano eventi di attualità o notizie rilevanti per il tuo settore, rispondi in modo agile. Questo può generare attenzione e coinvolgimento.

608.   **Comunica i Tuoi Valori e la Tua Missione**: Se hai valori e una missione chiara per il tuo brand o profilo Twitter, comunicali. Questo può attrarre follower che condividono le tue stesse convinzioni.

609.   **Cura i Dettagli del Profilo**: Assicurati che il tuo profilo Twitter sia completo e accurato. Questo include una foto del profilo, una

copertina, una biografia informativa e informazioni di contatto.

610. **Considera di Sponsorizzare Contenuti**: Twitter offre opzioni di sponsorizzazione per promuovere i tuoi tweet. Questo può essere utile per raggiungere un pubblico specifico.

611. **Cerca Influencer e Leader di Opinione**: Identifica influencer o leader di opinione nel tuo settore e inizia a seguire le loro attività. Questo può espandere la tua rete di contatti e darti l'opportunità di collaborare.

612. **Mantieni l'Equilibrio tra Contenuti Promozionali e Non Promozionali**: Se stai cercando di guadagnare tramite Twitter, è importante bilanciare i contenuti promozionali con quelli non promozionali. Il continuo auto-promuoversi può alienare i follower.

613. **Tieni Traccia dei Tuoi Obiettivi**: Tieni una traccia dei tuoi obiettivi su Twitter e rivedili periodicamente. Questo ti aiuta a mantenere la direzione e l'obiettivo.

614. **Condividi Risorse Utili**: Condividi risorse, articoli, strumenti o guide che possono essere utili al tuo pubblico. Questo dimostra il tuo valore.

615. **Partecipa a Discussioni su Argomenti Chiave**: Cerca discussioni su argomenti rilevanti

per il tuo settore e partecipa con commenti informativi o domande.

616. **Cura la Tua Bio**: La tua biografia su Twitter è una delle prime cose che i nuovi follower vedono. Assicurati che sia accattivante e informativa.

617. **Sii Consistente con il Tono e lo Stile**: Mantieni una coerenza nel tono e nello stile dei tuoi tweet. Questo aiuta a creare un'identità coerente.

618. **Tieni Conto del Feedback**: Ascolta il feedback dei tuoi follower e apporta miglioramenti in base alle loro preferenze.

619. **Monitora le Menzioni del Tuo Brand**: Tieni traccia delle menzioni del tuo brand o del tuo nome su Twitter. Rispondi alle menzioni quando appropriato.

620. **Mantieni un Database dei Contatti Importanti**: Se interagisci con molti utenti o brand importanti, mantieni un database dei loro nomi e dettagli per una facile consultazione.

621. **Offri Contenuti Esclusivi per i Tuoi Follower**: Incoraggia le persone a seguirti offrendo contenuti esclusivi o sconti speciali ai tuoi follower.

622. **Rispetta la Diversità e l'Inclusione**: Assicurati che i tuoi tweet rispettino la diversità e l'inclusione. Evita contenuti offensivi o discriminatori.

623. **Ricorda che i Tweet Rimangono Pubblici**: I tweet sono pubblici e permanenti. Assicurati di non condividere nulla che potresti successivamente rimpiangere.

624. **Sfrutta le Funzionalità di Lista**: Usa le liste di Twitter per organizzare i tuoi follower o gli account che segui. Questo può semplificare la gestione e il monitoraggio del contenuto.

625. **Sviluppa un Programma di Contenuto**: Crea un programma di contenuto per pianificare in anticipo i tuoi tweet. Questo ti aiuta a rimanere costante nella pubblicazione.

626. **Analizza le Parole Chiave di Ricerca**: Ricerca parole chiave di tendenza o pertinenti per il tuo settore e incorporale nei tuoi tweet quando appropriato.

627. **Valuta la Posizione Geografica**: Se la tua attività ha una componente geografica, sfrutta le funzionalità di localizzazione su Twitter per raggiungere un pubblico specifico.

628. **Usa Emoji in Modo Creativo**: Le emoji possono aggiungere personalità ai tuoi tweet. Sfruttale in modo creativo per esprimere emozioni o concetti.

629. **Collabora con Organizzazioni No Profit**: Se hai una causa o una passione, considera la collaborazione con organizzazioni no profit. Questo può migliorare la tua reputazione e aiutare una causa degna.

630. **Condividi Successi e Milestone**: Non essere timido nel condividere i tuoi successi e le tue milestone. Questo può ispirare e motivare i tuoi follower.

631. **Cura il Feedback Negativo in Modo Costruttivo**: Quando ricevi feedback negativo, affrontalo in modo costruttivo. Usa queste critiche per migliorare.

632. **Sfrutta gli Strumenti di Automazione**: Gli strumenti di automazione possono semplificare la gestione del tuo account Twitter. Usa con parsimonia gli strumenti di programmazione dei tweet e di gestione.

633. **Mantieni una Politica di Gestione delle Crisi**: Prepara un piano per la gestione delle crisi. Come risponderesti a situazioni di emergenza o di pubbliche controversie?

634. **Celebra i Giorni Internazionali e Nazionali**: Partecipa alle celebrazioni dei giorni internazionali o nazionali pertinenti al tuo settore. Questo può aumentare la tua visibilità.

635. **Esplora Nuove Funzionalità di Twitter**: Resta aggiornato sulle nuove funzionalità e gli aggiornamenti di Twitter. Esplora e sfrutta le nuove opportunità che queste caratteristiche offrono.

636. **Sii Rispettoso delle Linee Guida Etiche**: Rispetta le linee guida etiche del tuo

settore o della tua attività. Non fare promesse ingannevoli o false dichiarazioni.

637.   **Fornisci Contenuti Istruttivi**: Condividi contenuti che insegnano qualcosa al tuo pubblico. Gli utenti apprezzano il valore educativo.

638.   **Sii Pronto alle Tendenze Virali**: Le tendenze virali possono emergere in qualsiasi momento. Sii pronto a saltare sul carro e partecipare alle conversazioni popolari.

639.   **Sii Aperto alle Recensioni**: Se offri prodotti o servizi, sii aperto alle recensioni dei clienti. Questo può contribuire a costruire fiducia.

640.   **Sfrutta i Momenti di Notizie**: Twitter offre la funzionalità "Momenti" per raccogliere e presentare notizie o eventi importanti. Usa questa funzione per raccontare storie rilevanti.

641.   **Mantieni il Contenuto Fresco**: Evita di ripetere continuamente gli stessi contenuti. Mantieni il tuo feed fresco e interessante con nuovi argomenti.

642.   **Condividi Esperienze Personali**: Ogni tanto, condividi esperienze personali o storie che possono connetterti emotivamente con il tuo pubblico.

643.   **Usa Contenuti UGC (User-Generated Content)**: Se i tuoi follower creano contenuti relativi al tuo brand o ai tuoi prodotti, condividili.

Questo dimostra il coinvolgimento della community.

644. **Monitora le Statistiche Chiave**: Tieni traccia delle statistiche chiave del tuo account Twitter, come l'engagement rate e il numero di follower. Queste metriche ti aiutano a valutare il tuo successo.

645. **Sfrutta i Follower Sponsorizzati**: Twitter offre opzioni per sponsorizzare il tuo account o i tuoi tweet per raggiungere un pubblico più ampio. Questo è particolarmente utile per la crescita iniziale del tuo account.

646. **Cerca Modi per Differenziarti**: Nel mare magnum di tweet, cerca modi per differenziarti e catturare l'attenzione.

647. **Sii Autentico**: La genuinità è apprezzata su Twitter. Sii autentico nelle tue interazioni e nei tuoi contenuti.

648. **Impara dalle Tue Sconfitte**: Non tutti i tweet saranno un successo. Impara dalle tue sconfitte e rifletti su come puoi migliorare.

649. **Condividi Lezioni Apprese**: Se hai imparato delle lezioni importanti nel tuo percorso su Twitter, condividile con il tuo pubblico.

650. **Sperimenta con il Marketing di Affiliazione**: Se il tuo account Twitter è legato a un settore specifico, considera il marketing di

affiliazione, promuovendo prodotti o servizi in cambio di commissioni.

651. **Collabora con Altri Utenti Twitter**: Cerca collaborazioni con altri utenti Twitter, soprattutto se hanno un pubblico complementare al tuo.

652. **Sii Pronto a Chiedere Consigli**: Se incontri sfide o hai domande, non esitare a chiedere consigli alla community di Twitter. Molte persone sono disposte ad aiutarti.

653. **Monitora l'Engagement dei Tuoi Tweet**: Non limitarti a guardare il numero di retweet o like. Monitora l'engagement dei tuoi tweet per valutare l'interazione significativa.

654. **Contribuisci a Conversazioni Globali**: Twitter è una piattaforma globale. Partecipa a conversazioni che superano i confini nazionali.

655. **Sii Consapevole della Sicurezza**: Proteggi il tuo account Twitter da accessi non autorizzati e phishing. Usa password forti e autenticazione a due fattori.

656. **Evita Contenuti Polarizzanti**: Evita di condividere contenuti che potrebbero polarizzare il tuo pubblico. Cerca di mantenere un tono inclusivo.

657. **Sii Grato**: Mostra gratitudine ai tuoi follower e alle persone che interagiscono con i tuoi tweet. Anche un semplice "grazie" può fare la differenza.

658.   **Rispetta la Privacy degli Altri**: Non condividere informazioni personali o private sugli altri senza il loro consenso.

659.   **Fornisci Supporto al Cliente**: Se hai un'azienda o un marchio, usa Twitter per fornire supporto al cliente. Rispondi alle domande e ai problemi dei clienti.

660.   **Sii Consapevole delle Tendenze Culturali**: Fai attenzione alle tendenze culturali e rispetta la sensibilità culturale quando condividi contenuti.

661.   **Sii Disposto a Chiedere Scusa**: Se commetti errori o hai un'interazione negativa, sii disposto a chiedere scusa e a correggere il tiro.

662.   **Divertiti**: Twitter può essere un posto divertente. Goditi il processo e divertiti interagendo con la community.

663.   **Tieni Conto dell'Età del Tuo Pubblico**: Se conosci l'età predominante del tuo pubblico, adatta i tuoi contenuti e il tuo tono di conseguenza.

664.   **Sii Aperto al Cambiamento**: Le dinamiche di Twitter possono cambiare nel tempo. Sii aperto al cambiamento e prontamente adattati alle nuove tendenze.

665.   **Sii Connesso con le Notizie Globali**: Twitter è una fonte importante per le notizie globali. Resta connesso con gli eventi internazionali.

666. **Rispetta i Diritti d'Autore**: Non condividere contenuti protetti da copyright senza autorizzazione. Rispetta i diritti d'autore.

667. **Comunica con il Tuo Team**: Se gestisci un account aziendale, mantieni una comunicazione aperta con il tuo team per coordinare la strategia di Twitter.

668. **Sii Rispettoso della Variazione Oraria**: Twitter è utilizzato in tutto il mondo, quindi considera la variazione oraria quando pubblichi i tuoi tweet per raggiungere un pubblico globale.

669. **Condividi Risorse Educative**: Se trovi risorse educative pertinenti al tuo settore, condividile con il tuo pubblico.

670. **Accogli Nuovi Follower con Gentilezza**: Quando nuove persone seguono il tuo account, accoglile con gentilezza e ringraziale per il follow.

671. **Ricambia i Follow**: Se ritieni che un account sia rilevante per il tuo settore, ricambia il follow se possibile.

672. **Sii Aperto alle Diverse Prospettive**: Sii aperto alle diverse prospettive e alle opinioni differenti. Le discussioni costruttive possono arricchire il tuo account.

673. **Stabilisci Relazioni a Lungo Termine**: Concentrati sulla costruzione di relazioni a lungo

termine con i tuoi follower. Questo è più prezioso che cercare guadagni a breve termine.

674. **Impara dai Tuoi Concorrenti**: Osserva come i tuoi concorrenti usano Twitter e impara da loro. Cosa funziona per loro e cosa puoi applicare alla tua strategia?

675. **Mantieni il Controllo dei Tweet Virali**: Se un tuo tweet diventa virale, mantieni il controllo della situazione e rispondi in modo appropriato.

676. **Sii Attento alle Tendenze Politiche**: Le tendenze politiche possono essere polarizzanti. Sii attento quando affronti argomenti politici.

677. **Celebra le Feste e le Ricorrenze**: Usa Twitter per celebrare le festività o le ricorrenze pertinenti al tuo settore o al tuo pubblico.

678. **Rendi Omaggio ai Tuoi Follower Fedeli**: Ogni tanto, rendi omaggio ai tuoi follower più fedeli e ringraziali per il loro supporto.

679. **Valuta la Qualità Rispetto alla Quantità**: La quantità di follower è importante, ma la qualità dei tuoi follower è ancora più importante. Cerca di attrarre un pubblico di alta qualità.

680. **Promuovi L'Interazione tra i Tuoi Follower**: Incoraggia i tuoi follower a interagire tra loro. Questo può creare un senso di community intorno al tuo account.

681.   **Fai Appello alle Emozioni**: I tweet che suscitano emozioni tendono a ricevere una maggiore attenzione. Sii coinvolgente.

682.   **Sii Consapevole dell'Impegno Sociale**: Twitter può essere uno strumento potente per il cambiamento sociale. Usa la tua piattaforma per promuovere cause importanti.

683.   **Offri Contenuti Divertenti e Leggeri**: Non tutto deve essere serio. Condividi contenuti leggeri e divertenti per intrattenere il tuo pubblico.

684.   **Cerca Sostegno tra i Tuoi Follower**: Quando hai bisogno di supporto o assistenza, non esitare a cercarlo tra i tuoi follower. La community di Twitter può essere solidale.

685.   **Sii Consapevole del Linguaggio Utilizzato**: Usa un linguaggio appropriato e rispettoso. Evita il linguaggio volgare o offensivo.

686.   **Partecipa a Iniziative Benefiche**: Se hai la possibilità, partecipa a iniziative benefiche o sosteni cause umanitarie tramite il tuo account Twitter.

687.   **Osserva le Tendenze degli Hashtag**: Segui gli hashtag popolari e partecipa alle discussioni associate a essi.

688.   **Pianifica Contenuti Tematici Ricorrenti**: Pianifica contenuti tematici ricorrenti, come "Giovedì delle Domande" o

"Venerdì dei Consigli", per coinvolgere il tuo pubblico.

689. **Promuovi L'Apprendimento Continuo**: Promuovi l'importanza dell'apprendimento continuo e della crescita personale tra i tuoi follower.

690. **Usa Immagini Motivazionali**: Le immagini con citazioni o messaggi motivazionali possono essere condivise per ispirare il tuo pubblico.

691. **Comunica in Modo Chiario e Conciso**: In un limite di caratteri, è importante comunicare in modo chiaro e conciso. Evita l'ambiguità.

692. **Supporta il Contenuto degli Utenti**: Se i tuoi follower condividono contenuti pertinenti, sostienili retweettando o condividendo i loro tweet.

693. **Incoraggia il Feedback Costruttivo**: Chiedi ai tuoi follower il loro feedback su ciò che apprezzano e su cosa desidererebbero vedere di più.

694. **Cura le Immagini del Profilo**: La tua immagine del profilo e la copertina sono spesso la prima impressione che le persone hanno di te. Assicurati che siano professionali.

695. **Rispetta le Norme Etiche del Tuo Settore**: Se hai un'attività o una professione,

rispetta le norme etiche del tuo settore quando condividi contenuti.

696. **Sii Attivo Durante gli Eventi dal Vivo**: Durante eventi dal vivo o conferenze, sii attivo su Twitter. Condividi aggiornamenti in tempo reale.

697. **Partecipa a Competizioni Twitter**: Molte organizzazioni e brand lanciano competizioni su Twitter. Partecipa per avere l'opportunità di vincere premi.

698. **Fornisci Risorse Gratuite**: Condividi risorse gratuite come e-book, guide o modelli che possono essere utili al tuo pubblico.

699. **Tieni Traccia delle Tendenze dell'Engagement**: Valuta quali tipi di tweet ricevono l'engagement più alto e cerca di ripetere il successo.

700. **Sii onesto sugli Errori**: Se commetti un errore, sii onesto e trasparente a riguardo. La sincerità è apprezzata su Twitter.

701. **Sfrutta i Momenti di Giornata**: Celebra le giornate speciali o i momenti di gioco, come le Olimpiadi o gli eventi sportivi.

702. **Promuovi il Riconoscimento delle Prestazioni**: Riconosci e celebra le prestazioni straordinarie dei tuoi follower o dei membri della community.

703. **Mantieni una Posizione Chiara su Questioni Importanti**: Se hai una posizione su questioni importanti, condividila chiaramente.

La tua autenticità può attirare follower che condividono le stesse opinioni.

704. **Coinvolgi nel Marketing di Contenuti**: Coinvolgi il tuo pubblico nel marketing di contenuti. Chiedi loro di condividere o commentare i tuoi articoli o video.

705. **Condividi Punti di Vista Diversi**: In alcune discussioni, condividi punti di vista diversi o controversi per stimolare il dibattito.

706. **Osserva gli Indicatori di Soddisfazione del Cliente**: Se hai un'attività, monitora gli indicatori di soddisfazione del cliente espressi sui social media, inclusi Twitter.

707. **Coinvolgi i Dipendenti dell'Azienda**: Coinvolgi i dipendenti della tua azienda affinché condividano e promuovano i contenuti aziendali.

708. **Mantieni il Controllo dei Trending Topics**: Osserva i trending topics e partecipa alle conversazioni rilevanti al tuo settore.

709. **Seleziona con Cura i Tuoi Follower**: Non seguire ciecamente tutti i profili che seguono il tuo account. Seleziona con cura i tuoi follower per mantenere un feed di alta qualità.

710. **Contribuisci alla Comunità Locale**: Se il tuo business è locale, partecipa attivamente alla comunità locale su Twitter.

711. **Condividi Storie di Successo**: Condividi storie di successo di clienti o di chi fa parte della tua community.

712.   **Offri Consigli di Esperti**: Se sei un esperto in un certo campo, offri consigli e guide per aiutare il tuo pubblico.

713.   **Sii Aperto alle Colloborazioni**: Non avere paura di collaborare con altri utenti Twitter o brand. Le collaborazioni possono portare a risultati positivi.

714.   **Ricorda di Divertirti**: Anche se Twitter può essere un ambiente professionale, non dimenticare di divertirti e di mostrare il tuo lato più leggero.

715.   **Sii Consapevole del Pubblico Internazionale**: Twitter ha un pubblico internazionale. Considera la diversità culturale quando condividi contenuti.

716.   **Sfrutta le Funzionalità di Live Streaming**: Twitter offre funzionalità di live streaming. Usale per comunicare in tempo reale con il tuo pubblico.

717.   **Impara dall'Analisi dei Concorrenti**: Studia l'analisi dei concorrenti per vedere cosa funziona per loro e cosa potresti adottare nella tua strategia.

718.   **Celebra i Giorni Internazionali della Consapevolezza**: Partecipa ai giorni internazionali della consapevolezza pertinenti al tuo settore o ai tuoi valori.

719.   **Promuovi le Storie Umane**: Racconta storie umane che coinvolgono il tuo pubblico emotivamente.

720.   **Sii Attento ai Trend degli Hashtag**: Osserva i trend degli hashtag e partecipa alle discussioni popolari.

721.   **Fai Pubblicità a Eventi e Webinar**: Se organizzi eventi o webinar, usa Twitter per la promozione. Questo può attirare partecipanti interessati.

722.   **Offri Anteprime Esclusive**: Offri ai tuoi follower anteprime esclusive o dietro le quinte. Questo li fa sentire speciali.

723.   **Mantieni Traccia dei Migliori Orari di Pubblicazione**: Monitora quali orari di pubblicazione generano il miglior engagement e sfruttali.

724.   **Condividi Ispirazioni Quotidiane**: Condividi citazioni o immagini che possono ispirare il tuo pubblico nella vita quotidiana.

725.   **Sii Attivo nei Momenti di Crisi**: Durante momenti di crisi o di emergenza, mostra solidarietà e offri supporto.

726.   **Stabilisci Relazioni di Collaborazione**: Stabilisci relazioni di collaborazione a lungo termine con altri utenti o brand per un beneficio reciproco.

727.   **Partecipa a Contest e Competizioni Twitter**: Partecipa a contest o competizioni

Twitter per l'opportunità di vincere premi o promuovere il tuo account.

728. **Celebra le Differenze Culturali**: Riconosci e celebra le differenze culturali e i giorni festivi specifici delle diverse culture.

729. **Comunica le Tue Aspirazioni Future**: Condividi le tue aspirazioni future con il tuo pubblico. Questo può creare un senso di prospettiva e crescita.

730. **Coinvolgi con Contenuti Interattivi**: Usa contenuti interattivi come sondaggi, domande o quiz per coinvolgere il tuo pubblico.

731. **Commemora Eventi Storici**: Condividi storie e fatti storici pertinenti alla tua attività o al tuo settore.

732. **Sii un Risolutore di Problemi**: Usa Twitter per risolvere i problemi dei tuoi follower. Rispondi alle domande e fornisci soluzioni.

733. **Ricevi Risposte da Ospiti Speciali**: Ospita sessioni di domande e risposte con ospiti speciali che possiedono una vasta conoscenza su determinati argomenti.

734. **Offri Supporto alle Cause Benefiche**: Usa il tuo account Twitter per supportare cause benefiche o organizzazioni no profit.

735. **Rispetta le Leggi sulla Privacy**: Rispetta le leggi sulla privacy quando condividi contenuti che coinvolgono dati personali.

736. **Cura l'Aspetto del Tuo Profilo**: L'aspetto del tuo profilo è importante. Assicurati che sia coerente con il tuo brand o la tua personalità.

737. **Condividi Citazioni Ispiratrici**: Le citazioni ispiratrici sono spesso condivise e apprezzate su Twitter.

738. **Partecipa alle Conversationi Virali**: Se vedi una conversazione diventare virale, partecipa in modo significativo.

739. **Mantieni una Politica di Uso Accettabile**: Assicurati che i tuoi tweet rispettino le politiche di uso accettabile di Twitter.

740. **Osserva le Norme sulla Sicurezza Online**: Proteggi la tua sicurezza online e quella dei tuoi follower.

741. **Mantieni Aggiornati i Tuoi Follower su Novità**: Se hai annunci o novità relative al tuo settore, condividile con i tuoi follower.

742. **Sii Aperto alle Recensioni**: Se ricevi recensioni, sii aperto a ricevere feedback e migliorare in base alle opinioni dei clienti.

743. **Evita il Comportamento di Spam**: Evita di comportarti come uno spammer. Non condividere contenuti ripetitivi in modo eccessivo.

744. **Condividi Contenuti Ispirati a Eventi Locali**: Se il tuo business è localizzato, condividi

contenuti ispirati a eventi locali o luoghi di interesse.

745. **Stabilisci Comunicazioni Brevi con il Pubblico**: Rispondi a domande o interagisci con il tuo pubblico in modo conciso e chiaro.

746. **Promuovi l'Impegno Causale**: Se supporti una causa o una questione sociale, usa il tuo account Twitter per promuovere l'engagement a favore di essa.

747. **Coinvolgi il Tuo Pubblico nella Tua Storia**: Racconta la tua storia o il tuo percorso, coinvolgendo il pubblico emotivamente.

748. **Sfrutta i Feed Sponsorizzati**: Utilizza feed sponsorizzati per raggiungere un pubblico specifico con i tuoi tweet.

749. **Celebra le Giornate della Settimana Tematiche**: Partecipa alle celebrazioni delle giornate della settimana tematiche, come il "Martedì del Caffè" o il "Venerdì Relax".

750. **Rispetta la Diversità Sessuale**: Promuovi la diversità di genere e rispetta il diritto di ciascun individuo di identificarsi come preferisce.

751. **Stabilisci una Presenza Globale**: Se hai un pubblico internazionale, pubblica tweet in diverse lingue o utilizza account specifici per regioni.

752. **Partecipa alle Conversationi su Stili di Vita**: Se il tuo settore è legato agli stili di vita,

partecipa alle conversazioni su abitudini, tendenze e benessere.

753. **Condividi Casi di Studio**: Se possibile, condividi casi di studio o esempi concreti del lavoro che fai o dei tuoi prodotti.

754. **Promuovi l'Innovazione**: Condividi notizie e storie relative all'innovazione e alle ultime tendenze del tuo settore.

755. **Cura il Tono nella Comunicazione**: Mantieni un tono positivo e rispettoso quando ti relazioni con il tuo pubblico.

756. **Rendi Omaggio a Persone Ispiratrici**: Celebra persone che ti ispirano o che hanno fatto una differenza nel tuo settore.

757. **Coinvolgi gli Ascoltatori dei Podcast**: Se gestisci un podcast, coinvolgi gli ascoltatori su Twitter per discussioni e domande.

758. **Partecipa alle Discussioni sull'Ambiente**: Se l'ambiente è importante per te, partecipa alle discussioni sulle questioni ambientali e sullo sviluppo sostenibile.

759. **Comunica il Tuo Supporto ai Movimenti Sociali**: Se supporti movimenti sociali o cause importanti, comunicane il tuo supporto in modo chiaro.

760. **Promuovi il Benessere Mentale**: Promuovi il benessere mentale e offre supporto a coloro che ne hanno bisogno.

761.   **Sii un Modello Positivo per i Giovani**: Se il tuo pubblico include giovani, sii un modello positivo per loro.

762.   **Condividi Esperienze di Viaggio**: Se hai esperienze di viaggio da condividere, usa Twitter per ispirare il tuo pubblico.

763.   **Partecipa alle Discussioni sulla Tecnologia**: Se il tuo settore è legato alla tecnologia, partecipa alle discussioni sulla tecnologia e sulle ultime novità.

764.   **Promuovi la Tolleranza Religiosa**: Rispetta e promuovi la tolleranza religiosa e il diritto di ognuno di seguire la propria fede.

765.   **Rendi Omaggio ai Leader di Pensiero**: Rendi omaggio ai leader di pensiero che hanno influenzato la tua visione del mondo o il tuo lavoro.

766.   **Coinvolgi le Aziende Locali**: Se hai un'attività locale, coinvolgi le aziende locali condividendo contenuti o promuovendo collaborazioni.

767.   **Partecipa alle Discussioni sulla Cultura Pop**: Se il tuo pubblico è interessato alla cultura pop, partecipa alle discussioni e alle tendenze culturali.

768.   **Promuovi la Consapevolezza sull'Abuso di Sostanze**: Promuovi la consapevolezza sull'abuso di sostanze e sostieni coloro che lottano contro questa dipendenza.

769. **Celebra le Differenze di Età**: Rispetta e celebra le diverse età dei tuoi follower. Ognuno ha prospettive e esperienze uniche.

770. **Condividi il Tuo Viaggio di Apprendimento**: Condividi il tuo viaggio di apprendimento e crescita con il tuo pubblico.

771. **Partecipa alle Discussioni sull'Arte**: Se sei interessato all'arte, partecipa alle discussioni sull'arte, sulla creatività e sulla cultura.

772. **Promuovi l'Uguaglianza di Genere**: Sostieni l'uguaglianza di genere e combatti la discriminazione basata sul sesso.

773. **Sii un Modello Positivo per l'Integrità**: Sii un modello positivo per l'integrità e l'onestà nei tuoi comportamenti.

774. **Condividi Storie di Immigrazione**: Se sei coinvolto nell'immigrazione o hai esperienze da condividere, racconta storie significative.

775. **Partecipa alle Discussioni sulla Filantropia**: Se sei coinvolto nella filantropia, partecipa alle discussioni sulla beneficenza e sul dare.

776. **Promuovi la Consapevolezza della Salute Mentale**: Promuovi la consapevolezza della salute mentale e offre supporto a coloro che ne hanno bisogno.

777. **Rendi Omaggio ai Diritti Umani**: Celebra e sostieni i diritti umani e le lotte per la giustizia.

778. **Coinvolgi le Comunità Locali di Minoranza**: Se hai una connessione con comunità locali di minoranza, coinvolgile in modo rispettoso.

779. **Partecipa alle Discussioni sull'Educazione**: Se sei coinvolto nell'istruzione, partecipa alle discussioni sull'educazione e sulle sfide del settore.

780. **Promuovi la Consapevolezza sulle Disabilità**: Promuovi la consapevolezza sulle disabilità e offre sostegno alle persone con disabilità.

781. **Sii un Modello Positivo per la Diversità**: Sii un modello positivo per la diversità e l'inclusione.

782. **Condividi Storie di Crescita Personale**: Se hai storie di crescita personale da condividere, usa Twitter per ispirare gli altri.

783. **Partecipa alle Discussioni sull'Innovazione Sociale**: Se sei coinvolto nell'innovazione sociale, partecipa alle discussioni sull'argomento.

784. **Promuovi la Consapevolezza Ambientale**: Promuovi la consapevolezza ambientale e sostieni la lotta contro i cambiamenti climatici.

785.   **Rendi Omaggio agli Operatori Sanitari**: Celebra e sostieni gli operatori sanitari che lavorano duramente per la salute pubblica.

786.   **Coinvolgi le Comunità LGBT+**: Sostieni e coinvolgi le comunità LGBT+ in modo inclusivo e rispettoso.

787.   **Partecipa alle Discussioni sulla Sostenibilità**: Se sei coinvolto nella sostenibilità, partecipa alle discussioni sull'argomento e condividi iniziative.

788.   **Promuovi la Consapevolezza del Cancro**: Promuovi la consapevolezza del cancro e sostieni coloro che combattono questa malattia.

789.   **Sii un Modello Positivo per l'Etica**: Sii un modello positivo per l'etica e la responsabilità sociale.

790.   **Condividi Storie di Successo nell'Imprenditoria**: Se sei imprenditore o hai esperienze imprenditoriali da condividere, racconta storie di successo.

791.   **Partecipa alle Discussioni sull'Inclusione Sociale**: Se sei coinvolto nell'inclusione sociale, partecipa alle discussioni sull'argomento.

792.   **Promuovi la Consapevolezza sulle Malattie Rare**: Promuovi la consapevolezza delle malattie rare e sostieni coloro che ne soffrono.

793. **Rendi Omaggio agli Insegnanti**: Celebra e sostieni gli insegnanti che hanno un impatto positivo sulla vita degli studenti.

794. **Coinvolgi le Comunità Indigene**: Se hai una connessione con le comunità indigene, coinvolgile con rispetto e sensibilità culturale.

795. **Partecipa alle Discussioni sulla Giustizia Sociale**: Se sei coinvolto nella giustizia sociale, partecipa alle discussioni sull'argomento.

796. **Promuovi la Consapevolezza sull'Autismo**: Promuovi la consapevolezza sull'autismo e offre supporto alle persone autistiche.

797. **Sii un Modello Positivo per il Benessere Mentale**: Sii un modello positivo per il benessere mentale e l'autocura.

798. **Condividi Storie di Resilienza**: Se hai storie di resilienza da condividere, usa Twitter per ispirare gli altri.

799. **Partecipa alle Discussioni sulla Tecnologia Educativa**: Se sei coinvolto nella tecnologia educativa, partecipa alle discussioni sull'argomento.

800. **Promuovi la Consapevolezza sulle Questioni di Genere**: Promuovi la consapevolezza sulle questioni di genere e sostieni l'uguaglianza.

801. **Rendi Omaggio agli Operatori Umanitari**: Celebra e sostieni gli operatori umanitari che lavorano per aiutare le persone in situazioni di crisi.

802. **Coinvolgi le Comunità dei Rifugiati**: Se hai una connessione con le comunità dei rifugiati, coinvolgile con empatia e supporto.

803. **Partecipa alle Discussioni sulla Sostenibilità Ambientale**: Se sei coinvolto nella sostenibilità ambientale, partecipa alle discussioni sull'argomento.

804. **Promuovi la Consapevolezza sulla Salute Globale**: Promuovi la consapevolezza sulla salute globale e sosteni gli sforzi per affrontare le sfide sanitarie a livello mondiale.

805. **Sii un Modello Positivo per la Consapevolezza Ambientale**: Sii un modello positivo per la consapevolezza ambientale e la tutela del pianeta.

806. **Condividi Storie di Successo nella Ricerca Scientifica**: Se hai storie di successo nella ricerca scientifica o tecnologica, condividile per ispirare gli altri.

807. **Partecipa alle Discussioni sull'Uguaglianza Razziale**: Se sei coinvolto nell'uguaglianza razziale, partecipa alle discussioni sull'argomento.

808. **Promuovi la Consapevolezza sulla Salute Mentale dei Giovani**: Promuovi la

consapevolezza sulla salute mentale dei giovani e sostieni coloro che ne hanno bisogno.

809. **Rendi Omaggio agli Artisti Locali**: Celebra e sostieni gli artisti locali che contribuiscono alla cultura e all'arte.

810. **Coinvolgi le Comunità Multiculturali**: Se hai una connessione con le comunità multiculturali, coinvolgile in modo inclusivo e rispettoso.

811. **Partecipa alle Discussioni sulla Digitalizzazione**: Se sei coinvolto nella digitalizzazione, partecipa alle discussioni sull'argomento.

812. **Promuovi la Consapevolezza sulle Questioni LGBTQ+**: Promuovi la consapevolezza sulle questioni LGBTQ+ e sostieni l'uguaglianza di genere.

813. **Sii un Modello Positivo per l'Inclusione delle Persone Disabili**: Sii un modello positivo per l'inclusione delle persone con disabilità.

814. **Condividi Storie di Innovazione Sociale**: Se hai storie di innovazione sociale da condividere, usa Twitter per ispirare gli altri.

815. **Partecipa alle Discussioni sulla Responsabilità Aziendale**: Se sei coinvolto nella responsabilità aziendale, partecipa alle discussioni sull'argomento.

816.   **Promuovi la Consapevolezza sulle Questioni di Salute Pubblica**: Promuovi la consapevolezza sulle questioni di salute pubblica e sostieni gli sforzi per migliorare la salute della comunità.

817.   **Rendi Omaggio agli Insegnanti di Scienze**: Celebra e sostieni gli insegnanti di scienze che ispirano gli studenti verso il sapere scientifico.

818.   **Coinvolgi le Comunità Indigene in Iniziative Culturali**: Se hai una connessione con le comunità indigene, coinvolgile in iniziative culturali rispettose della loro eredità.

819.   **Partecipa alle Discussioni sulla Tecnologia Pulita**: Se sei coinvolto nella tecnologia pulita, partecipa alle discussioni sull'argomento.

820.   **Promuovi la Consapevolezza sulla Salute Materna e Infantile**: Promuovi la consapevolezza sulla salute materna e infantile e sostieni le famiglie.

821.   **Sii un Modello Positivo per il Benessere Psicologico**: Sii un modello positivo per il benessere psicologico e l'equilibrio mentale.

822.   **Condividi Storie di Successo nella Ricerca Medica**: Se hai storie di successo nella ricerca medica o sanitaria, condividile per ispirare gli altri.

823. **Partecipa alle Discussioni sulla Sostenibilità Alimentare**: Se sei coinvolto nella sostenibilità alimentare, partecipa alle discussioni sull'argomento.

824. **Promuovi la Consapevolezza sulla Salute Orale**: Promuovi la consapevolezza sulla salute orale e sostieni l'importanza dell'igiene dentale.

825. **Rendi Omaggio agli Insegnanti di Storia**: Celebra e sostieni gli insegnanti di storia che trasmettono la conoscenza del passato.

826. **Coinvolgi le Comunità Locali nella Valorizzazione del Patrimonio**: Se hai una connessione con le comunità locali, coinvolgile nella valorizzazione del patrimonio culturale.

827. **Partecipa alle Discussioni sulla Tecnologia Medica**: Se sei coinvolto nella tecnologia medica, partecipa alle discussioni sull'argomento.

828. **Promuovi la Consapevolezza sulla Salute degli Animali**: Promuovi la consapevolezza sulla salute e il benessere degli animali e sostieni iniziative a loro favore.

829. **Sii un Modello Positivo per l'Inclusione dei Senzatetto**: Sii un modello positivo per l'inclusione e il sostegno delle persone senzatetto.

830. **Condividi Storie di Successo nell'Educazione Musicale**: Se hai storie di

successo nell'educazione musicale, condividile per ispirare gli altri.

831. **Partecipa alle Discussioni sulla Sostenibilità Energetica**: Se sei coinvolto nella sostenibilità energetica, partecipa alle discussioni sull'argomento.

832. **Promuovi la Consapevolezza sulla Salute Visiva**: Promuovi la consapevolezza sulla salute visiva e l'importanza della cura degli occhi.

833. **Rendi Omaggio agli Insegnanti di Lettere**: Celebra e sostieni gli insegnanti di lettere che promuovono la passione per la letteratura e la scrittura.

834. **Coinvolgi le Comunità Locali nella Conservazione dell'Ambiente**: Se hai una connessione con comunità locali, coinvolgile nella conservazione dell'ambiente.

835. **Partecipa alle Discussioni sulla Tecnologia Verde**: Se sei coinvolto nella tecnologia verde, partecipa alle discussioni sull'argomento.

836. **Promuovi la Consapevolezza sulla Salute dell'Infanzia**: Promuovi la consapevolezza sulla salute dell'infanzia e sostieni i programmi a favore dei bambini.

837. **Sii un Modello Positivo per l'Inclusione delle Persone Anziane**: Sii un

modello positivo per l'inclusione delle persone anziane nella società.

838. **Condividi Storie di Successo nella Formazione Professionale**: Se hai storie di successo nella formazione professionale, condividile per ispirare gli altri.

839. **Partecipa alle Discussioni sulla Sostenibilità Idrica**: Se sei coinvolto nella sostenibilità idrica, partecipa alle discussioni sull'argomento.

840. **Promuovi la Consapevolezza sulla Salute Cardiovascolare**: Promuovi la consapevolezza sulla salute cardiovascolare e sostieni la prevenzione delle malattie cardiache.

841. **Rendi Omaggio agli Insegnanti di Matematica**: Celebra e sostieni gli insegnanti di matematica che insegnano abilità cruciali.

842. **Coinvolgi le Comunità Locali nella Promozione del Turismo Sostenibile**: Se hai una connessione con comunità locali, coinvolgile nella promozione del turismo sostenibile.

843. **Partecipa alle Discussioni sulla Tecnologia Educativa**: Se sei coinvolto nella tecnologia educativa, partecipa alle discussioni sull'argomento.

844. **Promuovi la Consapevolezza sulla Salute Respiratoria**: Promuovi la

consapevolezza sulla salute respiratoria e sostieni coloro che soffrono di malattie polmonari.

845. **Sii un Modello Positivo per l'Inclusione delle Persone LGBTQ+**: Sii un modello positivo per l'inclusione delle persone LGBTQ+ nella società.

846. **Condividi Storie di Successo nella Tutela dell'Ambiente**: Se hai storie di successo nella tutela dell'ambiente, condividile per ispirare gli altri.

847. **Partecipa alle Discussioni sulla Sostenibilità delle Risorse Naturali**: Se sei coinvolto nella sostenibilità delle risorse naturali, partecipa alle discussioni sull'argomento.

848. **Promuovi la Consapevolezza sulla Salute Riproduttiva**: Promuovi la consapevolezza sulla salute riproduttiva e sostieni i diritti delle donne.

849. **Rendi Omaggio agli Insegnanti di Arte**: Celebra e sostieni gli insegnanti di arte che ispirano la creatività e l'espressione.

850. **Coinvolgi le Comunità Locali nella Conservazione del Patrimonio Naturale**: Se hai una connessione con comunità locali, coinvolgile nella conservazione del patrimonio naturale.

851. **Partecipa alle Discussioni sulla Tecnologia Sanitaria**: Se sei coinvolto nella

tecnologia sanitaria, partecipa alle discussioni sull'argomento.

852. **Promuovi la Consapevolezza sulla Salute degli Animali Domestici**: Promuovi la consapevolezza sulla salute degli animali domestici e sostieni il benessere degli amici a quattro zampe.

853. **Sii un Modello Positivo per l'Inclusione delle Persone Disabili Fisiche**: Sii un modello positivo per l'inclusione delle persone con disabilità fisiche nella società.

854. **Condividi Storie di Successo nell'Imprenditoria Sociale**: Se hai storie di successo nell'impresa sociale, condividile per ispirare gli altri.

855. **Partecipa alle Discussioni sulla Sostenibilità delle Città**: Se sei coinvolto nella sostenibilità delle città, partecipa alle discussioni sull'argomento.

856. **Promuovi la Consapevolezza sulla Salute dell'Uomo**: Promuovi la consapevolezza sulla salute dell'uomo e sostieni le questioni legate alla salute maschile.

857. **Rendi Omaggio agli Insegnanti di Educazione Fisica**: Celebra e sostieni gli insegnanti di educazione fisica che promuovono uno stile di vita attivo.

858. **Coinvolgi le Comunità Locali nella Valorizzazione del Patrimonio Artistico**:

Se hai una connessione con comunità locali,
coinvolgile nella valorizzazione del patrimonio
artistico.

859. **Partecipa alle Discussioni sulla Tecnologia 5G e Connettività**: Se sei coinvolto nella tecnologia 5G e nella connettività, partecipa alle discussioni sull'argomento.

860. **Promuovi la Consapevolezza sulla Salute delle Donne**: Promuovi la consapevolezza sulla salute delle donne e sostieni i diritti e il benessere delle donne.

861. **Sii un Modello Positivo per l'Inclusione delle Persone con Autismo**: Sii un modello positivo per l'inclusione delle persone con autismo nella società.

862. **Condividi Storie di Successo nella Start-up Tecnologica**: Se hai storie di successo nel mondo delle start-up tecnologiche, condividile per ispirare gli altri.

863. **Partecipa alle Discussioni sulla Sostenibilità dell'Acqua Potabile**: Se sei coinvolto nella sostenibilità dell'acqua potabile, partecipa alle discussioni sull'argomento.

864. **Promuovi la Consapevolezza sulla Salute Mentale degli Studenti**: Promuovi la consapevolezza sulla salute mentale degli studenti e sostieni programmi nelle scuole.

865. **Rendi Omaggio agli Insegnanti di Musica**: Celebra e sostieni gli insegnanti di

musica che ispirano la passione per la musica e il talento musicale.

866. **Coinvolgi le Comunità Locali nella Conservazione delle Specie Marine**: Se hai una connessione con comunità locali, coinvolgile nella conservazione delle specie marine.

867. **Partecipa alle Discussioni sulla Tecnologia Blockchain**: Se sei coinvolto nella tecnologia blockchain, partecipa alle discussioni sull'argomento.

868. **Promuovi la Consapevolezza sulla Salute delle Persone Anziane**: Promuovi la consapevolezza sulla salute delle persone anziane e sostieni programmi di assistenza agli anziani.

869. **Sii un Modello Positivo per l'Inclusione delle Persone con Disabilità Intellettiva**: Sii un modello positivo per l'inclusione delle persone con disabilità intellettiva nella società.

870. **Condividi Storie di Successo nella Pianificazione Familiare**: Se hai storie di successo nella pianificazione familiare, condividile per ispirare gli altri.

871. **Partecipa alle Discussioni sulla Sostenibilità delle Energie Rinnovabili**: Se sei coinvolto nella sostenibilità delle energie rinnovabili, partecipa alle discussioni sull'argomento.

872. **Promuovi la Consapevolezza sulla Salute delle Persone con Malattie Rare**: Promuovi la consapevolezza sulla salute delle persone con malattie rare e sostieni la ricerca.

873. **Rendi Omaggio agli Insegnanti di Lingue**: Celebra e sostieni gli insegnanti di lingue che promuovono la conoscenza di lingue straniere.

874. **Coinvolgi le Comunità Locali nella Promozione del Turismo Culturale**: Se hai una connessione con comunità locali, coinvolgile nella promozione del turismo culturale.

875. **Partecipa alle Discussioni sulla Tecnologia Spaziale e L'esplorazione**: Se sei coinvolto nella tecnologia spaziale e nell'esplorazione, partecipa alle discussioni sull'argomento.

876. **Promuovi la Consapevolezza sulla Salute degli Animali Selvatici**: Promuovi la consapevolezza sulla salute degli animali selvatici e sostieni la conservazione delle specie.

877. **Sii un Modello Positivo per l'Inclusione delle Persone con Disturbi dell'Alimentazione**: Sii un modello positivo per l'inclusione delle persone con disturbi dell'alimentazione nella società.

878. **Condividi Storie di Successo nella Ricerca sulla Salute**: Se hai storie di successo

nella ricerca sulla salute, condividile per ispirare gli altri.

879. **Partecipa alle Discussioni sulla Sostenibilità delle Città Intelligenti**: Se sei coinvolto nella sostenibilità delle città intelligenti, partecipa alle discussioni sull'argomento.

880. **Promuovi la Consapevolezza sulla Salute degli Animali da Compagnia**: Promuovi la consapevolezza sulla salute degli animali da compagnia e sostieni il benessere degli amici pelosi.

881. **Sii un Modello Positivo per l'Inclusione delle Persone con Disturbi dell'Apprendimento**: Sii un modello positivo per l'inclusione delle persone con disturbi dell'apprendimento nella società.

882. **Condividi Storie di Successo nella Ricerca sulla Salute Globale**: Se hai storie di successo nella ricerca sulla salute globale, condividile per ispirare gli altri.

883. **Partecipa alle Discussioni sulla Sostenibilità dell'Architettura Verde**: Se sei coinvolto nella sostenibilità dell'architettura verde, partecipa alle discussioni sull'argomento.

884. **Promuovi la Consapevolezza sulla Salute dell'Infanzia e dell'Adolescenza**: Promuovi la consapevolezza sulla salute

dell'infanzia e dell'adolescenza e sostieni programmi di prevenzione.

885. **Sii un Modello Positivo per l'Inclusione delle Persone con Disturbi Sensoriali**: Sii un modello positivo per l'inclusione delle persone con disturbi sensoriali nella società.

886. **Condividi Storie di Successo nell'Educazione all'Imprenditoria**: Se hai storie di successo nell'educazione all'imprenditoria, condividile per ispirare gli altri.

887. **Partecipa alle Discussioni sulla Sostenibilità dell'Agroalimentare**: Se sei coinvolto nella sostenibilità dell'agroalimentare, partecipa alle discussioni sull'argomento.

888. **Promuovi la Consapevolezza sulla Salute degli Studenti Universitari**: Promuovi la consapevolezza sulla salute degli studenti universitari e sostieni servizi di supporto.

889. **Sii un Modello Positivo per l'Inclusione delle Persone con Disturbi Neurologici**: Sii un modello positivo per l'inclusione delle persone con disturbi neurologici nella società.

890. **Condividi Storie di Successo nella Sostenibilità dei Trasporti**: Se hai storie di

successo nella sostenibilità dei trasporti, condividile per ispirare gli altri.

891. **Partecipa alle Discussioni sulla Sostenibilità dell'Edilizia Sostenibile**: Se sei coinvolto nella sostenibilità dell'edilizia sostenibile, partecipa alle discussioni sull'argomento.

892. **Promuovi la Consapevolezza sulla Salute degli Sportivi**: Promuovi la consapevolezza sulla salute degli sportivi e sostieni programmi di prevenzione degli infortuni.

893. **Sii un Modello Positivo per l'Inclusione delle Persone con Disabilità Fisiche**: Sii un modello positivo per l'inclusione delle persone con disabilità fisiche nella società.

894. **Condividi Storie di Successo nella Conservazione della Biodiversità**: Se hai storie di successo nella conservazione della biodiversità, condividile per ispirare gli altri.

895. **Partecipa alle Discussioni sulla Sostenibilità delle Energie Pulite**: Se sei coinvolto nella sostenibilità delle energie pulite, partecipa alle discussioni sull'argomento.

896. **Promuovi la Consapevolezza sulla Salute degli Anziani**: Promuovi la consapevolezza sulla salute degli anziani e sostieni programmi di assistenza agli anziani.

897. **Sii un Modello Positivo per l'Inclusione delle Persone con Disturbi Mentali**: Sii un modello positivo per l'inclusione delle persone con disturbi mentali nella società.

898. **Condividi Storie di Successo nella Ricerca sulla Biotecnologia**: Se hai storie di successo nella ricerca sulla biotecnologia, condividile per ispirare gli altri.

899. **Partecipa alle Discussioni sulla Sostenibilità delle Risorse Idriche**: Se sei coinvolto nella sostenibilità delle risorse idriche, partecipa alle discussioni sull'argomento.

900. **Promuovi la Consapevolezza sulla Salute degli Animali Selvatici**: Promuovi la consapevolezza sulla salute degli animali selvatici e sostieni la conservazione delle specie.

901. **Sii un Modello Positivo per l'Inclusione delle Persone con Disturbi dello Spettro Autistico**: Sii un modello positivo per l'inclusione delle persone con disturbi dello spettro autistico nella società.

902. **Condividi Storie di Successo nell'Imprenditoria Verde**: Se hai storie di successo nell'impresa verde, condividile per ispirare gli altri.

903. **Partecipa alle Discussioni sulla Sostenibilità delle Foreste**: Se sei coinvolto nella sostenibilità delle foreste, partecipa alle discussioni sull'argomento.

904. **Promuovi la Consapevolezza sulla Salute degli Studenti delle Scuole Superiori**: Promuovi la consapevolezza sulla salute degli studenti delle scuole superiori e sostieni programmi di educazione alla salute.

905. **Sii un Modello Positivo per l'Inclusione delle Persone con Disturbi del Sonno**: Sii un modello positivo per l'inclusione delle persone con disturbi del sonno nella società.

906. **Condividi Storie di Successo nella Tutela dell'Ambiente Marino**: Se hai storie di successo nella tutela dell'ambiente marino, condividile per ispirare gli altri.

907. **Partecipa alle Discussioni sulla Sostenibilità delle Energie Marine**: Se sei coinvolto nella sostenibilità delle energie marine, partecipa alle discussioni sull'argomento.

908. **Promuovi la Consapevolezza sulla Salute delle Donne Incinte**: Promuovi la consapevolezza sulla salute delle donne in gravidanza e sostieni programmi di assistenza prenatale.

909. **Sii un Modello Positivo per l'Inclusione delle Persone con Disturbi Alimentari**: Sii un modello positivo per l'inclusione delle persone con disturbi alimentari nella società.

910.   **Condividi Storie di Successo nella Ricerca sulla Salute delle Popolazioni Indigene**: Se hai storie di successo nella ricerca sulla salute delle popolazioni indigene, condividile per ispirare gli altri.

911.   **Partecipa alle Discussioni sulla Sostenibilità delle Comunità Rurali**: Se sei coinvolto nella sostenibilità delle comunità rurali, partecipa alle discussioni sull'argomento.

Sostenere tutte queste cause e partecipare alle relative discussioni su Twitter può avere un impatto significativo sulla sensibilizzazione e sul coinvolgimento della comunità. Ogni causa è importante e affronta questioni cruciali che riguardano la nostra società, la salute, l'ambiente, l'istruzione e molto altro. Condividere storie di successo e modelli positivi può ispirare gli altri a prendere parte attiva nella soluzione di tali problemi. È essenziale ricordare che Twitter è un'importante piattaforma di comunicazione, e la tua partecipazione può aiutare a diffondere messaggi importanti e a costruire una società migliore.

Inoltre, coinvolgersi in discussioni di argomenti specifici su Twitter ti consente di imparare di più sulla questione in questione e di connetterti con altre persone con interessi simili. Puoi anche scoprire nuovi progetti, iniziative e organizzazioni che lavorano per la stessa causa e offrire il tuo supporto. L'uso di hashtag rilevanti e la partecipazione a eventi o campagne online possono amplificare ulteriormente la portata dei tuoi sforzi.

Mantenere l'impegno a lungo termine è fondamentale, poiché molte di queste sfide richiedono tempo e sforzo costante per essere affrontate in modo significativo. Sostenere queste cause su Twitter è solo uno dei modi in cui puoi fare la differenza, ma può contribuire a creare una società più informata, consapevole e impegnata nel migliorare il mondo che ci circonda.

19. Pinterest: Traffico verso il Sito Web

L'utilizzo di Pinterest come strumento per guidare il traffico verso il tuo sito web può essere altamente efficace se fatto correttamente. Ecco alcune strategie e suggerimenti per massimizzare l'uso di Pinterest per aumentare il traffico al tuo sito web:

1. **Crea Contenuti di Qualità**: Assicurati di avere contenuti di alta qualità sul tuo sito web. Questo potrebbe includere articoli, guide, infografiche, foto di prodotti, tutorial o qualsiasi cosa sia pertinente alla tua attività.

2. **Crea una Scheda Pinterest Business**: Se non lo hai ancora fatto, crea un account Pinterest Business. Questo ti darà accesso a strumenti e statistiche avanzate.

3. **Ottimizza il Tuo Profilo**: Completa il tuo profilo Pinterest con una foto profilo e una breve descrizione. Assicurati che il tuo sito web sia verificato sul tuo profilo Pinterest.

4. **Crea Pin Coinvolgenti**: Crea pin di alta qualità e coinvolgenti che siano pertinenti al tuo pubblico. Usa immagini accattivanti e titoli descriptivi. La dimensione ideale per i pin è 1000 x 1500 pixel.

5. **Utilizza Parole Chiave**: Utilizza parole chiave pertinenti nei titoli e nelle descrizioni dei tuoi pin. Questo aiuterà i tuoi pin a comparire nelle ricerche dei utenti.

6. **Crea Pin Verticali**: I pin verticali funzionano meglio su Pinterest. Assicurati che i tuoi pin siano alti e sottili.

7. **Crea Board Tematici**: Crea board tematici correlati ai contenuti del tuo sito web. Organizza i tuoi pin in modo coerente.

8. **Pubblica in Modo Costante**: Mantieni una presenza costante su Pinterest pubblicando nuovi pin regolarmente. Utilizza strumenti di pianificazione se necessario.

9. **Collabora con Altri**: Collabora con altri pinner e board se possibile. Questo può espandere la tua portata.

10. **Promuovi Pin Pagati**: Pinterest offre la possibilità di promuovere i pin a pagamento. Questo può essere un modo efficace per aumentare la visibilità.

11. **Utilizza CTA nei Pin**: Aggiungi chiari "Call to Action" (CTA) nei tuoi pin, incoraggiando gli utenti a fare clic sul tuo sito web.

12. **Monitora le Statistiche**: Utilizza le statistiche di Pinterest per monitorare quali pin stanno ottenendo il massimo coinvolgimento e traffico. Adatta la tua strategia in base ai risultati.

13. **Integra Pinterest sul Tuo Sito Web**: Aggiungi i pulsanti "Salva su Pinterest" sulle immagini del tuo sito web per incoraggiare gli utenti a condividere i tuoi contenuti.

14. **Utilizza Link Diretti**: Assicurati che i tuoi pin puntino direttamente alle pagine pertinenti del tuo sito web, piuttosto che alla homepage.

15. **Sfrutta Pinterest Analytics**: Utilizza Pinterest Analytics per ottenere informazioni dettagliate sul comportamento dei tuoi utenti e sulle prestazioni dei tuoi pin.

16. **Monitora le Tendenze**: Tieniti aggiornato sulle tendenze di Pinterest e crea contenuti correlati per capitalizzare su ciò che è popolare.

Pinterest può essere un'importante fonte di traffico per il tuo sito web, specialmente se il tuo pubblico è attivo su questa piattaforma. Seguendo queste strategie e adattandole alla tua specifica nicchia o settore, puoi aumentare il traffico al tuo sito web e promuovere i tuoi contenuti in modo efficace su Pinterest.

17. **Utilizza Testo Sovrapposto**: Quando appropriato, puoi aggiungere testo sovrapposto alle tue immagini. Questo testo dovrebbe essere conciso e chiaro, in modo che gli utenti sappiano di cosa si tratta il pin senza dover leggere la descrizione. È un modo efficace per catturare l'attenzione.

18. **Partecipa a Gruppi di Collaborazione**: Su Pinterest, ci sono gruppi di collaborazione o "board condivise" in cui diversi utenti contribuiscono con pin relativi a un tema specifico. Unisciti a questi gruppi o crea il tuo se possibile. Questo ti permette di condividere i tuoi pin con un pubblico più ampio.

19. **Condividi Contenuti Istruttivi o Tutorial**: I pin che forniscono istruzioni o tutorial tendono ad avere un alto coinvolgimento su Pinterest. Se il tuo sito web offre guide, istruzioni o tutorial, crea pin accattivanti che li promuovano.

20. **Ottimizza per la Ricerca Vocale**: Con l'aumento dell'uso della ricerca vocale, considera di ottimizzare i tuoi pin per le query vocali.

Includi frasi e parole chiave che le persone potrebbero pronunciare quando cercano informazioni relative ai tuoi contenuti.

21. **Rispondi ai Commenti e Interagisci con gli Utenti**: Quando gli utenti commentano o condividono i tuoi pin, rispondi in modo cortese e coinvolgente. Questo crea un rapporto positivo con il tuo pubblico e può incoraggiare ulteriori interazioni.

22. **Crea Pin stagionali**: Adatta i tuoi pin alle festività e alle stagioni. Ad esempio, se hai un negozio online, crea pin promozionali per le festività. Questi pin sono più probabili di catturare l'attenzione degli utenti in cerca di idee regalo o decorazioni stagionali.

23. **Analizza la Concorrenza**: Studia i tuoi concorrenti o altri creatori di contenuti nella tua nicchia. Cosa stanno facendo per ottenere traffico da Pinterest? Puoi trarre ispirazione dalle loro strategie.

24. **Sfrutta le Tendenze e gli Eventi Attuali**: Se c'è un evento attuale o una tendenza popolare che è rilevante per il tuo settore, crea pin correlati. Gli utenti potrebbero essere più propensi a cercare e condividere contenuti legati agli eventi in corso.

25. **Promuovi Contenuti Evergreen**: Oltre ai contenuti stagionali, assicurati di promuovere i cosiddetti "contenuti evergreen", cioè contenuti

sempre attuali e di interesse continuo per il tuo pubblico.

26.   **Testa Diverse Strategie**: Non esiste una strategia universale per Pinterest. È importante testare diverse approcci, orari di pubblicazione, tipi di pin e parole chiave per vedere cosa funziona meglio per il tuo pubblico.

27.   **Offri Incentivi per il Clic**: Nei pin che promuovono articoli o risorse sul tuo sito web, puoi offrire un incentivo per il clic, come "Scopri di più" o "Scarica la guida gratuita". Questo può aumentare il tasso di clic.

28.   **Sfrutta la Schedulazione**: Utilizza strumenti di pianificazione come Tailwind o Buffer per programmare i tuoi pin in anticipo. Questo ti consente di mantenere una presenza costante senza dover pubblicare manualmente ogni giorno.

29.   **Misura e Adatta**: Continua a monitorare le statistiche dei tuoi pin e apporta modifiche in base ai risultati. Cosa sta funzionando e cosa no? Adatta la tua strategia di conseguenza. Pinterest è una piattaforma dinamica che può essere estremamente utile per generare traffico al tuo sito web. Con una pianificazione attenta e un'ottimizzazione costante, puoi sfruttare appieno il potenziale di Pinterest per promuovere i tuoi contenuti e attirare visitatori al tuo sito web.

30. **Collabora con Influencer**: Se hai l'opportunità di collaborare con influencer o creatori di contenuti noti su Pinterest, cogli questa opportunità. Gli influencer possono condividere i tuoi pin con il loro pubblico, aumentando la visibilità del tuo sito web.

31. **Utilizza Rich Pins**: Pinterest offre vari tipi di "Rich Pins," tra cui pin di prodotti, pin di ricette, pin di app e altro. Questi pin offrono informazioni extra direttamente nel pin stesso, aumentando l'interesse degli utenti.

32. **Esplora il Potenziale del Video**: Pinterest sta diventando sempre più amichevole nei confronti dei video. Puoi creare pin video brevi e coinvolgenti che indirizzano gli utenti al tuo sito web per ulteriori informazioni.

33. **Crea Pin Carousel**: I pin carousel consentono di condividere più immagini in un unico pin scorrevole. Questo è utile per raccontare una storia o presentare più prodotti o elementi di un articolo.

34. **Fornisci Idee Ispiratrici**: Pinterest è noto per ispirare le persone. Condividi pin che offrono idee e ispirazioni per la vita quotidiana. Ad esempio, se il tuo sito web riguarda la cucina, crea pin che mostrano ricette deliziose o idee per la decorazione della tavola.

35. **Testa Pin a Lungo Termine**: A differenza di alcune altre piattaforme social, i pin

su Pinterest possono rimanere rilevanti per molto tempo. Non esitare a "ripescare" e condividere pin di successo che hai creato in passato.

36. **Aggiungi Pin al Tuo Blog**: Oltre a condividere i tuoi pin su Pinterest, assicurati di incorporare i pin direttamente nelle tue pagine del blog o del sito web. Questo incoraggia i visitatori a condividere i tuoi contenuti.

37. **Sfrutta il Potenziale del Gruppo Target**: Pinterest offre la possibilità di creare gruppi target, che sono una sorta di forum online. Partecipare a questi gruppi può aiutarti a connetterti con persone con interessi simili e condividere i tuoi contenuti.

38. **Promuovi Contenuti Esclusivi**: Offri ai tuoi follower di Pinterest contenuti esclusivi o anticipazioni riservate solo a loro. Questo può incentivare le persone a seguire il tuo profilo e visitare il tuo sito web regolarmente.

39. **Condividi Recensioni e Testimonianze**: Se il tuo sito web include recensioni di prodotti o servizi, condividi pin che presentano queste recensioni. Le opinioni positive possono incoraggiare i visitatori a fare clic sul tuo sito web.

40. **Osserva il Feedback degli Utenti**: Monitora i commenti e il feedback dei tuoi utenti su Pinterest. Cosa apprezzano? Cosa chiedono?

Utilizza queste informazioni per migliorare la tua strategia.

41. **Mantieni la Coerenza del Branding**: Assicurati che i tuoi pin riflettano il branding del tuo sito web. Utilizza colori, font e stile riconoscibili per creare una presenza coerente su Pinterest.

42. **Collabora con Altre Aziende**: Se il tuo sito web ha partnership o collaborazioni con altre aziende, condividi contenuti relativi a queste partnership su Pinterest. Potresti ampliare il tuo pubblico esponendoti ai follower delle aziende partner.

Pinterest può essere una risorsa preziosa per il tuo sito web se sfruttato in modo strategico. Continua a esplorare nuove idee, a misurare i risultati e a ottimizzare la tua presenza su questa piattaforma per massimizzare il traffico al tuo sito web.

In conclusione, Pinterest può essere un'importante fonte di traffico al tuo sito web se utilizzato in modo strategico. Per ottenere risultati positivi, assicurati di:

1. **Creare Pin Coinvolgenti**: Concentrati su pin di alta qualità, con immagini accattivanti e titoli descrittivi.

2. **Utilizzare Parole Chiave**: Ottimizza i tuoi pin e le descrizioni con parole chiave pertinenti.

3. **Pianificare e Mantenere una Presenza Costante**: Utilizza strumenti di pianificazione per mantenere una presenza costante su Pinterest.

4. **Interagire con il Pubblico**: Rispondi ai commenti e interagisci con gli utenti per costruire rapporti positivi.

5. **Monitorare e Adattare**: Utilizza Pinterest Analytics per monitorare le prestazioni dei tuoi pin e adatta la tua strategia in base ai risultati.

6. **Sfruttare le Diverse Funzionalità di Pinterest**: Utilizza pin video, pin carousel, pin di prodotti e altre funzionalità offerte da Pinterest per variare i tuoi contenuti.

7. **Offrire Contenuti Istruttivi e Ispiratori**: Crea pin che offrano istruzioni, tutorial e idee ispiratrici.

8. **Sfruttare le Collaborazioni e le Partnership**: Collabora con influencer, aziende partner o altri creatori di contenuti per espandere la tua portata.

9. **Promuovere Contenuti Stagionali ed Evergreen**: Adatta i tuoi pin alle festività e ai trend attuali, ma non trascurare i contenuti evergreen che rimangono rilevanti nel tempo.

10. **Sfruttare il Potenziale dei Gruppi Target e dei Forum di Pinterest**: Partecipa a gruppi target per connetterti con persone con interessi simili.

11. **Mantieni il Branding Coerente**: Assicurati che i tuoi pin riflettano il branding del tuo sito web.
12. **Osservare il Feedback degli Utenti**: Ascolta il feedback dei tuoi follower e utilizza queste informazioni per migliorare la tua strategia.
13. **Condividere Recensioni e Testimonianze**: Se applicabile, condividi recensioni positive per aumentare la fiducia degli utenti.

    Continua a esplorare nuove opportunità e a testare diverse strategie su Pinterest. Ricorda che l'ottimizzazione e il successo su questa piattaforma richiedono tempo e costanza. Tuttavia, con impegno e attenzione ai dettagli, puoi sfruttare appieno il potenziale di Pinterest per aumentare il traffico al tuo sito web e raggiungere il tuo pubblico di riferimento.

Il content marketing è una strategia fondamentale per promuovere i tuoi contenuti e il tuo marchio. Ecco come creare e distribuire contenuti di valore:

1. **Comprendi il Tuo Pubblico**: Prima di tutto, devi capire chi è il tuo pubblico. Cosa li interessa? Quali sono i loro bisogni e problemi? Queste informazioni ti aiuteranno a creare contenuti che risuonano con loro.
2. **Definisci gli Obiettivi**: Cosa vuoi ottenere con il content marketing? Vuoi aumentare il traffico

al sito web, generare lead, migliorare la consapevolezza del marchio o aumentare le conversioni? Definisci obiettivi chiari.

3. **Ricerca delle Parole Chiave**: Utilizza strumenti di ricerca delle parole chiave per identificare quali argomenti sono rilevanti per il tuo pubblico e per ottimizzare i tuoi contenuti per i motori di ricerca.

4. **Crea Contenuti di Qualità**: La qualità è essenziale. Scrivi articoli, guide, video o altri formati di contenuto che siano informativi, utili e ben scritti. Assicurati che il tuo contenuto sia accurato e aggiornato.

5. **Diversifica i Formati**: Non limitarti a un solo formato. Crea articoli, infografiche, video, podcast e altro ancora. Questo amplia la tua portata e soddisfa le preferenze del tuo pubblico.

6. **Pubblica in Modo Costante**: Mantieni una presenza costante pubblicando regolarmente nuovi contenuti. Crea un calendario editoriale per pianificare i tuoi articoli e i tuoi post sui social media.

7. **Ottimizza per i Motori di Ricerca**: Assicurati che il tuo contenuto sia ottimizzato per i motori di ricerca. Utilizza parole chiave pertinenti nei titoli, nelle descrizioni e nei testi alternativi per le immagini.

8. **Promuovi sui Social Media**: Condividi i tuoi contenuti su diverse piattaforme di social media

per ampliare la loro visibilità. Utilizza hashtag pertinenti e coinvolgi con il tuo pubblico.

9. **Costruisci una Lista Email**: Crea una lista di email e promuovi i tuoi contenuti attraverso newsletter. Questo ti consente di raggiungere direttamente i tuoi sottoscrittori.

10. **Utilizza Call to Action (CTA)**: Includi chiari CTA nei tuoi contenuti per guidare i lettori verso azioni specifiche, come scaricare una risorsa o iscriversi alla tua lista email.

11. **Rispondi ai Commenti e alle Domande**: Interagisci con i tuoi lettori rispondendo ai commenti e alle domande. Questo costruirà un rapporto più stretto con il tuo pubblico.

12. **Monitora le Prestazioni**: Utilizza strumenti analitici per monitorare le prestazioni dei tuoi contenuti. Cosa sta funzionando e cosa no? Apporta modifiche in base ai dati.

13. **Cura e Aggiorna i Contenuti**: Periodicamente, rivedi i tuoi contenuti esistenti e aggiornali se necessario. Questo può migliorare la loro rilevanza nel tempo.

14. **Guest Posting**: Collabora con altri siti web pubblicando contenuti guest post. Questo può aumentare la tua visibilità e il tuo pubblico.

15. **Misura il ROI**: Valuta il ritorno sull'investimento (ROI) del tuo content marketing. Cerca di capire quanto hai investito e

quanto hai guadagnato o risparmiato grazie alla tua strategia.

16. **Sezione Risorsa**: Crea una sezione risorsa sul tuo sito web con guide, template, studi di caso e altri materiali utili. Questo può attirare un pubblico interessato.

17. **Storytelling**: Racconta storie coinvolgenti attraverso il tuo contenuto. Il buon storytelling può catturare l'attenzione e connetterti emotivamente con il tuo pubblico.

18. **Collabora con Altri Brand**: Se possibile, collabora con altre aziende o influencer del settore per co-creare contenuti. Questo può ampliare la tua portata.

19. **Valuta le Tendenze del Mercato**: Resta aggiornato sulle tendenze del mercato e crea contenuti che rispondano alle esigenze e agli interessi attuali del tuo pubblico.

20. **Sviluppa una Strategia a Lungo Termine**: Il content marketing è una strategia a lungo termine. Costruisci una solida strategia che ti permetta di mantenere una presenza online duratura.

Il content marketing è un pilastro fondamentale di qualsiasi strategia di marketing digitale. Continua a migliorare e adattare la tua strategia in base ai feedback e alle evoluzioni del mercato per ottenere risultati duraturi.

21. **Utilizza il Marketing di Contenuti per l'Inbound Marketing**: L'Inbound Marketing è una metodologia che mira a far sì che i clienti vengano verso di te anziché cercare di catturarli con l'Outbound Marketing tradizionale. Il content marketing è un elemento chiave dell'Inbound Marketing poiché fornisce contenuti educativi, informativi e utili che rispondono alle domande e ai bisogni del pubblico.

22. **Segmenta il Tuo Pubblico**: Non tutti i tuoi clienti o potenziali clienti sono uguali. Segmenta il tuo pubblico in base a fattori come età, interessi, posizione geografica, ecc. In questo modo, puoi creare contenuti più mirati che risuonano con ciascun segmento.

23. **Lead Nurturing**: Il content marketing è efficace per il lead nurturing, ovvero il processo di coltivazione dei lead fino a quando non diventano clienti. Utilizza contenuti mirati per educare e coinvolgere i lead in diverse fasi del loro percorso d'acquisto.

24. **Content Mapping**: Crea una mappa dei contenuti che corrisponda alle diverse fasi del ciclo di vita del cliente. Ad esempio, i contenuti per i nuovi visitatori del sito possono differire da quelli per i clienti fedeli. Questo aiuta a garantire che i contenuti siano pertinenti in ogni fase.

25. **Contenuti Ibridi**: Sperimenta con contenuti ibridi che combinano diversi formati. Ad esempio, potresti creare video didattici basati su articoli del blog esistenti o podcast basati su interviste a esperti.

26. **Casi di Studio e Testimonianze**: I casi di studio e le testimonianze dei clienti possono essere potenti strumenti di content marketing. Mostrano come il tuo prodotto o servizio ha risolto i problemi dei clienti e contribuiscono a costruire fiducia.

27. **Curiosità e Intrattenimento**: Non tutti i contenuti devono essere strettamente educativi. Aggiungi un tocco di curiosità e intrattenimento nei tuoi contenuti per mantenerli avvincenti e coinvolgenti.

28. **Local SEO**: Se il tuo business è locale, il content marketing può aiutarti a migliorare la visibilità nei risultati di ricerca locali. Crea contenuti che siano rilevanti per la tua comunità locale.

29. **Reputation Management**: Utilizza il content marketing per gestire la tua reputazione online. Rispondi alle recensioni dei clienti e crea contenuti che mostrino il tuo impegno per la soddisfazione del cliente.

30. **Educational Webinar**: Organizza webinar educativi o seminari online che offrano valore al tuo pubblico. Questi eventi possono

aiutare a posizionarti come un esperto nel tuo settore.

31. **Utilizza Strumenti di Automazione**: Gli strumenti di automazione del marketing possono semplificare la pianificazione e la distribuzione dei contenuti, oltre a fornire dati preziosi sul coinvolgimento del pubblico.

32. **Mantieni un Tonality Coerente**: Assicurati che il tono del tuo contenuto sia coerente con il tuo marchio e il pubblico. Ad esempio, se il tuo marchio è informale e giovanile, mantieni un tono simile nei tuoi contenuti.

33. **Costruisci Backlink di Qualità**: Contenuti di alta qualità possono aiutarti a ottenere backlink da altri siti web, il che può migliorare la tua autorità online e il posizionamento nei motori di ricerca.

34. **Educa i Dipendenti sul Content Marketing**: Coinvolgi i tuoi dipendenti nella strategia di content marketing. Possono condividere i tuoi contenuti sui propri profili social o contribuire alla creazione di contenuti.

35. **Sfrutta i Social Ads**: Utilizza la pubblicità sui social media per promuovere i tuoi contenuti a un pubblico mirato. Puoi raggiungere utenti che potrebbero non essere stati esposti ai tuoi contenuti in modo organico.

36. **Sperimenta con l'Interattività**: Contenuti interattivi come sondaggi, quiz o calcolatori possono coinvolgere il pubblico in modo unico.

37. **Valuta le Prestazioni dei Contenuti**: Monitora costantemente le prestazioni dei tuoi contenuti. Quali articoli o post sui social media hanno ottenuto il miglior risultato? Utilizza queste informazioni per ottimizzare la tua strategia.

38. **Allinea il Tuo Team di Marketing**: Assicurati che il tuo team di marketing sia allineato sulla strategia di content marketing e sui suoi obiettivi. La collaborazione è essenziale per ottenere risultati efficaci.

39. **Mantieni la Fiducia e l'Integrità**: Mantieni la fiducia del tuo pubblico fornendo contenuti accurati, onesti e rispettosi. L'integrità è fondamentale nel content marketing.

40. **Crescita Costante**: Il content marketing richiede tempo per vedere i risultati. Continua a impegnarti e a migliorare la tua strategia costantemente per ottenere una crescita sostenibile nel tempo.

Il content marketing è un processo in evoluzione. Sperimenta con diverse tattiche, monitora i risultati e adatta la tua strategia in base alle esigenze del tuo pubblico e alle tendenze del settore. Con una strategia di content marketing efficace, puoi posizionare il tuo marchio come un punto di riferimento nel tuo settore e attirare e fidelizzare clienti.

41. **Ricerca e Analisi della Concorrenza**: Analizza la strategia di content marketing dei tuoi concorrenti. Cosa funziona per loro? Cosa puoi imparare dalle loro tattiche? Questa analisi può fornire preziose informazioni su come distinguersi.

42. **Scrittura di Titoli Coinvolgenti**: I titoli dei tuoi contenuti sono fondamentali per catturare l'attenzione. Assicurati che siano accattivanti, chiari e pertinenti all'argomento.

43. **Contenuti Evergreen**: Investi nella creazione di contenuti evergreen, ovvero contenuti che rimangono rilevanti nel tempo. Questi possono continuare a generare traffico e engagement nel corso degli anni.

44. **Email Marketing**: Integra il content marketing con l'email marketing. Invia contenuti di valore ai tuoi abbonati per mantenere l'engagement nel tempo.

45. **Data-Driven Decisions**: Utilizza dati e metriche per prendere decisioni informate. I dati possono indicarti quali contenuti funzionano meglio e dove puoi migliorare.

46. **Personalizzazione dei Contenuti**: La personalizzazione dei contenuti è la chiave per

coinvolgere il tuo pubblico. Utilizza dati demografici, comportamentali e di interesse per offrire contenuti su misura.

47. **Collabora con Influencer**: Lavora con influencer del tuo settore per promuovere i tuoi contenuti. Gli influencer possono portare una nuova audiencia al tuo marchio.

48. **Integrazione Multimediale**: Utilizza video, immagini, grafici e altri elementi multimediali nei tuoi contenuti per renderli più coinvolgenti e informativi.

49. **Optimizza la Velocità di Caricamento del Sito**: Assicurati che il tuo sito web sia veloce da caricare. I visitatori tendono a abbandonare siti lenti, il che può influire negativamente sulle visualizzazioni dei contenuti.

50. **Consistenza nel Branding**: Mantieni il tuo branding costante nei contenuti. Questo include colori, logo, stile e tono.

51. **User-Generated Content**: Incoraggia i tuoi clienti a creare contenuti correlati al tuo marchio. Questi contributi possono aggiungere autenticità alla tua strategia di content marketing.

52. **Contenuti di "etrospettiva"**: Crea contenuti che riflettano sugli sviluppi passati nel tuo settore. Questi possono attirare un pubblico interessato alla storia e all'evoluzione del settore.

53. **Sfrutta i Trend**: Sii al passo con i trend attuali e crea contenuti correlati. Questo può

aumentare la rilevanza e l'interesse del tuo
pubblico.

54. **Content Audit**: Periodicamente, effettua
un'auditing dei contenuti esistenti. Rimuovi o
aggiorna contenuti obsoleti e assicurati che tutto
sia rilevante.

55. **Valuta i Costi e i Benefici**: Misura i costi
e i benefici del tuo content marketing. Questo ti
aiuta a capire l'efficacia del tuo investimento.

56. **Localized Content**: Se operi in diverse
regioni, crea contenuti localizzati per adattarti
alle esigenze specifiche di ciascun mercato.

57. **Gestione dei Commenti**: Gestisci i
commenti e il feedback del pubblico in modo
professionale. Questo può influenzare la
percezione del tuo marchio.

58. **Emphasis on Mobile**: Assicurati che i
tuoi contenuti siano ottimizzati per dispositivi
mobili, poiché un numero crescente di utenti
accede ai contenuti tramite smartphone e tablet.

59. **Strategie di Retargeting**: Utilizza il
retargeting per raggiungere nuovamente i
visitatori del sito web con contenuti correlati.
Questo può aumentare le conversioni.

60. **Mantenimento dell'Aggiornamento**:
Rimani costantemente informato sulle nuove
tendenze e tattiche di content marketing. Il
settore è in continua evoluzione, quindi
l'apprendimento continuo è essenziale.

Con queste tattiche avanzate di content marketing, puoi creare una strategia che posizioni il tuo marchio al centro dell'attenzione del tuo pubblico di riferimento. L'evoluzione costante e l'adattamento alle esigenze del pubblico e del settore sono chiave per il successo a lungo termine del content marketing.

Il content marketing è una potente strategia di marketing che può aiutarti a raggiungere il tuo pubblico in modo efficace, costruire la tua brand reputation e generare risultati misurabili. Per ottenere successo con il content marketing, è essenziale seguire queste pratiche avanzate:

41. **Ricerca e Analisi della Concorrenza**: Analizza i concorrenti per identificare opportunità e differenziarti.

42. **Scrittura di Titoli Coinvolgenti**: Cattura l'attenzione del pubblico con titoli accattivanti.

43. **Contenuti Evergreen**: Investi in contenuti duraturi che rimangono rilevanti nel tempo.

44. **Email Marketing**: Integra il content marketing con l'email marketing per mantenere l'engagement.

45. **Data-Driven Decisions**: Utilizza dati e metriche per prendere decisioni informate.

46. **Personalizzazione dei Contenuti**: Crea contenuti su misura per il tuo pubblico.

47. **Collabora con Influencer**: Lavora con influencer del tuo settore per ampliare la portata dei tuoi contenuti.

48. **Integrazione Multimediale**: Utilizza video, immagini e grafici per rendere i contenuti più coinvolgenti.

49. **Optimizza la Velocità di Caricamento del Sito**: Assicurati che il tuo sito sia veloce da caricare per evitare la perdita di visitatori.

50. **Consistenza nel Branding**: Mantieni il tuo branding costante nei contenuti.

51. **User-Generated Content**: Incentiva i clienti a creare contenuti correlati al tuo marchio.

52. **Contenuti di "etrospettiva"**: Rifletti sugli sviluppi passati nel tuo settore.

53. **Sfrutta i Trend**: Crea contenuti correlati ai trend attuali.

54. **Content Audit**: Rimuovi o aggiorna contenuti obsoleti e assicurati che tutto sia rilevante.

55. **Valuta i Costi e i Benefici**: Misura il rendimento del tuo investimento.

56. **Localized Content**: Adatta i contenuti alle esigenze specifiche di ciascun mercato.

57. **Gestione dei Commenti**: Tratta i commenti e il feedback con professionalità.

58.	**Emphasis on Mobile**: Assicurati che i contenuti siano ottimizzati per dispositivi mobili.

59.	**Strategie di Retargeting**: Sfrutta il retargeting per raggiungere nuovamente i visitatori con contenuti correlati.

60.	**Mantenimento dell'Aggiornamento**: Resta sempre informato sulle nuove tendenze e tattiche di content marketing.
Il content marketing è un processo in continua evoluzione, e saper adattare la strategia in base alle esigenze del pubblico e alle tendenze del settore è fondamentale. Con dedizione, creatività e una comprensione approfondita del tuo pubblico, il content marketing può contribuire in modo significativo al successo del tuo marchio.

21. Email Marketing • Costruzione di una lista email e campagne.

21.**Costruzione di una Lista Email Efficace**: Una lista email di alta qualità è il cuore dell'email marketing. Ecco come costruirne una efficace:

1. **Offri Incentivi**: Per incoraggiare le persone a iscriversi alla tua lista, offri loro un incentivo, come uno sconto, un ebook gratuito o l'accesso a contenuti esclusivi.

2. **Utilizza Form Sulla Sito Web**: Posiziona moduli di iscrizione ovunque sul tuo sito web,

inclusi popup leggeri e moduli integrati nelle pagine di contenuto.

3. **Social Media**: Promuovi l'iscrizione alla tua lista email attraverso i tuoi canali social, con link chiari e chiamate all'azione.

4. **Eventi e Conferenze**: Se partecipi a eventi o conferenze, raccogli indirizzi email tramite il networking e i biglietti da visita digitali.

5. **Concorsi e Giveaway**: Organizza concorsi o giveaway che richiedano l'iscrizione alla tua lista come parte delle condizioni di partecipazione.

6. **Testimonianze e Recensioni**: Chiedi ai tuoi clienti soddisfatti di condividere le loro testimonianze e recensioni, e cattura gli indirizzi email in questo contesto.

7. **Webinar e Eventi Online**: Promuovi webinar o eventi online gratuiti e richiedi l'iscrizione per partecipare.

8. **Consentito per la Privacy**: Assicurati di rispettare le leggi sulla privacy, come il GDPR in Europa. Richiedi il consenso esplicito per l'iscrizione e spiega come verranno utilizzati i dati.

9. **Ottimizzazione dei Moduli di Iscrizione**: Assicurati che i tuoi moduli di iscrizione siano semplici, chiari e facili da compilare. Richiedi solo le informazioni necessarie.

10. **Segmentazione**: Raccogli dati demografici e comportamentali per segmentare

la tua lista. Le campagne mirate hanno maggiori probabilità di successo.

11. **Pianificazione e Automazione delle Campagne Email**:
Una volta costruita una solida lista email, è importante pianificare e automatizzare le tue campagne:

11. **Scelta di un Buon Provider di Email Marketing**: Scegli un provider di email marketing affidabile che ti consenta di creare, inviare e monitorare le tue campagne.

12. **Creazione di Contenuti Coinvolgenti**: Scrivi contenuti di valore che interessino il tuo pubblico. Includi immagini e link pertinenti.

13. **Oggetti Coinvolgenti**: L'oggetto dell'email è cruciale. Assicurati che sia accattivante e rifletta il contenuto dell'email.

14. **Frequenza delle Email**: Definisci una frequenza di invio che sia appropriata e coerente con le aspettative del tuo pubblico.

15. **Automazione delle Campagne**: Utilizza l'automazione per inviare messaggi di benvenuto, follow-up dopo un acquisto, promemoria e contenuti correlati alle azioni degli utenti.

16. **Test A/B**: Esegui test A/B sugli oggetti delle email, sulle immagini e sul testo per ottimizzare i tassi di apertura e di clic.

17. **Segmentazione**: Segmenta la tua lista in base a dati demografici, comportamentali o altro. Invia contenuti mirati a ciascun segmento.

18. **Personalizzazione**: Utilizza il nome del destinatario e altre informazioni personali per rendere le email più rilevanti.

19. **Ciclo di Vita del Cliente**: Crea campagne specifiche per le diverse fasi del ciclo di vita del cliente, ad esempio, per i nuovi iscritti o per i clienti fedeli.

20. **Misurazione delle Prestazioni**: Monitora attentamente i risultati delle tue campagne email. Tassi di apertura, tassi di clic, tassi di conversione e metriche di engagement sono indicatori importanti.

21. **Ottimizzazione Continua**: Basandoti sui dati, apporta miglioramenti costanti alle tue campagne email.

L'email marketing è un potente strumento per la comunicazione con il tuo pubblico, ma è essenziale utilizzarlo in modo efficace ed etico. Rispetta le preferenze e i diritti dei tuoi destinatari, fornendo valore attraverso le tue email e costruendo relazioni a lungo termine con i clienti.

22. **Email di Benvenuto**: Quando qualcuno si iscrive alla tua lista, inviagli un'email di benvenuto. Questo è il tuo primo contatto e

un'opportunità per creare una buona impressione. Condividi informazioni su cosa aspettarsi dalle tue email e metti in evidenza il valore che forniranno.

23. **Contenuto Educativo**: Usa le email per educare il tuo pubblico. Ad esempio, puoi creare una serie di email che insegnano ai tuoi lettori come utilizzare al meglio i tuoi prodotti o servizi. Questo non solo fornisce valore, ma può anche migliorare la soddisfazione del cliente.

24. **Segmentazione Avanzata**: Vai oltre i dati demografici di base. Considera di segmentare in base al comportamento dell'utente, come i prodotti visualizzati sul tuo sito o gli acquisti passati. Questo ti consente di inviare messaggi altamente mirati.

25. **Recupero Carrelli Abbandonati**: Se gestisci un negozio online, invia email di follow-up ai clienti che hanno abbandonato il carrello. Offri incentivi o suggerimenti per convincerli a completare l'acquisto.

26. **Email di Feedback**: Chiedi ai tuoi clienti di fornire feedback tramite email. Questo può aiutarti a raccogliere informazioni preziose per migliorare i tuoi prodotti o servizi.

27. **Email di Raccolta Recensioni**: Dopo un acquisto, invia un'email chiedendo ai clienti di lasciare una recensione. Queste recensioni

possono migliorare la fiducia dei futuri acquirenti.

28.   **Email di Abbandono Utente**: Se un utente smette di interagire con le tue email o il tuo sito web, invia un'email di "risveglio". Chiedi se ci sono problemi o se desiderano aggiornare le preferenze.

29.   **Campagne di Cross-selling e Upselling**: Suggerisci prodotti correlati o versioni premium di ciò che il cliente ha acquistato in passato.

30.   **Email di Rinnovo**: Se hai servizi o abbonamenti a scadenza, invia email di rinnovo per garantire che i clienti non dimentichino di estendere il loro contratto.

31. **Email di Anniversario**: Celebra l'anniversario dell'iscrizione o dell'acquisto di un cliente con un'email speciale che offre uno sconto o un regalo.

32.   **Email di Eventi Speciali**: Se partecipi o ospiti eventi speciali, promuovili tramite email. Questo è un modo efficace per attirare partecipanti.

33.   **Gestione dei Disservizi**: Se ci sono problemi o disservizi, comunicali tempestivamente tramite email. Mostrare trasparenza e affrontare le sfide può migliorare la reputazione del marchio.

34. **Test di Orario di Invio**: Sperimenta con l'orario di invio delle email per scoprire quando il tuo pubblico è più reattivo. Potresti scoprire che gli orari diversi funzionano meglio per diverse fasce di età o fusi orari.

35. **Compliance Legale**: Assicurati di essere in conformità con le leggi sulla privacy e sull'email marketing nel tuo paese o regione.

36. **Liste di Esclusione**: Mantieni aggiornate le liste di esclusione per garantire che le persone che desiderano non ricevere più le tue email vengano rimosse.

37. **Monitoraggio Costante**: Usa strumenti di monitoraggio delle email per verificare che le tue email non finiscano nello spam o non vengano bloccate da provider di posta elettronica.

38. **Conformità all'HTML e CSS**: Assicurati che le tue email siano correttamente formattate e compatibili con dispositivi mobili.

39. **Analisi delle Metriche**: Misura e analizza le metriche delle email, tra cui il tasso di apertura, il tasso di clic, la conversione e il tasso di disiscrizione, per adattare la tua strategia.

40. **Assistenza Clienti via Email**: Fornisci un indirizzo email dedicato all'assistenza clienti in modo che i clienti possano raggiungerti facilmente per domande o problemi.

L'email marketing è una potente strategia di comunicazione che richiede un approccio olistico, cura e costante miglioramento. Rispettare le preferenze del destinatario, fornire valore e mantenere un approccio etico sono essenziali per il successo a lungo termine.

41. **Email di Conferma d'Ordine**: Dopo che un cliente ha effettuato un acquisto o una prenotazione, invia un'email di conferma d'ordine. Questo offre sicurezza al cliente che la transazione è andata a buon fine e fornisce dettagli importanti come il numero d'ordine e le informazioni sul prodotto o sul servizio acquistato.

42. **Email di Conteggio alla Rovescia**: Utilizza email di conteggio alla rovescia per creare un senso di urgenza. Ad esempio, puoi inviare un'email che annuncia uno sconto speciale che scade entro un certo periodo di tempo.

43. **Email di Contenuti più Popolari**: Invia regolarmente email che elencano i tuoi contenuti o prodotti più popolari. Questo può aiutare i nuovi abbonati o clienti a scoprire i tuoi migliori contenuti o prodotti.

44. **Email di Feedback Post-Acquisto**: Dopo che un cliente ha ricevuto il prodotto o il servizio, chiedi un feedback dettagliato. Questo

non solo può aiutarti a migliorare, ma anche a dimostrare che ti preoccupi delle opinioni dei tuoi clienti.

45. **Email di Suggerimenti/Settimana**: Invia email settimanali o mensili con suggerimenti, consigli o risorse pertinenti al tuo pubblico. Questo posiziona il tuo marchio come un esperto nel settore.

46. **Email di Approfondimento del Prodotto**: Per prodotti complessi o servizi, invia email di approfondimento che esplorano in dettaglio i benefici e le funzionalità.

47. **Email di Avvisi di Scadenza**: Per abbonamenti o servizi con scadenza, invia avvisi di scadenza per incoraggiare il rinnovo.

48. **Email di Cancellazione Account**: Se un cliente decide di cancellare il suo account o di disiscriversi, invia un'email di conferma per confermare la loro decisione.

49. **Email di Notifiche Evento**: Per eventi in arrivo, invia email di notifiche agli iscritti, comprese le informazioni sull'evento e le opzioni di acquisto dei biglietti.

50. **Email di Recovery Password**: Per utenti che dimenticano la password, invia email che consentono loro di reimpostarla in modo sicuro.

51. **Email di Presentazione del Team**: Fai conoscere il tuo team attraverso email di

presentazione, mettendo in evidenza le personalità dietro il marchio.

52.   **Email di Buon Compleanno**: Invia email di auguri di compleanno ai tuoi clienti. Questo tocco personale è molto apprezzato.

53. **Email di Campagne di Beneficenza**: Comunica le tue iniziative di responsabilità sociale d'impresa attraverso email e coinvolgi il tuo pubblico in iniziative di beneficenza o sostenibilità.

54.   **Email di Offerte Esclusive**: Condividi offerte e sconti esclusivi solo per gli iscritti alla tua lista. Questo incoraggia le persone a rimanere iscritte.

55.   **Email di Notizie Settimanali/Mensili**: Invia newsletter regolari con le ultime notizie, aggiornamenti e risorse relative al tuo settore.

56.   **Email di Ricerca di Mercato**: Richiedi ai tuoi clienti di partecipare a sondaggi o ricerche di mercato tramite email. Questo può fornire preziose informazioni di mercato.

57.   **Email di Rilascio di Nuovi Prodotti**: Comunica il lancio di nuovi prodotti o servizi tramite email, fornendo dettagli, vantaggi e opzioni di acquisto.

58.   **Email di Rimborso e Reso**: Se un cliente richiede un rimborso o un reso, assicurati di comunicare chiaramente i passaggi da seguire tramite email.

59. **Email di Inviti a Eventi Webinar o Live**: Se organizzi eventi online, invita i tuoi iscritti tramite email.

60. **Email di Avvisi Urgenti**: Usa email per comunicare informazioni urgenti, come interruzioni del servizio o cambiamenti significativi nella tua attività.
Ogni tipo di email ha un ruolo specifico nella tua strategia di email marketing e dovrebbe essere utilizzato in modo ponderato e mirato per massimizzare l'engagement del pubblico e raggiungere gli obiettivi aziendali.

61. **Email di Promozione del Contenuto**: Se hai creato contenuti di valore come articoli, video o podcast, invia email promuovendo questi contenuti. Questo può aumentare il traffico verso il tuo sito web.

62. **Email di Partnership e Collaborazioni**: Se collabori con altri marchi o influencer, comunica queste collaborazioni ai tuoi iscritti. Questo può generare interesse e credibilità.

63. **Email di Raccolta di Testimonianze**: Chiedi ai tuoi clienti di condividere testimonianze o storie di successo e condividile con il resto della tua lista. Questo può aiutare a rafforzare la fiducia.

64. **Email di Notifiche di Eventi Live**: Se organizzi eventi live o conferenze, invia notifiche tramite email per aumentare la partecipazione.

65. **Email di Condivisione di Risorse Gratuite**: Condividi risorse gratuite come modelli, guide o ebook con i tuoi iscritti. Questo può dimostrare il tuo impegno nel fornire valore.

66. **Email di Aggiornamenti del Prodotto**: Comunica miglioramenti o aggiornamenti ai prodotti o servizi che potrebbero interessare ai tuoi clienti attuali o potenziali.

67. **Email di Vendita di Fine Stagione**: Promuovi vendite o sconti di fine stagione tramite email per svuotare l'inventario.

68. **Email di Sottoscrizione al Blog**: Invita i tuoi lettori a iscriversi al tuo blog o alla tua newsletter per ricevere contenuti freschi direttamente nella loro casella di posta.

69. **Email di Domande Frequenti**: Rispondi alle domande frequenti tramite email, fornendo risposte chiare e dettagliate.

70. **Email di Condivisione di Storytelling**: Racconta storie legate al tuo marchio, ai tuoi prodotti o ai tuoi clienti tramite email. Il storytelling può connettere il pubblico in modo emotivo.

71. **Email di Condivisione di Successi Aziendali**: Condividi successi, traguardi e

riconoscimenti aziendali tramite email. Questo
può costruire una reputazione di affidabilità.

72.	**Email di Video di Benvenuto**: Includi
video di benvenuto nelle tue email introduttive. Il
video può catturare l'attenzione in modo efficace.

73.	**Email di Sconti per Giorni Speciali**:
Offri sconti o promozioni speciali per occasioni
come il Black Friday, il Cyber Monday o altre
festività.

74.	**Email di Invito a Gruppi Social
Media**: Invita i tuoi iscritti a unirsi ai gruppi
social media o alle comunità online associate al
tuo marchio.

75.	**Email di Domande e Risposte**: Raccogli
domande dai tuoi iscritti e rispondi a una
selezione di esse in una email dedicata alle
domande e risposte.

76.	**Email di Notifiche di Nuove
Funzionalità App**: Se hai un'app, invia email
quando introduci nuove funzionalità per
incoraggiare l'uso dell'app.

77.	**Email di Partnership di Affiliazione**: Se
partecipi a programmi di affiliazione, invia email
ai tuoi iscritti promuovendo prodotti o servizi
affiliati.

78.	**Email di Rimborso Anticipato**: Offri
sconti o premi a chi si iscrive o acquista entro un
certo termine.

79.   **Email di Ringraziamento Post-Acquisto**: Invia email di ringraziamento dopo ogni acquisto per dimostrare apprezzamento e incentivare ulteriori interazioni.

80.   **Email di Contenuti Esclusivi**: Promuovi contenuti esclusivi o anteprime a chi si iscrive alla tua lista email.

Ogni email dovrebbe essere mirata a raggiungere un obiettivo specifico, che può essere l'acquisizione di clienti, il coinvolgimento del pubblico o la promozione di un prodotto o servizio. La varietà di tipi di email ti permette di coprire una vasta gamma di obiettivi nella tua strategia di email marketing.

Nella strategia di email marketing, la diversificazione dei tipi di email è fondamentale per coinvolgere il pubblico in modo efficace. Ogni tipo di email ha un ruolo specifico e può contribuire a raggiungere obiettivi aziendali diversi. Ecco alcuni punti chiave per concludere questa sezione:

1. **Obiettivi Specifici**: Ogni tipo di email dovrebbe avere un obiettivo ben definito. Prima di inviare un'email, chiediti cosa vuoi ottenere da essa, che sia l'acquisizione di clienti, la promozione di prodotti o servizi, l'engagement del pubblico o altro.

2. **Targeting Mirato**: Personalizza le tue email in base al segmento di pubblico a cui sono indirizzate. Un approccio mirato è più efficace nell'indurre azioni specifiche.

3. **Creazione di Contenuti di Valore**: Assicurati che ogni email fornisca contenuti di valore ai destinatari. Questo può essere sotto forma di informazioni utili, offerte speciali, storie coinvolgenti o risposte a domande importanti.

4. **Cura del Design e dell'Estetica**: Il design delle email è cruciale. Assicurati che le email siano esteticamente gradevoli, facilmente leggibili su dispositivi mobili e carichino velocemente.

5. **CTA Efficaci**: Ogni email dovrebbe includere un "Call to Action" (CTA) chiaro che indichi al destinatario quale azione compiere. Ad esempio, "Clicca qui per acquistare" o "Iscriviti ora".

6. **Frequenza Appropriata**: Trova un equilibrio nella frequenza di invio delle email. Troppo poche email possono far perdere interesse, mentre troppe email possono essere considerate spam.

7. **Test A/B**: Sperimenta con diverse varianti di email per vedere quali funzionano meglio. Il test A/B può aiutarti a ottimizzare i tassi di apertura e di conversione.

8. **Monitoraggio e Analisi**: Utilizza strumenti di monitoraggio e analisi per valutare le prestazioni

delle email. Misura i tassi di apertura, di clic e le conversioni per migliorare costantemente la tua strategia.

9. **Coerenza del Marchio**: Assicurati che ogni email rispecchi la tua identità di marchio, dai colori ai toni di voce.

10. **Rispetto della Privacy**: Rispetta le normative sulla privacy e ottempera alle leggi vigenti in materia di protezione dei dati.

11. **Comunicazioni Bilingue o Locali**: Se il tuo pubblico è internazionale, considera l'invio di email in diverse lingue o con contenuti localizzati per raggiungere un pubblico più ampio.

12. **Ottimizzazione Mobile**: Poiché molte persone aprono le email sui dispositivi mobili, assicurati che le tue email siano ottimizzate per la visualizzazione su smartphone e tablet.

In conclusione, la diversificazione dei tipi di email è un elemento essenziale per una strategia di email marketing di successo. Utilizza questo elenco di tipi di email come guida per creare una varietà di messaggi mirati ed efficaci che coinvolgano il tuo pubblico e contribuiscano al successo del tuo business.

22. Marketing di Affiliazione • Guadagnare
commissioni promuovendo prodotti di terzi.

Il marketing di affiliazione è una strategia di
business online in cui un affiliato guadagna
commissioni promuovendo i prodotti o i servizi
di terzi. Questo modello è popolare tra i
publisher online, i blogger e i proprietari di siti
web poiché offre l'opportunità di generare
entrate senza dover creare o gestire direttamente
prodotti o servizi. Ecco come funziona e alcuni
suggerimenti chiave per avviare una strategia di
marketing di affiliazione:

**Funzionamento del Marketing di
Affiliazione:**

1. **Iscrizione a Programmi di Affiliazione**: Gli
   affiliati si iscrivono a programmi di affiliazione
   forniti da aziende o marchi. Questi programmi
   forniscono agli affiliati link di tracciamento
   speciali che utilizzano per promuovere i prodotti
   o i servizi di quella azienda.

2. **Promozione dei Prodotti**: Gli affiliati
   promuovono i prodotti o i servizi utilizzando i
   link di affiliazione sui loro siti web, blog, canali
   social, newsletter o altri canali online. Possono
   farlo tramite recensioni, contenuti informativi,
   annunci pubblicitari o qualsiasi altro mezzo di
   marketing online.

3. **Tracciamento delle Commissioni**: Quando un utente clicca su un link di affiliazione e compie un'azione desiderata, come un acquisto o una registrazione, il programma di affiliazione tiene traccia di questa azione e assegna una commissione all'affiliato.

4. **Guadagno di Commissioni**: Gli affiliati guadagnano commissioni basate sulle azioni completate dai visitatori che hanno reindirizzato al sito dell'azienda tramite i loro link di affiliazione. Le commissioni possono essere una percentuale delle vendite, una commissione fissa per lead generati o un'altra struttura di pagamento definita dal programma di affiliazione.

Suggerimenti per Avviare una Strategia di Marketing di Affiliazione di Successo:

1. **Scegli una Nicchia di Mercato**: Concentrati su una nicchia specifica di mercato che ti interessa o in cui hai conoscenze. Questo ti aiuterà a creare contenuti più rilevanti e a identificare programmi di affiliazione pertinenti.

2. **Ricerca dei Programmi di Affiliazione**: Cerca programmi di affiliazione affidabili e di alta qualità. Assicurati che offrano prodotti o servizi di valore, commissioni competitive e supporto per gli affiliati.

3. **Creazione di Contenuti di Qualità**: Crea contenuti di alta qualità e informativi che siano

rilevanti per il tuo pubblico di riferimento. Questi contenuti dovrebbero includere link di affiliazione in modo naturale e non invasivo.

4. **Trasparenza e Affidabilità**: Sii trasparente con il tuo pubblico sull'uso di link di affiliazione e sull'obiettivo di guadagno di commissioni. La fiducia dei tuoi lettori è cruciale.

5. **Diversificazione delle Fonti di Reddito**: Non puntare tutto sul marketing di affiliazione. Diversifica le tue fonti di reddito, ad esempio considera pubblicità, vendita di prodotti o servizi propri e altre strategie.

6. **Monitoraggio delle Prestazioni**: Utilizza strumenti di monitoraggio e analisi per tenere traccia delle prestazioni dei tuoi link di affiliazione. Questo ti permette di ottimizzare le tue strategie.

7. **Aggiornamenti Costanti**: Il marketing di affiliazione richiede tempo ed è in costante evoluzione. Tieniti aggiornato sulle migliori pratiche e apporta costantemente miglioramenti alla tua strategia.

8. **Rispetto delle Normative**: Rispetta le leggi e le normative vigenti in materia di marketing di affiliazione, inclusa la divulgazione delle tue relazioni di affiliazione.

9. **Pazienza e Impegno**: Il successo nel marketing di affiliazione richiede tempo. Sii paziente e impegnati a lungo termine.

10.   **Networking**: Stabilisci relazioni con altri affiliati e operatori del settore. Questo può portare a partnership collaborative e opportunità di apprendimento.

Il marketing di affiliazione può essere una fonte significativa di reddito per coloro che lo praticano con dedizione e impegno. Tuttavia, è importante notare che il successo può variare e richiede un lavoro costante per costruire e mantenere una solida strategia di marketing di affiliazione.

11. Scelta dei Prodotti o Servizi da Promuovere: Quando scegli i prodotti o i servizi da promuovere, considera la tua nicchia di mercato e i tuoi interessi personali. Optare per prodotti o servizi che conosci e in cui credi rende più facile creare contenuti autentici e persuasivi.

12. Utilizzo di Più Programmi di Affiliazione: Non limitarti a un solo programma di affiliazione. Puoi iscriverti a più programmi di affiliazione per diversificare le tue opportunità di guadagno. Tuttavia, assicurati di gestire ogni programma in modo professionale e trasparente.

13. Creazione di Contenuti su Misure: I contenuti generati dagli affiliati dovrebbero essere basati su misure. Ad esempio, puoi creare recensioni approfondite dei prodotti, tutorial dettagliati su come utilizzarli o confronti tra prodotti simili. Questi contenuti sono preziosi per i consumatori e possono aiutarti a guadagnare commissioni.

14. Strategie di Marketing Multicanale: Utilizza diverse piattaforme di marketing, come il tuo sito web, blog, canali social, video marketing su YouTube e newsletter per promuovere i prodotti. Una presenza multicanale aumenta la visibilità e le opportunità di guadagno.

15. Valutazione dei Programmi di Affiliazione: Non tutti i programmi di affiliazione sono uguali. Prima di iscriverti, valuta attentamente i termini e le condizioni del programma, le commissioni offerte e il supporto fornito dall'azienda affiliata. Cerca programmi affidabili e rinomati.

16. Monitoraggio delle Prestazioni: Utilizza strumenti di monitoraggio delle prestazioni per tenere traccia dei clic, delle conversioni e delle entrate generate dai tuoi link di affiliazione. Questi dati ti aiutano a capire quali strategie funzionano meglio e dove concentrare i tuoi sforzi.

17. Aggiornamento Costante: Il mondo del marketing di affiliazione è in costante evoluzione. Le tendenze del mercato, i prodotti e i programmi di affiliazione possono cambiare. Mantieniti aggiornato su queste evoluzioni per adattare la tua strategia di conseguenza.

18. Compliance Legale: Assicurati di comprendere e rispettare le normative legali relative al marketing di affiliazione nel tuo paese. Questo include la divulgazione delle tue relazioni di affiliazione e il rispetto delle leggi sulla privacy.

19. Ricerca di Parole Chiave: Se promuovi prodotti o servizi online, la ricerca di parole chiave è importante. Trova parole chiave pertinenti che attirino il tuo pubblico di riferimento e ottimizza i tuoi contenuti e i tuoi link di affiliazione in base a queste parole chiave.

20. Mantenimento dell'Autenticità: La fiducia dei tuoi lettori o seguaci è preziosa. Mantieni l'autenticità nella tua strategia di marketing di affiliazione. Condividi recensioni oneste, racconta le esperienze personali e dimostra l'uso effettivo dei prodotti o servizi che promuovi.

Il marketing di affiliazione può richiedere tempo per vedere risultati significativi, ma con l'impegno e una strategia ben pianificata, è possibile creare un flusso di entrate consistenti. Sii paziente, misura le tue prestazioni e apporta costantemente miglioramenti alla tua strategia per massimizzare il tuo potenziale di guadagno nel marketing di affiliazione.

21. Utilizzo di Strumenti di Tracciamento:
Gli strumenti di tracciamento possono essere
estremamente utili per tenere traccia delle tue
attività di marketing di affiliazione. Ci sono
piattaforme e software specializzati che ti
consentono di monitorare i clic, le conversioni e
le commissioni in modo efficace. Questi
strumenti ti aiutano a capire quali promozioni
stanno funzionando meglio e a ottimizzare la tua
strategia di conseguenza.

22. Creazione di Landing Page Specifiche:
Per aumentare la conversione dei tuoi visitatori
in acquirenti o lead, potresti considerare la
creazione di landing page specifiche per i
prodotti o servizi che promuovi. Queste pagine
possono essere ottimizzate per convertire al
massimo, con call to action chiare e contenuti
convincenti.

**23. Programmi di Affiliazione a Più
Livelli**: Alcuni programmi di affiliazione offrono
la possibilità di guadagnare commissioni da
affiliati reclutati da te. Questo è noto come
marketing di affiliazione a più livelli o "affiliate
marketing multinivel". Puoi guadagnare non solo
dalle tue promozioni, ma anche da quelle degli
affiliati che hai introdotto nel programma.

24. Utilizzo di Contenuti Video: I video sono
un formato di contenuto sempre più popolare
online. Puoi sfruttare questa tendenza creando

video di recensione, dimostrazioni o tutorial sui prodotti o servizi che promuovi. Puoi includere link di affiliazione nella descrizione o nel video stesso.

25. Eventi e Promozioni Speciali: Molte aziende offrono promozioni speciali o sconti stagionali. Puoi sfruttare queste opportunità per promuovere prodotti con link di affiliazione. Ad esempio, durante il periodo natalizio o il Black Friday, puoi creare contenuti dedicati per promuovere offerte esclusive.

26. Rispondi alle Domande dei Lettori: Rispondere alle domande e alle preoccupazioni dei tuoi lettori o follower può aiutarti a costruire fiducia. Se qualcuno chiede ulteriori informazioni su un prodotto o servizio che stai promuovendo, forniscile in modo completo ed onesto.

27. Testimonianze e Recensioni Utente: Se possibile, includi testimonianze e recensioni di utenti reali nei tuoi contenuti. Le storie di successo di persone che hanno beneficiato dei prodotti o servizi che promuovi possono aumentare la credibilità delle tue promozioni.

28. Retargeting: Il retargeting è una strategia che ti consente di rivolgerti agli utenti che hanno visitato il tuo sito web o visualizzato i prodotti, ma non hanno completato un'azione desiderata, come un acquisto. Puoi utilizzare il retargeting per indirizzare nuovamente questi visitatori con pubblicità mirate che includono i prodotti che stavano considerando.

29. Gestione delle Imposte e della Contabilità: Poiché guadagni commissioni tramite il marketing di affiliazione, è importante essere preparati a gestire le tue imposte e la contabilità in modo adeguato. Tieni traccia dei tuoi guadagni e consulta un professionista fiscale per comprendere le tue responsabilità fiscali.

30. Espansione e Diversificazione: Una volta che hai costruito una solida base nel marketing di affiliazione, considera l'espansione e la diversificazione. Puoi esplorare nuove nicchie, prodotti o servizi da promuovere e cercare sempre opportunità per crescere.

Il marketing di affiliazione richiede dedizione, ma offre la possibilità di guadagnare reddito passivo promuovendo prodotti o servizi che interessano il tuo pubblico. Mantenendo un approccio etico e trasparente, puoi costruire una carriera di successo nel marketing di affiliazione.

In conclusione, il marketing di affiliazione è una strategia di business online che offre una serie di opportunità per guadagnare commissioni promuovendo prodotti o servizi di terzi. La chiave per avere successo in questo settore è costruire una strategia solida e dedicarsi a lungo termine. Ecco i punti chiave da tenere a mente:

1. **Scelta dei Prodotti o Servizi**: Seleziona prodotti o servizi che conosci, apprezzi e che siano rilevanti per la tua nicchia di mercato. Questo ti permetterà di creare contenuti autentici.
2. **Diversificazione**: Non mettere tutte le tue uova in un unico cesto. Iscriviti a diversi programmi di affiliazione e promuovi una varietà di prodotti o servizi.
3. **Creazione di Contenuti di Qualità**: Crea contenuti di alto valore, tra cui recensioni, tutorial, e confronti tra prodotti. Assicurati che i tuoi contenuti rispondano alle esigenze del tuo pubblico.
4. **Tracciamento e Analisi**: Utilizza strumenti di tracciamento per monitorare le prestazioni dei tuoi link di affiliazione. Questo ti aiuterà a ottimizzare la tua strategia.
5. **Trasparenza e Fiducia**: Sii trasparente con il tuo pubblico riguardo al tuo utilizzo di link di affiliazione. La fiducia è fondamentale.
6. **Rispondi alle Domande**: Rispondi alle domande e alle preoccupazioni dei tuoi lettori o follower. Offri informazioni complete ed oneste.
7. **Espansione Graduale**: Una volta che hai costruito una base solida, considera l'espansione in nuove nicchie o opportunità. Mantieni una mentalità aperta all'evoluzione del marketing di affiliazione.

8. **Gestione Fiscale**: Tieni traccia dei tuoi guadagni e consulta un professionista fiscale per gestire le tue responsabilità fiscali.

9. **Etica e Qualità**: Mantieni sempre una condotta etica e promuovi prodotti o servizi di alta qualità. La tua reputazione è in gioco.

10. **Impegno a Lungo Termine**: Il marketing di affiliazione richiede tempo per vedere risultati significativi. Mantieni un impegno a lungo termine per massimizzare il tuo potenziale di guadagno.

Ricorda che il marketing di affiliazione è un settore in costante evoluzione. Mantieniti aggiornato sulle tendenze e apporta costantemente miglioramenti alla tua strategia per massimizzare il tuo successo nel marketing di affiliazione.

1. **Pubblicità su Google Ads**: Google Ads è una delle piattaforme di pubblicità a pagamento più popolari ed efficaci. Ti consente di creare annunci che verranno visualizzati quando le persone cercano determinate parole chiave su Google. Puoi anche pubblicare annunci su siti web associati a Google.

2. **Pubblicità su Facebook Ads**: Facebook Ads è un'altra piattaforma di pubblicità altamente personalizzabile. Puoi raggiungere il tuo pubblico target in base a criteri demografici, interessi,

comportamenti e altro. Questo ti consente di creare annunci altamente mirati.

3. **Pubblicità su Instagram Ads**: Instagram, di proprietà di Facebook, offre la possibilità di pubblicare annunci direttamente all'interno dell'app. Puoi sfruttare il formato visuale di Instagram per promuovere prodotti o servizi in modo accattivante.

4. **Pubblicità su Twitter Ads**: Twitter offre opzioni di pubblicità per promuovere tweet o account. Puoi rivolgerti a utenti specifici in base a interessi o parole chiave. Inoltre, puoi utilizzare la promozione di tweet per aumentare la visibilità di contenuti specifici.

5. **Pubblicità su LinkedIn Ads**: LinkedIn è una piattaforma ideale per la pubblicità rivolta al pubblico aziendale. Puoi mirare a professionisti specifici in base a settore, titolo di lavoro e altre informazioni di profilo.

6. **Pubblicità su YouTube Ads**: Puoi creare annunci video per YouTube e farli visualizzare prima, durante o dopo i video. Questo è efficace se stai cercando di raggiungere un pubblico più ampio tramite contenuti video.

7. **Pubblicità Display**: La pubblicità display consiste in annunci visivi che vengono visualizzati su siti web, blog e altre piattaforme online. Questi annunci possono essere altamente mirati in base agli interessi degli utenti.

8. **Pubblicità su Bing Ads**: Bing Ads è simile a Google Ads ma si concentra sulla pubblicità sui motori di ricerca di Microsoft, come Bing e Yahoo. È una buona alternativa per raggiungere un pubblico diverso da quello di Google.

9. **Remarketing**: Il remarketing ti consente di rivolgerti agli utenti che hanno già visitato il tuo sito web o interagito con il tuo marchio in qualche modo. Questo può essere altamente efficace nel riportare gli utenti interessati.

10. **Budget e Analisi delle Prestazioni**: È fondamentale stabilire un budget pubblicitario e monitorare costantemente le prestazioni degli annunci. Utilizza dati e analisi per ottimizzare le tue campagne e ottenere il massimo rendimento dall'investimento.

11. **Test A/B**: Per migliorare l'efficacia degli annunci, esegui test A/B per vari elementi, come titoli, immagini e testi. Questo ti aiuterà a identificare quali annunci funzionano meglio e a ottimizzare le tue campagne.

12. **Compliance Legale**: Rispetta le normative legali relative alla pubblicità, inclusa la divulgazione degli annunci a pagamento quando necessario.

13. **Crescita Graduale**: Inizia con un budget pubblicitario che puoi permetterti e cresci gradualmente man mano che acquisisci

esperienza e comprensione delle tue campagne pubblicitarie.

Le campagne pubblicitarie a pagamento possono essere una parte efficace della tua strategia di marketing online. Tuttavia, è importante pianificare attentamente, definire obiettivi chiari e seguire le metriche di prestazione per garantire che i tuoi investimenti siano redditizi.

14. **Scelta del Formato Annunci Adeguato**: Le diverse piattaforme pubblicitarie offrono vari formati di annunci, come annunci di ricerca, annunci display, annunci video e annunci social. La scelta del formato più adatto al tuo obiettivo di marketing è cruciale. Ad esempio, gli annunci di ricerca sono efficaci per la promozione di prodotti o servizi specifici quando gli utenti effettuano ricerche online, mentre gli annunci display possono essere utilizzati per aumentare la consapevolezza del marchio.

15. **Pianificazione delle Parole Chiave**: Se stai utilizzando la pubblicità sui motori di ricerca come Google Ads, è importante pianificare attentamente le parole chiave. Scegli parole chiave pertinenti al tuo settore e alle offerte che desideri promuovere. Utilizza strumenti di ricerca delle parole chiave per identificare le parole chiave più rilevanti e per monitorare le tendenze di ricerca.

16. **Targeting del Pubblico**: La pubblicità a pagamento ti consente di mirare a un pubblico specifico. Puoi definire criteri di targeting come età, genere, posizione geografica, interessi, comportamenti online e molto altro. Questo ti permette di raggiungere le persone che sono più inclini a essere interessate ai tuoi prodotti o servizi.

17. **Monitoraggio e Ottimizzazione Costante**: Monitora regolarmente le prestazioni delle tue campagne pubblicitarie. Utilizza strumenti di analisi per rilevare quali annunci stanno ottenendo i migliori risultati in termini di clic, conversioni e ritorno sull'investimento. Sulla base di queste informazioni, apporta ottimizzazioni per migliorare le tue campagne.

18. **Pubblicità su Dispositivi Mobili**: Con sempre più persone che utilizzano dispositivi mobili per navigare in Internet, assicurati di includere annunci ottimizzati per dispositivi mobili nelle tue campagne pubblicitarie. Questo ti aiuterà a raggiungere un pubblico mobile in crescita.

19. **Gestione del Budget**: Stabilisci un budget giornaliero o mensile per le tue campagne pubblicitarie. Inizia con un budget che ti senti a tuo agio a investire e che puoi permetterti. Misura costantemente le prestazioni e, se i risultati sono positivi, puoi considerare di

aumentare il budget per ottenere una maggiore visibilità.

20.   **Segmentazione Avanzata**: Alcune piattaforme pubblicitarie offrono opzioni avanzate di segmentazione, come la segmentazione comportamentale, che consente di mirare a utenti in base ai loro comportamenti online passati. Questo può essere particolarmente utile per campagne di remarketing.

21. **Landing Page Ottimizzate**: Assicurati che le tue landing page siano ben progettate e ottimizzate per la conversione. Un annuncio efficace deve essere seguito da una pagina di destinazione che offre informazioni chiare e incentiva l'azione desiderata, che potrebbe essere un acquisto, una registrazione o altro.

22.   **Monitoraggio dei Concorrenti**: Tieni d'occhio ciò che fanno i tuoi concorrenti con le loro campagne pubblicitarie. Questo può fornire idee e ispirazione, ma anche darti l'opportunità di distinguerti e trovare opportunità non sfruttate.

23.   **A/B Testing**: Il test A/B è una pratica comune nella pubblicità a pagamento. Crei due versioni di un annuncio (A e B) con piccole variazioni, quindi misuri quale delle due funziona meglio. Questo ti aiuta a ottimizzare gli annunci per massimizzare i risultati.

24. **Piano di Contingenza**: Prepara un piano di contingenza per situazioni inaspettate. Ad esempio, se una campagna pubblicitaria sta ricevendo meno attenzione del previsto, potresti dover apportare modifiche rapide per migliorare le prestazioni.

25. **Compliance Legale e Normative sulla Privacy**: Assicurati di rispettare le normative sulla privacy e le leggi in vigore relative alla pubblicità. Ad esempio, il Regolamento Generale sulla Protezione dei Dati (GDPR) in Europa impone regole specifiche sulla raccolta e l'uso dei dati degli utenti.

26. **Feedback e Adattamenti**: Raccogli feedback dai tuoi clienti e dai tuoi utenti. Utilizza questo feedback per apportare miglioramenti continui alle tue campagne pubblicitarie.
La pubblicità a pagamento può essere un potente strumento per aumentare la visibilità del tuo marchio o dei tuoi prodotti, ma richiede una pianificazione attenta e un'attenta gestione. La sperimentazione e l'ottimizzazione costante sono chiave per ottenere risultati positivi.

27. **Algoritmi di Ottimizzazione Automatica**: Molte piattaforme di pubblicità utilizzano algoritmi di ottimizzazione automatica. Questi algoritmi possono regolare in tempo reale i tuoi annunci in base alle prestazioni. Ad esempio, possono aumentare o diminuire le

offerte per gli annunci che funzionano meglio o piazzare gli annunci in momenti in cui sono più suscettibili di ottenere clic.

28. **Remarketing Dinamico**: Il remarketing dinamico è una strategia avanzata che consente di mostrare annunci specifici basati sul comportamento precedente degli utenti sul tuo sito web. Ad esempio, se un utente ha visitato una pagina di prodotto specifica, puoi mostrare loro un annuncio che presenta quel prodotto quando navigano su altri siti web.

29. **Piano di Pubblicità a Lungo Termine**: Pianificare campagne pubblicitarie a breve termine è importante, ma è altrettanto cruciale avere una visione a lungo termine. Considera come la pubblicità a pagamento si inserisce nella tua strategia di marketing a lungo termine e come può contribuire a costruire il tuo marchio nel tempo.

30. **Pubblicità su App Mobile**: Se la tua azienda ha un'app mobile, considera la pubblicità al suo interno. Puoi utilizzare annunci in-app per promuovere contenuti, funzionalità o prodotti specifici agli utenti dell'app.

31. **Collaborazioni con Influencer**: La pubblicità a pagamento può anche avvenire attraverso collaborazioni con influencer. Gli influencer possono promuovere il tuo marchio o prodotti nei loro contenuti a pagamento. Assicurati di

scegliere influencer che sono in linea con i valori e il pubblico del tuo marchio.

32. **Pubblicità Cross-Canale**: Esplora la possibilità di pubblicizzare su più canali contemporaneamente. Ad esempio, puoi eseguire campagne che includono annunci su Google Ads, Facebook Ads e Instagram Ads allo stesso tempo per massimizzare la visibilità.

33. **Valutazione dei Rischi**: Prima di intraprendere campagne pubblicitarie costose, valuta i rischi potenziali. Ad esempio, cosa succede se una campagna non ottiene i risultati desiderati? Pianifica come gestire situazioni in cui i costi superano i benefici.

34. **Focus sulla Qualità**: La qualità degli annunci è fondamentale. Assicurati che il testo, le immagini e il design siano accattivanti, professionali e pertinenti al messaggio che desideri comunicare.

35. **Sfruttare le Stagionalità**: Considera come le stagioni o gli eventi specifici possono influenzare le tue campagne pubblicitarie. Ad esempio, puoi creare annunci speciali per le festività o per eventi legati al tuo settore.

36. **Monitoraggio della Concorrenza**: Tieni d'occhio cosa fanno i tuoi concorrenti in termini di pubblicità. Questo può darti una panoramica delle tendenze del settore e delle strategie che funzionano.

37. **Monitoraggio della Marca**: Usa la pubblicità a pagamento per monitorare la tua presenza online e proteggere la tua reputazione. Ad esempio, puoi pubblicare annunci mirati per affrontare recensioni negative o notizie dannose sulla tua azienda.

38. **Sperimentazione Costante**: Sperimenta con nuove idee, formati di annunci e piattaforme. Le nuove opportunità possono emergere e consentirti di raggiungere nuovi segmenti di mercato.

39. **Educazione Continua**: La pubblicità a pagamento è un campo in costante evoluzione. Investi tempo nell'apprendere le nuove tendenze, le funzionalità delle piattaforme pubblicitarie e le best practice.

40. **Rapporti Chiari di Prestazioni**: Assicurati di generare rapporti chiari sulle prestazioni delle tue campagne pubblicitarie. Questi rapporti dovrebbero includere metriche chiave come il ritorno sull'investimento (ROI), i clic, le conversioni e altro. Utilizza questi dati per prendere decisioni informate.

La pubblicità a pagamento può essere un motore di crescita significativo per il tuo business, ma richiede un impegno costante per migliorare, ottimizzare e adattare le tue strategie in base alle nuove sfide e opportunità che emergono.

41. **Test di Parole Chiave**: Quando crei campagne pubblicitarie basate su ricerca, esegui test di parole chiave per scoprire quali parole chiave funzionano meglio. Puoi sperimentare con diverse parole chiave e misurare quali generano il maggior traffico di qualità o conversioni.

42. **Pubblicità Geolocalizzate**: Se il tuo business opera in una determinata area geografica, sfrutta la pubblicità geolocalizzata. Questo ti consente di mostrare annunci solo agli utenti che si trovano in una posizione specifica, aumentando la rilevanza dei tuoi annunci.

43. **Sfruttare le Recensioni Positive**: Se hai recensioni positive da parte dei clienti, puoi utilizzarle nelle tue campagne pubblicitarie. Le testimonianze dei clienti soddisfatti possono aumentare la fiducia degli utenti.

44. **Strategia di Pubblicità a Lungo Termine**: Pensa a una strategia di pubblicità a lungo termine che coinvolga gli utenti nel tempo. Ad esempio, puoi creare una serie di annunci che raccontano una storia o mostrano l'evoluzione del tuo prodotto o servizio.

45. **Analisi della Concorrenza**: Oltre a monitorare i tuoi concorrenti, esegui analisi più approfondite sulle loro campagne pubblicitarie. Quali annunci funzionano meglio per loro? Puoi trarre ispirazione da tali analisi per migliorare le tue campagne.

46.　　**Strategia di Offerta**: Se stai utilizzando piattaforme di pubblicità a pagamento come Google Ads, impara a gestire le offerte in modo efficace. Puoi utilizzare offerte manuali o automatizzate, a seconda delle tue esigenze. La strategia delle offerte può influenzare direttamente il costo per clic (CPC) e le prestazioni degli annunci.

47.　　**Pubblicità di Prossimità**: Per i negozi fisici, la pubblicità di prossimità può essere efficace. Puoi inviare annunci speciali agli utenti che si trovano nelle vicinanze del tuo negozio, ad esempio offerte e sconti temporanei.

48.　　**Pianificazione delle Campagne Stagionali**: Prepara campagne pubblicitarie stagionali in anticipo. Questo ti consente di capitalizzare su eventi specifici come le festività, il Black Friday, il Cyber Monday e altre date chiave per il tuo settore.

49.　　**Feedback Costante degli Utenti**: Raccogli feedback costante dagli utenti riguardo agli annunci. Puoi farlo attraverso sondaggi o l'analisi delle reazioni online. Questo feedback può aiutarti a ottimizzare gli annunci per renderli più accattivanti.

50.　　**Tracciamento delle Conversioni**: Configura un tracciamento delle conversioni accurato per misurare l'efficacia delle tue campagne pubblicitarie. Questo ti consente di vedere quali annunci portano effettivamente a conversioni come acquisti o registrazioni.

51. **Testi degli Annunci Dinamici**: Alcune piattaforme consentono l'utilizzo di testi degli annunci dinamici, che si adattano automaticamente in base alla query di ricerca dell'utente. Questo rende gli annunci più rilevanti.

52. **Frequenza di Visualizzazione**: Monitora con attenzione la frequenza con cui gli utenti vedono i tuoi annunci. Troppi annunci ripetuti possono portare alla cosiddetta "stanchezza dell'annuncio", riducendo l'efficacia.

53. **Segmentazione per Dispositivo**: Puoi segmentare le tue campagne pubblicitarie in base al dispositivo utilizzato dagli utenti. Ad esempio, puoi creare annunci specifici per utenti desktop e annunci diversi per utenti mobili, tenendo conto delle differenze nel comportamento degli utenti su questi dispositivi.

54. **Automatizzazione della Pubblicità**: Esplora strumenti di automatizzazione della pubblicità che semplificano la gestione delle campagne, il monitoraggio delle prestazioni e l'ottimizzazione.

55. **Adattamento alle Tendenze del Mercato**: Il mercato e le tendenze possono cambiare rapidamente. Assicurati di essere pronto a adattare le tue strategie pubblicitarie in

risposta a nuove opportunità o cambiamenti nell'ambiente del mercato.

56. **Test di Tempistica**: Esperimenti con la tempistica degli annunci possono rivelare quando è più probabile che gli utenti compiano azioni come cliccare sugli annunci o effettuare acquisti.

Continuare a sperimentare, imparare e adattarsi è essenziale per il successo nella pubblicità a pagamento. Ogni business è unico, quindi è importante testare diverse strategie e tattiche per scoprire cosa funziona meglio per te.

In conclusione, la pubblicità a pagamento è un elemento chiave delle strategie di marketing online. Per massimizzare il successo delle tue campagne pubblicitarie, è fondamentale adottare un approccio strategico e continuare a imparare dagli insights ottenuti. Ecco una sintesi dei principali punti da considerare:

- **Test Costanti**: Esegui test continui per scoprire quali strategie e annunci funzionano meglio. Sperimenta con le parole chiave, il targeting demografico, il posizionamento degli annunci e altri fattori.

- **Segmentazione Efficace**: Utilizza la segmentazione per raggiungere il pubblico giusto con il messaggio giusto. Questo migliora la

rilevanza degli annunci e aumenta le possibilità
di conversione.

- **Monitoraggio delle Prestazioni**: Mantieni un
monitoraggio costante delle prestazioni delle tue
campagne. Utilizza metriche come il CPC, il CTR,
il ROI e le conversioni per valutare l'efficacia
delle tue strategie.
- **Ottimizzazione Continua**: Basandoti sui dati
raccolti, ottimizza le tue campagne in corso.
Apporta miglioramenti ai tuoi annunci, alle
landing page e alle strategie di offerta.
- **Budget Adeguato**: Pianifica il tuo budget
pubblicitario in modo realistico. Assicurati di
avere abbastanza fondi per sostenere le tue
campagne e raggiungere i tuoi obiettivi.
- **Mantieni l'Integrità del Marchio**: Assicurati
che gli annunci rispecchino l'immagine del tuo
marchio e offrano valore al pubblico. Evita
annunci fuorvianti o di bassa qualità.
- **Analisi della Concorrenza**: Analizza le
strategie di pubblicità dei tuoi concorrenti per
identificare opportunità e differenziarti nel
mercato.
- **Aggiornamenti Tecnologici**: Tieniti al passo
con gli aggiornamenti tecnologici e le nuove
funzionalità delle piattaforme pubblicitarie.
Questi aggiornamenti possono offrire nuove
opportunità.

- **Feedback degli Utenti**: Ascolta il feedback degli utenti e utilizzalo per apportare miglioramenti. Le recensioni e le opinioni degli utenti possono offrire preziose indicazioni sulle aree in cui è possibile migliorare.
- **Formazione Continua**: Investi nella formazione continua per rimanere aggiornato sulle migliori pratiche e le tendenze del settore.
- **Tempismo Strategico**: Pianifica le tue campagne in modo strategico in base a eventi, festività o stagionalità.
- **Misura il Ritorno sull'Investimento (ROI)**: Assicurati di avere una chiara comprensione del ritorno sull'investimento generato dalle tue campagne. Questo ti permette di valutare l'efficacia delle spese pubblicitarie.

La pubblicità a pagamento può offrire un notevole vantaggio competitivo quando è ben pianificata e gestita in modo efficace. Ricorda che il successo richiede pazienza, adattabilità e un approccio basato sui dati. Continua a migliorare le tue campagne pubblicitarie e ad apprendere dalle esperienze per ottimizzare il tuo marketing online.

Sezione 6: Aspetti Legali e Etici 24. Diritti d'Autore e Fair Use • Proteggere i propri contenuti e rispettare quelli altrui.

Nella sezione dedicata ai diritti d'autore e al fair use, affronteremo questioni legali e etiche cruciali nel mondo della creazione di contenuti online. Ecco una panoramica dettagliata:

57.   **Diritti d'Autore (Copyright)**: Prima di tutto, è importante comprendere cosa siano i diritti d'autore. Questi diritti proteggono la proprietà intellettuale e concedono all'autore il diritto esclusivo di utilizzare, distribuire e modificare il proprio lavoro. Assicurati di conoscere i diritti d'autore applicabili al tuo contenuto.

58.   **Contenuti Originali**: La creazione di contenuti originali è un modo per proteggere te stesso dai reclami di violazione dei diritti d'autore. Scrivi, fotografa o produci video che siano completamente originali e non derivino da opere esistenti.

59.   **Fair Use**: Il fair use è una dottrina legale che permette l'uso di opere protette da copyright senza il permesso dell'autore in determinate circostanze, come scopi educativi, critica, parodia o notizie. Tuttavia, il fair use è un'area complessa del diritto d'autore ed è necessario valutare attentamente se l'uso rientra in questa categoria.

60. **Attribuzione**: Quando utilizzi contenuti creati da altri, assicurati di fornire l'attribuzione corretta all'autore. Questo è un aspetto etico importante, ma può anche aiutare a ridurre il rischio di violazione dei diritti d'autore.

61. **Licenze Creative Commons**: Esistono diverse licenze Creative Commons che consentono agli autori di condividere il proprio lavoro con determinate condizioni. Puoi utilizzare contenuti con licenze Creative Commons in base ai termini specificati dalla licenza.

62. **Pubblicazione con Permesso**: Se desideri utilizzare contenuti protetti da copyright, è possibile richiedere il permesso dall'autore o detentore dei diritti. Assicurati di ottenere il permesso in forma scritta e di rispettare le condizioni stabilite.

63. **Strumenti di Gestione dei Diritti**: Per i creatori, esistono strumenti di gestione dei diritti che consentono di proteggere i propri contenuti online. Questi strumenti possono aiutare a individuare e gestire violazioni dei diritti d'autore.

64. **Rischi Legali**: La violazione dei diritti d'autore può comportare conseguenze legali, come cause e richieste di risarcimento danni. È fondamentale comprendere i rischi legali associati alla violazione dei diritti d'autore.

65. **Aspetti Etici**: Oltre agli aspetti legali, ci sono considerazioni etiche. Rispettare il lavoro altrui è una parte importante dell'etica online. Non copiare o utilizzare indebitamente il lavoro di altri senza autorizzazione o attribuzione adeguata.

66. **Contenuti Protetti da Copyright**: Prendi in considerazione che anche i contenuti protetti da copyright possono essere utilizzati, ma solo nel rispetto delle leggi sul copyright. Questo può includere l'uso di citazioni brevi o la creazione di opere derivate con il permesso dell'autore.

67. **Formazione sulla Proprietà Intellettuale**: La formazione sulla proprietà intellettuale è importante sia per i creatori di contenuti che per gli utenti. Familiarizzati con le leggi sul copyright e le risorse disponibili per aiutarti a capirle.

68. **Diritto di Critica e Parodia**: Se utilizzi il lavoro di altri per scopi di critica o parodia, potresti essere protetto dal fair use. Tuttavia, è importante che il tuo uso rientri effettivamente in queste categorie.

69. **Consulenza Legale**: Se hai domande specifiche o dubbi sulla legittimità dell'uso di un contenuto, consulta un avvocato specializzato in diritto d'autore. Possono offrirti consulenza legale personalizzata.

In sintesi, comprendere i diritti d'autore e rispettare il lavoro degli altri è fondamentale nell'ambito della creazione di contenuti online. Questo ti protegge da conseguenze legali e contribuisce a mantenere un ambiente online etico e rispettoso.

25. Privacy e Sicurezza • Protezione dei dati personali e della privacy online.

La protezione della privacy e della sicurezza online è di fondamentale importanza sia per i creatori di contenuti che per gli utenti. Ecco alcune informazioni dettagliate su come affrontare questa questione:

70. **Protezione dei Dati Personali**: Quando raccogli dati personali dai tuoi utenti o dai tuoi follower, è importante rispettare le leggi sulla privacy. Assicurati di ottenere il consenso esplicito per la raccolta di dati, e sii trasparente sulle finalità dell'uso di tali dati.

71. **Informativa sulla Privacy**: Fornisci un'informativa sulla privacy chiara e completa sul tuo sito web o profilo social. Questo documento dovrebbe spiegare come raccogli, utilizzi e proteggi i dati personali dei visitatori.

72. **Sicurezza dei Dati**: Proteggi i dati personali dei tuoi utenti da accessi non autorizzati. Utilizza misure di sicurezza come la

crittografia e l'autenticazione a due fattori per garantire la sicurezza dei dati.

73. **Cookie e Tracciamento**: Se utilizzi cookie o tecnologie di tracciamento, assicurati di informare gli utenti e ottenere il loro consenso prima di iniziare il tracciamento. Molte giurisdizioni richiedono questo tipo di consenso.

74. **Gestione delle Password**: Utilizza password sicure e promuovi la buona pratica tra il tuo team. Evita di condividere password tramite canali non sicuri e cambia regolarmente le password.

75. **Protezione dai Malware**: Mantieni i tuoi dispositivi e il tuo software aggiornati per proteggerti dai malware e dagli attacchi informatici. L'uso di software antivirus e firewall può aiutare a proteggere i tuoi sistemi.

76. **Protezione dell'Identità Online**: Presta attenzione alla tua identità online. Non condividere informazioni personali sensibili su piattaforme pubbliche. Puoi utilizzare pseudonimi o nickname per proteggere la tua identità.

77. **Rispetto della Privacy Altrui**: Rispetta la privacy degli altri. Non condividere informazioni personali o sensibili sugli altri senza il loro consenso.

78. **Accesso ai Minori**: Se il tuo pubblico include minori, fai attenzione a proteggere la loro

privacy e ottenere il consenso dai genitori per la raccolta dei loro dati.

79.   **Consapevolezza Legale**: Familiarizzati con le leggi sulla privacy nella tua giurisdizione e assicurati di rispettarle. Le normative sulla privacy possono variare notevolmente da un paese all'altro.

80.   **Formazione e Sensibilizzazione**: Assicurati che tu e il tuo team siano adeguatamente formati sulla privacy e la sicurezza online. La consapevolezza è fondamentale per prevenire le violazioni della privacy.

81.   **Risposta alle Violazioni della Sicurezza**: Prepara un piano di risposta alle violazioni della sicurezza. Questo piano dovrebbe delineare i passaggi da seguire nel caso in cui si verifichi una violazione dei dati.

82.   **Valutazione dei Fornitori di Servizi**: Se utilizzi servizi di terze parti per la gestione dei dati, assicurati che rispettino adeguatamente la privacy dei tuoi utenti. Leggi le politiche di privacy dei fornitori e scegli quelli che rispettano i tuoi standard.

83.   **Etica nell'Utilizzo dei Dati**: Utilizza i dati in modo etico. Non abusare dei dati personali dei tuoi utenti o dei tuoi clienti per scopi non autorizzati.

84.   **Comunicazione Chiara**: Comunica in modo chiaro e onesto sulla tua politica di privacy e sulla gestione dei dati personali. Questo instaurerà la fiducia tra te e il tuo pubblico.

85.   **Reputazione Online**: Ricorda che la gestione della privacy e della sicurezza può influire sulla tua reputazione online. Mantieni la tua reputazione positiva adottando buone pratiche in materia di privacy.
Proteggere la privacy e la sicurezza online è un dovere etico e legale. Assicurati di essere informato sulle leggi locali e globali relative alla privacy e prendi misure adeguate per garantire la sicurezza dei dati dei tuoi utenti e la tua reputazione online.

26. Etica e Responsabilità • Comportamento etico e responsabile online.

L'etica e la responsabilità online sono fondamentali per costruire una reputazione positiva e instaurare la fiducia tra te e il tuo pubblico. Ecco alcune linee guida dettagliate su come mantenere un comportamento etico e responsabile online:

86.   **Onestà e Trasparenza**: Sii onesto nelle tue interazioni online. Fornisci informazioni accurate e non ingannare il pubblico. Trasparenza è la chiave per instaurare fiducia.

87. **Rispetto verso gli Altri**: Tratta gli altri con rispetto e cortesia online, anche quando si è in disaccordo. Evita insulti, linguaggio offensivo o comportamenti intimidatori.

88. **Cyberbullismo**: Condanna il cyberbullismo in tutte le sue forme. Non partecipare a molestie online e prendi misure per prevenirlo tra i tuoi follower o utenti.

89. **Consenso**: Rispetta il consenso degli altri. Se stai raccogliendo dati o informazioni personali, assicurati di ottenere il consenso esplicito.

90. **Pluralismo di Opinioni**: Accetta e rispetta il fatto che le persone possono avere opinioni diverse dalle tue. Favorisci discussioni costruttive e aperte.

91. **Informazione Responsabile**: Se condividi notizie o informazioni, verifica la loro accuratezza prima di farlo. La diffusione di notizie false può causare danni significativi.

92. **Rispetto della Proprietà Intellettuale**: Rispetta i diritti d'autore e le licenze quando utilizzi il lavoro di altri. Non copiare o utilizzare indebitamente il lavoro di qualcun altro senza autorizzazione.

93. **Valori e Integrità**: Rifletti sui tuoi valori e sulla tua integrità. Mantieni una coerenza tra ciò che affermi online e ciò che fai nella vita reale.

94. **Buon Uso delle Piattaforme**: Utilizza le piattaforme online in modo responsabile e in conformità con le regole e le politiche delle piattaforme stesse.

95. **Gestione dei Commenti**: Monitora e gestisci i commenti e le interazioni nei tuoi profili social in modo adeguato. Elimina o modera contenuti offensivi o inappropriati.

96. **Consapevolezza Culturale**: Rispetta e comprendi le differenze culturali nelle tue interazioni online. Ciò è particolarmente importante se il tuo pubblico è globale.

97. **Prevenzione dell'Abuso**: Prendi misure per prevenire l'abuso e il cattivo comportamento all'interno della tua comunità online. Questo può includere l'adozione di regole e politiche chiare.

98. **Ruolo di Modello**: Se hai una piattaforma online seguita da un pubblico più giovane, ricorda che sei un modello per loro. Comportati in modo responsabile e etico.

99. **Impatto Sociale**: Considera l'effetto delle tue azioni e parole sui social media sulla società. Partecipa a discussioni importanti e promuovi il bene comune.

100. **Consulenza Etica**: Se hai dubbi sull'etica delle tue azioni online, consulta colleghi, amici o consulenti etici. A volte, avere una prospettiva esterna può aiutare a prendere decisioni più sagge.

Mantenere un comportamento etico e responsabile online è essenziale per costruire relazioni durevoli con il tuo pubblico e per contribuire a creare un ambiente online più sano e rispettoso. La tua condotta online può influenzare positivamente il mondo che ti circonda.

26. Etica e Responsabilità • Comportamento etico e responsabile online.

L'etica e la responsabilità online sono fondamentali per costruire una reputazione positiva e instaurare la fiducia tra te e il tuo pubblico. Ecco alcune linee guida dettagliate su come mantenere un comportamento etico e responsabile online:

86. **Onestà e Trasparenza**: Sii onesto nelle tue interazioni online. Fornisci informazioni accurate e non ingannare il pubblico. Trasparenza è la chiave per instaurare fiducia.

87. **Rispetto verso gli Altri**: Tratta gli altri con rispetto e cortesia online, anche quando si è in disaccordo. Evita insulti, linguaggio offensivo o comportamenti intimidatori.

88. **Cyberbullismo**: Condanna il cyberbullismo in tutte le sue forme. Non partecipare a molestie online e prendi misure per prevenirlo tra i tuoi follower o utenti.

89. **Consenso**: Rispetta il consenso degli altri. Se stai raccogliendo dati o informazioni personali, assicurati di ottenere il consenso esplicito.

90. **Pluralismo di Opinioni**: Accetta e rispetta il fatto che le persone possono avere opinioni diverse dalle tue. Favorisci discussioni costruttive e aperte.

91. **Informazione Responsabile**: Se condividi notizie o informazioni, verifica la loro accuratezza prima di farlo. La diffusione di notizie false può causare danni significativi.

92. **Rispetto della Proprietà Intellettuale**: Rispetta i diritti d'autore e le licenze quando utilizzi il lavoro di altri. Non copiare o utilizzare indebitamente il lavoro di qualcun altro senza autorizzazione.

93. **Valori e Integrità**: Rifletti sui tuoi valori e sulla tua integrità. Mantieni una coerenza tra ciò che affermi online e ciò che fai nella vita reale.

94. **Buon Uso delle Piattaforme**: Utilizza le piattaforme online in modo responsabile e in conformità con le regole e le politiche delle piattaforme stesse.

95. **Gestione dei Commenti**: Monitora e gestisci i commenti e le interazioni nei tuoi profili social in modo adeguato. Elimina o modera contenuti offensivi o inappropriati.

96. **Consapevolezza Culturale**: Rispetta e comprendi le differenze culturali nelle tue interazioni online. Ciò è particolarmente importante se il tuo pubblico è globale.

97. **Prevenzione dell'Abuso**: Prendi misure per prevenire l'abuso e il cattivo comportamento all'interno della tua comunità online. Questo può includere l'adozione di regole e politiche chiare.

98. **Ruolo di Modello**: Se hai una piattaforma online seguita da un pubblico più giovane, ricorda che sei un modello per loro. Comportati in modo responsabile e etico.

99. **Impatto Sociale**: Considera l'effetto delle tue azioni e parole sui social media sulla società. Partecipa a discussioni importanti e promuovi il bene comune.

100. **Consulenza Etica**: Se hai dubbi sull'etica delle tue azioni online, consulta colleghi, amici o consulenti etici. A volte, avere una prospettiva esterna può aiutare a prendere decisioni più sagge.

Mantenere un comportamento etico e responsabile online è essenziale per costruire relazioni durevoli con il tuo pubblico e per contribuire a creare un ambiente online più sano e rispettoso. La tua condotta online può influenzare positivamente il mondo che ti circonda.

Sezione 7: Casistiche di Successo 27. Studi di Caso • Analisi di storie di successo nei vari social media.

Studi di caso sono un modo efficace per imparare dai successi degli altri e trarre ispirazione per il tuo percorso nel mondo dei social media. Qui ci sono alcuni studi di caso di successo tratti dai vari social media:

YouTube:

1. **PewDiePie**: Felix Kjellberg, noto come PewDiePie, è uno dei creatori di contenuti di punta di YouTube. La sua autenticità, l'umorismo e la coerenza nella produzione di video di gioco gli hanno permesso di costruire una base di fan enorme e di diventare uno degli YouTuber più noti al mondo.

2. **Tasty**: Il canale di cucina Tasty ha rivoluzionato la condivisione di ricette su YouTube con video brevi e coinvolgenti. La loro strategia di produzione e il coinvolgimento della comunità hanno portato a milioni di iscritti.

Instagram:

1. **National Geographic**: National Geographic sfrutta le immagini mozzafiato e le storie coinvolgenti per costruire una delle più grandi e impegnate comunità su Instagram. Condividono foto di viaggi, natura e cultura che ispirano gli utenti.

2. **Huda Kattan**: Huda Kattan è un'influencer di bellezza che ha trasformato la sua passione per il trucco in un impero. La sua autenticità e la sua abilità nel creare contenuti di bellezza hanno portato a milioni di follower e al suo marchio di cosmetici di successo, Huda Beauty.

TikTok:

1. **Charli D'Amelio**: Charli D'Amelio è diventata rapidamente una delle più grandi star di TikTok. La sua autenticità, le coreografie di danza coinvolgenti e l'interazione con il pubblico l'hanno portata a diventare un'icona dell'app.

2. **Ocean Spray**: Il video virale di un lavoratore dell'azienda che sorseggiava succo Ocean Spray mentre pattinava ha ispirato l'azienda a creare una campagna di marketing virale su TikTok. Questa campagna ha attirato milioni di visualizzazioni e aumentato la consapevolezza del marchio.

Facebook:

1. **Airbnb**: Airbnb utilizza Facebook per condividere storie e immagini ispiranti di viaggi, con un'attenzione particolare ai dettagli e alle esperienze uniche che offrono. Questa strategia di marketing ha contribuito a costruire la fiducia degli utenti.

2. **BuzzFeed Tasty**: Tasty, conosciuto anche su Facebook, condivide video di ricette brevi e coinvolgenti che hanno catturato l'attenzione di

milioni di utenti. La loro strategia di contenuti visivi e condivisibili ha portato a un notevole coinvolgimento.

Twitter:

1. **Wendy's**: Wendy's è noto per i suoi tweet divertenti e taglienti. La sua personalità unica sui social media ha portato a una crescente base di fan e ad un coinvolgimento significativo.

2. **Oreo**: Oreo è stato uno dei primi marchi a sfruttare l'opportunità dell'interazione in tempo reale su Twitter. La loro creatività e la loro capacità di partecipare alle conversazioni in corso hanno aumentato la consapevolezza del marchio. Questi studi di caso dimostrano come sia possibile avere successo su diverse piattaforme di social media con strategie uniche e coinvolgenti. Analizzando queste storie di successo, puoi trarre ispirazione e adattare le loro tattiche per costruire la tua presenza online.

Snapchat:

1. **Kylie Jenner**: La celebrità e imprenditrice Kylie Jenner ha sfruttato Snapchat per coinvolgere la sua base di fan e promuovere i suoi prodotti di bellezza. Ha utilizzato Snapchat Stories per condividere momenti autentici della sua vita e anticipazioni dei suoi prodotti, generando hype e interesse tra i suoi seguaci.

LinkedIn:

1. **Richard Branson**: Il fondatore di Virgin Group, Richard Branson, utilizza LinkedIn in modo efficace per condividere il suo pensiero di leadership e le sue idee imprenditoriali. La sua presenza su LinkedIn gli ha permesso di stabilire connessioni significative e condividere ispirazione con la comunità imprenditoriale.

Reddit:

1. **Elon Musk**: Il CEO di Tesla e SpaceX, Elon Musk, è noto per le sue apparizioni su Reddit, dove partecipa attivamente a discussioni sulla tecnologia, l'innovazione e la scienza. La sua partecipazione su Reddit ha contribuito a costruire una base di fan appassionati e a promuovere i suoi progetti.

Pinterest:

1. **Topshop**: Il marchio di moda Topshop utilizza Pinterest per condividere le ultime tendenze e ispirare gli amanti della moda. Hanno creato bacheche tematiche per diversi stili e tendenze, incoraggiando gli utenti a esplorare e acquistare i loro prodotti.

Quora:

1. **Neil Patel**: Il famoso marketer digitale Neil Patel utilizza attivamente Quora per rispondere alle domande sul marketing, sulle strategie aziendali e sulla crescita personale. Le sue risposte approfondite e sagge lo hanno reso una figura di riferimento sulla piattaforma.

WhatsApp:

1. **Burger King**: Burger King ha creato una campagna di marketing innovativa su WhatsApp, invitando le persone a rinominare i loro contatti WhatsApp con nomi di burger del menu. Questa campagna ha generato notorietà e coinvolgimento online.

Questi sono solo alcuni esempi di come le aziende, le celebrità e gli imprenditori abbiano ottenuto successo attraverso una varietà di piattaforme social media. Ognuno di questi studi di caso offre una prospettiva unica su come sfruttare al meglio le specifiche caratteristiche e il pubblico di ciascuna piattaforma per raggiungere gli obiettivi di marketing e di branding. Le strategie adottate in questi casi possono essere fonti di ispirazione per il tuo successo sui social media.

WeChat:

1. **WeChat di Tencent**: WeChat è una delle principali piattaforme di social media in Cina, con funzionalità che vanno ben oltre la messaggistica. Tencent, la società madre di WeChat, ha sviluppato una serie di servizi finanziari e di e-commerce all'interno dell'app stessa. Gli utenti possono effettuare pagamenti, prenotare viaggi e acquistare prodotti, trasformando WeChat in un ecosistema

completo. Questo approccio ha contribuito a consolidare la posizione dominante di WeChat nel mercato cinese.

VKontakte (VK):

1. **Lidia Bayshchikova**: La blogger di bellezza russa Lidia Bayshchikova ha costruito una notevole presenza su VKontakte (VK), il principale social network russo. Le sue recensioni di prodotti e tutorial di trucco hanno attirato un vasto pubblico. Ha collaborato con brand di cosmetici e ha creato contenuti coinvolgenti che risuonano con gli appassionati di bellezza russi.

Snapchat:

1. **Snap Originals**: Snapchat ha introdotto Snap Originals, una serie di contenuti originali prodotti esclusivamente per la piattaforma. Questi spettacoli sono diventati popolari tra i giovani utenti di Snapchat e hanno attirato marchi e inserzionisti che cercano di raggiungere questo pubblico.

Myspace:

1. **Arctic Monkeys**: La band inglese Arctic Monkeys è diventata famosa grazie a Myspace, un social media che era popolare prima dell'ascesa di Facebook. Hanno condiviso la loro musica su Myspace e hanno costruito una base di fan online che ha contribuito al loro successo nel mondo della musica.

Vero:

1. **Ellocotheband**: La band spagnola
   Ellocotheband ha utilizzato Vero, una
   piattaforma di social media orientata alla privacy,
   per connettersi con i fan e promuovere la loro
   musica. Hanno condiviso contenuti esclusivi e
   interagito direttamente con i follower,
   costruendo una base di fan fedele.

Questi esempi dimostrano che l'uso creativo delle
piattaforme social può portare al successo,
indipendentemente dalla dimensione o dalla
notorietà del marchio o dell'individuo. Sfruttare
le caratteristiche uniche di ciascuna piattaforma
e adattare le strategie di marketing per soddisfare
le esigenze del proprio pubblico è fondamentale
per ottenere risultati positivi sui social media.

In conclusione, i casi di successo sui social media
sono una fonte preziosa di ispirazione e
apprendimento per chiunque cerchi di sfruttare
al meglio le piattaforme di social media. Questi
esempi dimostrano che il successo non è
riservato solo alle grandi aziende o alle celebrità,
ma può essere raggiunto da individui, piccole
imprese e marchi di ogni dimensione.
Per ottenere il massimo dalle tue strategie di
social media, è essenziale comprendere il tuo
pubblico, adattare il tuo contenuto alle specifiche
piattaforme, mantenere un approccio autentico e
interagire attivamente con i tuoi seguaci. Ogni

piattaforma ha le sue peculiarità e opportunità uniche, quindi è importante essere flessibili e innovativi nel tuo approccio.

Osservare i successi degli altri ti offre una prospettiva preziosa su ciò che funziona e cosa puoi migliorare per costruire una presenza di successo sui social media. Non c'è una formula magica per il successo, ma l'apprendimento continuo, la creatività e l'adattabilità sono chiave per raggiungere i tuoi obiettivi. Continua a monitorare le tendenze e adattare la tua strategia in base all'evoluzione del panorama dei social media per rimanere rilevante e competitivo.

28. Interviste • Conversazioni con influencer e esperti di settore.

Le interviste con influencer e esperti di settore rappresentano un potente strumento di content marketing e un modo efficace per fornire valore ai tuoi seguaci. Continuando con questo argomento, ecco come puoi approcciare e condurre interviste di successo:

1. Identificazione dei soggetti:
- Ricerca: Identifica gli influencer o gli esperti rilevanti nel tuo settore o ambito di interesse. Questi dovrebbero essere persone che hanno una base di fan o una conoscenza significativa nel settore.

- Obiettivi: Definisci chiaramente gli obiettivi dell'intervista. Vuoi fornire consigli pratici, condividere nuove informazioni o discutere argomenti controversi?

2. Contatto e Pianificazione:

- Avvicinamento: Contatta gli influencer o gli esperti attraverso i social media, l'email o le piattaforme di messaggistica per chiedere se sono disponibili per un'intervista.
- Pianificazione: Programma l'intervista in anticipo, assicurandoti di concordare l'orario, il formato (scritto, podcast, video) e il canale (Facebook Live, Zoom, Skype, ecc.).

3. Preparazione:

- Ricerca: Prepara domande ben studiate e ricerca in profondità il background del tuo ospite.
- Attrezzatura: Assicurati di avere l'attrezzatura necessaria per registrare o trasmettere in modo efficace l'intervista, come microfoni di buona qualità e software di registrazione.

4. Condurre l'Intervista:

- Introduzione: Inizia l'intervista con una breve presentazione di te stesso e del tuo ospite.
- Domande aperte: Fai domande aperte che richiedono risposte dettagliate invece di risposte sì/no.
- Ascolto attivo: Ascolta attentamente le risposte e mostra interesse genuino.

- Flessibilità: Sii flessibile e lascia spazio per approfondire argomenti interessanti o rispondere a domande dal pubblico in tempo reale.

5. Promozione e Distribuzione:

- Montaggio: Se necessario, effettua il montaggio dell'intervista per eliminarne le parti meno interessanti o migliorare la qualità audio/video.
- Promozione: Promuovi l'intervista attraverso i tuoi canali di social media, il blog, la newsletter e le piattaforme di podcast o video.
- Trascrizione: Offri una trascrizione dell'intervista per i tuoi lettori o ascoltatori che preferiscono il testo.

6. Coinvolgi il Pubblico:

- Domande dal pubblico: Incoraggia il pubblico a inviare domande in anticipo o durante la diretta.
- Risposte ai commenti: Rispondi ai commenti e alle domande del pubblico in modo da favorire l'interazione.

7. Ringraziamenti e Follow-up:

- Ringraziamenti: Ringrazia l'ospite per la partecipazione e condividi il contenuto dell'intervista con loro per promuoverlo tra i loro seguaci.
- Follow-up: Mantieni il contatto con gli ospiti per eventuali collaborazioni future o aggiornamenti sulle iniziative.

Le interviste rappresentano una grande opportunità per creare contenuti interessanti, fornire valore al tuo pubblico e costruire relazioni nel tuo settore. Sia che tu stia conducendo interviste in un formato scritto, podcast o video, la chiave è la preparazione e la capacità di creare un ambiente confortevole per l'ospite, in modo che possano condividere le loro conoscenze e esperienze in modo autentico.

Sezione 8: Consigli Finali 29. Analisi e Adattamento • Monitoraggio dei risultati e adattamento delle strategie.

L'analisi e l'adattamento costituiscono un aspetto fondamentale per il successo nelle attività sui social media. Ecco come puoi integrare queste pratiche nella tua strategia:

1. Monitoraggio delle Metriche Chiave:

- Utilizza gli strumenti di analisi delle piattaforme di social media per tenere traccia delle metriche chiave, come il coinvolgimento del pubblico, il numero di follower, il traffico al sito web, i tassi di conversione, il tasso di crescita e altro ancora.
- Identifica quali metriche sono più rilevanti per i tuoi obiettivi specifici. Ad esempio, se stai cercando di aumentare le vendite, monitora il traffico al sito web e i tassi di conversione. Se il tuo obiettivo è la consapevolezza del marchio, presta attenzione al coinvolgimento e alla crescita dei follower.

2. Analisi Regolare:

- Effettua analisi regolari, ideonee al tuo programma, per osservare le tendenze e le performance. Questo può essere fatto settimanalmente, mensilmente o trimestralmente, a seconda delle tue esigenze.

3. Identificazione dei Successi e degli Insucessi:

- Riconosci i contenuti e le strategie che hanno portato a risultati positivi e quelli che non hanno funzionato.
- Chiediti cosa hai fatto bene nei successi e cosa avresti potuto fare in modo diverso negli insuccessi.

4. Adattamento delle Strategie:

- Basandoti sui dati raccolti, adatta la tua strategia. Questo può includere la creazione di nuovi contenuti, l'ottimizzazione di annunci pubblicitari, l'aggiornamento del piano editoriale o la revisione delle fasce orarie di pubblicazione.
- Sii flessibile e pronto a cambiare le tue tattiche in base all'andamento delle performance e alle esigenze del tuo pubblico.

5. Test A/B:

- Esegui test A/B per scoprire quali varianti di contenuti o annunci funzionano meglio. Ad esempio, puoi testare diverse immagini, titoli o messaggi per vedere quale attrae di più il pubblico.

6. Coinvolgi il Team:

- Coinvolgi il tuo team nell'analisi e nell'adattamento delle strategie. Le persone con punti di vista diversi possono contribuire con idee e prospettive preziose.

7. Monitoraggio Costante delle Tendenze:

- Rimani aggiornato sulle tendenze dei social media e le nuove funzionalità delle piattaforme. Ciò ti permette di sfruttare le opportunità emergenti.

8. Feedback del Pubblico:

- Ascolta il feedback del tuo pubblico. Rispondi ai commenti e alle domande in modo tempestivo, e prendi in considerazione i suggerimenti e le lamentele per migliorare la tua strategia.

9. Documentazione:

- Tieni un registro delle modifiche apportate alle tue strategie e delle relative performance nel tempo. Questo ti aiuterà a capire cosa ha funzionato meglio in passato e a guidare le tue decisioni future.

L'analisi e l'adattamento continuo sono cruciali per il successo a lungo termine sui social media. Le piattaforme e le preferenze del pubblico cambiano costantemente, quindi è essenziale rimanere flessibili, imparare dagli errori e ottimizzare costantemente le tue strategie per raggiungere i tuoi obiettivi.

30. Trend e Innovazioni • Mantenersi aggiornati sulle novità e le tendenze future.

Mantenersi al passo con i trend e le innovazioni è fondamentale per il successo sulle piattaforme di social media. Ecco come puoi farlo:

1. Segui le Fonti Affidabili:

- Iscriviti a blog, riviste online, podcast e canali di social media che coprono le ultime tendenze e innovazioni nel mondo del marketing digitale e dei social media. Alcuni esempi popolari includono Social Media Today, Marketing Land, Neil Patel's Marketing School e molti altri.

2. Partecipa a Conferenze e Webinar:

- Partecipa a conferenze, webinar e eventi online relativi ai social media e al marketing digitale. Questi eventi spesso presentano speaker esperti e offrono approfondimenti sulle ultime novità e best practice.

3. Unisciti a Gruppi e Community:

- Partecipa a gruppi di discussione su social media come LinkedIn e Facebook, dove i professionisti condividono notizie, tendenze e idee. Questi gruppi possono essere una fonte preziosa di informazioni aggiornate.

4. Sperimenta nuove Funzionalità:

- Le piattaforme di social media introducono costantemente nuove funzionalità. Sperimenta queste funzionalità per vedere come possono essere integrate nella tua strategia. Ad esempio, Stories su Instagram, Reels su TikTok o live streaming su Facebook.

5. Osserva i Leader del Settore:

- Segui i leader del settore e i brand di successo sulle piattaforme di social media. Analizza le loro strategie e tattiche per trarre ispirazione.

6. Monitora i Trend sui Hashtag:

- Ricerca i trend dei hashtag e partecipa alle conversazioni rilevanti. Questo ti aiuterà a rimanere aggiornato su ciò che è popolare e rilevante per il tuo pubblico.

7. Utilizza Strumenti di Ascolto Sociale:

- Utilizza strumenti di ascolto sociale per monitorare le conversazioni sui social media relative al tuo settore. Questi strumenti possono aiutarti a identificare le tendenze emergenti e le opinioni del pubblico.

8. Sperimenta con Nuove Forme di Contenuto:

- Esplora nuove forme di contenuto, come video in 360 gradi, realtà virtuale, podcast interattivi o contenuti generati dagli utenti. Queste innovazioni possono aiutarti a distinguerti dalla concorrenza.

9. Applica il Feedback del Pubblico:

- Ascolta il feedback del tuo pubblico e adatta la tua strategia in base ai loro interessi e preferenze.

Ciò ti aiuterà a rimanere in linea con le esigenze del tuo pubblico.

10. Mantieni un Approccio Sperimentale:

- Sii disposto a sperimentare. Non tutte le tendenze e le innovazioni si adatteranno perfettamente alla tua strategia, ma l'essere aperto a esperimenti ti aiuterà a scoprire ciò che funziona meglio per te.

Rimanere aggiornato sulle tendenze e le innovazioni ti aiuterà a mantenere la tua strategia di social media rilevante e competitiva. Ricorda che il panorama dei social media è in continua evoluzione, quindi è fondamentale essere disposti a imparare e adattarsi costantemente.

In conclusione, questo libro fornisce un ampio panorama su come guadagnare con YouTube, Instagram e altri social media. Copre ogni aspetto, dalla creazione di contenuti alla monetizzazione, dalla gestione delle piattaforme al rispetto delle norme etiche. Ecco una panoramica dei punti chiave trattati:

1. **Introduzione ai Social Media**: Una panoramica delle principali piattaforme social, tra cui YouTube, Instagram, TikTok, Facebook e Twitter.

2. **Opportunità di Monetizzazione**: Esplorazione delle diverse modalità di guadagno

attraverso la pubblicità, il marketing di affiliazione, la vendita di prodotti e molto altro.

3. **Definizione di Obiettivi**: Come stabilire obiettivi realistici e misurabili per la tua presenza sui social media.

4. **Creazione di Contenuti**: Consigli su come creare contenuti accattivanti e di alta qualità per coinvolgere il tuo pubblico.

5. **Ottimizzazione SEO**: Come utilizzare parole chiave, titoli, descrizioni e tag per migliorare la visibilità sui motori di ricerca.

6. **Collaborazioni e Sponsorizzazioni**: Come trovare e lavorare con sponsor e altri utenti.

7. **Super Chat e Donazioni**: Strategie per guadagnare durante le trasmissioni in diretta.

8. **Vendita di Merchandising**: Come creare e vendere prodotti personalizzati.

9. **Instagram**: Fotografia, branding e uso degli hashtag.

10. **Collaborazioni e Influencer Marketing su Instagram**: Come lavorare con altri utenti e aziende su Instagram.

11. **Vendita di Prodotti e Servizi su Instagram**: Strategie per vendere direttamente sulla piattaforma.

12. **Instagram Stories e Reels**: Come sfruttare appieno le funzionalità di Instagram.

13. **TikTok**: Creazione di contenuti virali.

14. **Facebook**: Utilizzo di Gruppi e Pagine.

15. **Twitter**: Networking e Conversazioni.

16. **Pinterest**: Traffico verso il Sito Web.

17. **Strategie di Marketing**: Content marketing, email marketing, marketing di affiliazione e pubblicità a pagamento.

18. **Aspetti Legali ed Etici**: Diritti d'autore, privacy e comportamento etico online.

19. **Casistiche di Successo**: Studi di casi di successo sui social media.

20. **Interviste**: Conversazioni con influencer ed esperti.

21. **Consigli Finali**: Monitoraggio delle performance e adattamento delle strategie.

22. **Trend e Innovazioni**: Mantenersi aggiornati sulle novità e le tendenze future.

Per ulteriori risorse, ti consiglio di consultare siti web specializzati su social media e marketing digitale, come HubSpot, Social Media Examiner e Buffer. Inoltre, puoi cercare libri e guide specifiche su ciascuna piattaforma di social media o argomento di interesse. Resta aggiornato sulle ultime novità nel mondo dei social media e sii sempre pronto a sperimentare e adattare la tua strategia per ottenere i migliori risultati. Buona fortuna nel tuo percorso di guadagno con i social media!